紅旗警訊

習近平執政的中國為何陷入危機

George Magnus
馬格納斯——著　袁立山——譯

RED FLAGS

Why Xi's China is in Jeopardy

獻給
萊絲莉、丹尼爾、凱瑞
與艾萊亞斯、喬納生、芮秋、班

CONTENTS 目錄

前言

RED FLAGS

不到四十年，中國在全球的產出佔比擴大四倍，由一個貧窮國家、廉價玩具，與紡織品的生產國搖身一變，成為高端製造與先進科技的強勢競爭者和軍事強權。它是亞洲的主導力量，也是美國的對手。習近平，中國共產黨中央委員會總書記、中央軍事委員會主席，與中華人民共和國主席，現在是全球最有權勢的政治領袖之一。他堅持中國共產黨至高無上，帶領中國在二十一世紀的發展是責無旁貸，同時還要將其成長足跡延伸至海外。如果他能維持健康，他的政敵繼續雌伏，他可能成為終身的主席。

儘管經濟學家與中國觀察家都十分了解中國興起對全球的影響，不過習近平執政的中國未來對我們所有人的衝擊必將更為深遠。就像一些中國思想家所主張的，毛澤東讓中國站起來，鄧小平讓中國富起來，習近平就是讓中國復興起來。習近平清楚表明，在他領導下，中共在「具有中國特色社會主義」的旗幟下追求中國的復興，而中國令人煩憂的二十世紀已成過去。

在習近平治理下，中國更具企圖心、自信與堅持。中國自豪其五千年的歷史長河，現今決心「重新拿回」在亞洲與世界的地位，洗刷所謂的「百年屈辱」。這是指自一八四〇至一九四九年，帝國主義國家大肆侵略中國掠奪經濟。

隨著經濟實力的增強，中國也開始在地緣政治展現力量，而美國總統川普更是起了鼓動的作用。過去七十年，美國一直堅守其所創的自由經濟秩序路線，然而川普卻是改弦易轍。同時，全球越來越受專制獨裁與國家主義牽動的政局變化，也助長中國的作為。在二〇一八年的全國人民代表大會上，習近平以中國歷史提醒與會代表，強調中國絕不會容忍「分離主義」，顯然是指香港、西藏與新疆，以及被視為中國不可分割一部分的台灣。我們應該小心習近平領導的中國，可能會以無從預測的方式在全球掀起波浪，令我們措手不及。

習近平的經歷不凡，本書旨在探討其對中國與全球的意義。西方人士有許多對其推崇備至，敬畏有加，就某些層面而言，這是可以理解的。不過，這也是由於中國的精心妝扮而有所誤解所致。請謹記在心，上一回對中國的樂觀推測是，改革會引導中國成為一個自由國家。

習近平不無可能成為一位仁慈開明的獨裁者，但是這樣的領袖並不多見，而且通常是在治理小國。他可能會變得擁有無限權力與難以撼動，但是中國缺乏制衡與民意機制，而隨著歲月過去，最大的意外之一可能是政策或政治的不穩。這可能是來自個人的錯誤與失算，官僚體系的慣性與對改變的恐慌，失去耐性或心懷不滿的政敵。或者很單純地，發生一些錯誤或處理失當的事件，而這些都需由他來擔負全責。

沒有一件事是確定的，我們必須學習了解中國的政治與習近平對其影響，從中探索中國的未來與因應之道。

回想習近平在通往二〇一二年，擔任國家領導人的道路上隱含政治懸疑。就在中共十八屆全會宣布新領導班子前夕，他突然失蹤兩星期。直到今天沒有人知道他為何失蹤，他在這段期間做了什麼事與見了什麼人。他在擔任領導人後發動了列寧主義運動，並且獲得共產黨、軍事與內部安全機構的控制權。

他發起雷厲風行的打貪反腐行動，其目的在確保黨員的忠貞與鏟除異己。他將許多決策權從技術官僚與部會首長手中，轉移到中共官員與委員會身上，也就是著名的「領導小組」，然而此一組織根本不小。

在二〇一七年的十九屆二中全會，「習近平新時代中國特色社會主義思想」被納入中共憲法之中，與毛澤東、鄧小平平起平坐。此一結果意義非凡，意味將共產主義、馬克思思想與中國傳統相結合，以符合每一個人的需求；習近平領導的共產黨成為促進社會主義現代性的尖兵，並且建立模型以幫助其他國家擺脫對資本主義現代化的依賴；黨成為國家治理機制的中心，以及確保與推動黨在即將到來的科學與科技的革命中繼續「鬥爭」。因此，習近平的思想在現代中國中佔有特殊地位。

二〇一八年中共修憲，將一九八二年所制定的國家領導人接班原則予以修改，刪去連續任職不得超過兩屆，每屆五年的規定。同時成立一個新機構：國家監察委員會，一改幾十年來分權而治的情況，把黨的力量與司法體系相結合，將其權力延伸至所有公務人員，不論其是否為中共黨員。這是政府機構自二〇〇三年以來最大改革行動中重要一環。表面上看來，此一改革是為改善中國的管理結構，然而同時也強化黨對國家的掌控，這正是本書一以貫之的主調。

習近平在黨內沒有任期限制的領導地位，確保他擁有權力與長期影響力，但是此一大膽的動作也意味他現在實際上是一位獨裁者，個人權勢是自毛澤東以來最大。可以確定的是，他在二〇二二年第二任任期結束後會繼續掌權，但是我們只能猜測他在之後還能在位多久。與此同時，習近平會繼續對人民鼓吹「實現中華民族偉大復興的中國夢」。以國家精神、愛國情操，與改革創新等名詞來彰顯它，以黨領導中國邁向國家富強、人民幸福，與主導現代產業與科技的野心。

習近平的影響遍及全球世人，因為中國與其國際關係、外交政策，都會受到衝擊。習近平把美國自世界領袖的地位撤退與西方自金融危機復甦緩慢，視為中國獲得更多話語權、尊重，與在全球體系中扮演更大角色的機會。他面對不安與群龍無首的世界，鼓吹中國是全球化與開放貿易體系的新領袖，儘管這與中國獨裁和保護色彩濃厚的現實情況完全相反。他以中國古代與亞洲、歐洲，以及非洲相聯的絲路為藍圖，推出「一帶一路」的創見，然而這不啻是爭奪歐亞大陸與更遠地方影響力與資源的現代戰場。

中國與西方的分歧相當於兩個相互緊扣卻又分隔的世界，而在其中的經濟決策、社會變遷與科技發展各自形成。這樣的情況到底如何結束？

這是一個沒人知道答案的問題，不過由中國與西方現今分道揚鑣，各自追求對其經濟與社會發展有利的途徑，以推動本身的系統經濟持續運作的情況來看，已是不問自明。我們必須對中國有所質疑，而不是附和那些有時可能只是因為私心，而提出未來屬於中國的主張。

本書的核心是我認為中國將面臨的四個經濟陷阱。這四大難題包括會在未來數年出現的債務陷阱與相關問題、人民幣陷阱，在中期會出現的人口老化陷阱與中等所得陷阱。這些陷阱，單獨來看，每一個都是嚴苛挑戰，然而中國卻可能必須同時面對。中國債務問題尤其急迫，但是中國老年化的速度之快也是全球之最，與其相關的機制與管理不但對未來經濟前景至關重要，同時也會影響如何因應立即的經濟挑戰。

本書將從地緣經濟與地緣政治進行探討。根據盧特維克（Edward Lutwak）的創見，地緣經濟是商業語法中衝突的邏輯，本書會檢視中國與全球貿易相關的經濟與政策議題，尤其是美國與一帶一路。最後一章我會提出對習近平執政中國的最終看法，尤其是造成中國與西方最大分歧的兩個方面：科技與國際關係。這些看來可能就是定義未來幾年中西關係的關鍵。

中國問題

我初次造訪中國是在一九九三年，為華寶銀行（S.G. Warburg）、中國人民銀行，與現今仍十分隱密的國家外匯管理局的外匯業務進行研究。當時的北京是一座相當單調的城市：人們的穿著乏味沉悶、自行車海，以及簡陋的旅館。當時北京正處於為了爭取二〇〇〇年奧運主辦權而大興土木，與建設高速公路的痛苦期。不過到了二〇〇八年北京奧運時，中國已不可同日而語。

自此之後，我幾乎每年都到中國，有時一年多趟，親眼目睹這個國家無比快速地進行轉變。我先後擔任華寶銀行與瑞銀集團（UBS）首席經濟學家近二十年，之後又當了十年的資深經濟顧問，那段期間我花許多時間研究中國經濟興起，與對全球影響的方方面面。近年來我與中國相關機構較為學術性的合作，為我提供更深刻的學習與理解機會。我的主要興趣也因此成為中國經濟進程的可持續性。我個人認為，中國之前的經濟發展道路已至盡頭，習近平執政的中國無疑是非凡的新現象。

今天，大批訪客來到中國各大城市，對於城市的繁華與摩天大樓驚嘆不已。有意思的是，有民間傳說認為摩天大樓，或者至少在建造期間，總會附隨著經濟磨難。以上海世界金融中心為例，在二〇〇七年落成，高達四九二公尺，是當時全國最高的建築，然而在一年之後金融風暴席捲中國。高達六三二公尺的上海塔在二〇一六年建設完成，正與中國自身的金融混亂同期。二〇一八年，中國預期完成全球第二高的建築物，擁有豪華辦公室、公寓、設計師精品店，與高級飯店的武漢綠地中心，高達六三六公尺。這是否意味中國經濟已達臨界點？對全球經濟又有何含意？

中國的重要性無庸置疑，但是讓我們更全面探討其中原因，首先看中國在通往現今繁盛路途中一些關鍵點，然後再思考中國的經濟挑戰會如何影響我們。

在一九九〇年，中國尚未受到大部分世人的注意，也許除了一些在中國的專家與外僑。對於外界而言，中國僅佔全球國內生產毛額（GDP）的百分之二，可謂微不足道。中國當時對外貿易有限，大部分都是與香港的生意，另外有一小部分是與其他亞洲國家的通商，例如馬來西亞與印尼。

中國當時的落後景況，可由具有感召力但年邁的鄧小平身上得到證明。鄧小平前幾年遭到中共撤職與改造，他試圖恢復因一九八九年天安門事件而中斷的改革行動。[1]他敦促人民追求與亞洲鄰國匹敵的經濟成長率。季辛吉（Henry Kissinger）曾經回憶，鄧小平大力推廣人民都應擁有「四大件」：收音機、自行車、縫紉機與手錶。[2]

在「改革開放」的口號下，鄧小平鼓動中國追求現代化、優先發展科學與科技、鼓勵海外知識份子回歸，以及在百年之內成為一個「中等發達國家」。在他的領導下，中共在一九八〇年代大力推動農業改革；幫助與支持私營化成長的措施；在深圳等相對落後的地區建立經濟特區（SEZs）、吸引外資，以及扶持私營企業與推動金融自由化。[3]根據這些經驗，與對美國和其他國家的政治與經濟開放，鄧小平的接班人，中共總書記暨國家主席江澤民與他幹練的總理朱鎔基帶領中國繼續前行，邁進一九九〇年代。

江澤民與朱鎔基推動中國人均所得快速成長，在一九九三至二〇〇三年達到複合年成長率百分之九．四；香港回歸，以及重振與美國和其他領先國家的關係。他們帶領中國成功度過一九九七到九八年的亞洲金融危機，儘管並非毫髮未傷。有一些地區和香港一樣，尤其是廣東，遭逢嚴重的金融打擊，幸虧北京當局派來一位問題解決專家王岐山，來監督破產與改組。[4] 王岐山後來成為習近平主席的親密戰友，主持打貪反腐的行動，在二〇一八年成為副總理。

在江澤民的帶領下，中國在二〇〇一年加入世界貿易組織（WTO）。此一發展是中國經濟發展最大的組織催化劑，也許是過去四十年來最大的。成為該組織會員國的誘因就和其結果一樣重要。此一成果使得中國經濟改革的動力如虎添翼，同時也使中國受到國際責任的約束，並且壓制中共內部的保守派與反改革派。

在二〇〇〇年代，全球對中國的樂觀期待熱烈而具有感染性。美國投資銀行高盛（Goldman Sachs）在二〇〇一年推出著名的研究報告：「建造更好的全球經濟金磚四國」（Building Better Global Economic BRICs）指出，在美國遭逢九一一恐怖攻擊之後，全球經濟結構在未來五十年會出現劇烈變化，這主要是因巴西、俄羅斯、印度與中國（南非在稍後加入金磚行列）快速成長，超越先進經濟體所致。[5] 該銀行大力推廣此一名詞，使其成為行銷利器，並為全球約十年間最通行的用語。

此一概念引人入勝，但先天上就有缺失。中國是金磚四國中唯一享有穩定經濟成長的國家。雖然其經濟有時搖擺不定，也曾遭到金融危機，但是到目前為止都能設法維持穩定。中國已是全球最大的出口國，也是最大或次大的經濟體，端視所用的計算方式所定，也是唯一在全球產出比率大增的國家，準確來說，是增加五倍達到百分之一五。

在全球體系之中，中國現今的經濟與政治治理模式是站在所謂新自由主義的對立面，後者在金融危機之前盛行於國際。不過許多國家今天所考慮的不是政府是否需要在經濟中扮演更積極的角色，而是干預經濟的程度應有多深與在何處干預。有時自由貿易與資本流通的原則會遭到否定，但是連國際貨幣基金（IMF）與世界銀行（World Bank）現今都不再完全支持無干涉主義。中國的獨裁政府與國家主導的經濟治理模式，已不再被視為異類。國營企業與經濟干預在亞洲並不罕見，有一些國家，包括匈牙利、波蘭、俄羅斯、土耳其與委內瑞拉都屬獨裁政權。甚至連川普的美國與脫歐的英國，都有政治人物借用獨裁政權才有的態度與行為。

中國與西方陣營具有關係緊張的高潛在風險。雙方的衝突圍繞在貿易法規與相關行為，新興先進科技領導地位等方面。過去西方抱怨中國限制外商在其境內營運，如今則是轉換成冷漠對待中國在美國與歐盟的直接投資。中國在南海與東海的目標，以及一帶一路使其與印度、日本、美國、歐洲產生摩擦。一帶一路被推崇為幫助貧窮國家經濟發展與贏得全球友誼的途徑，但是同樣也可視為中國擴張其政治與商業影響力的策略。大型與富有國家並不需要基礎建設，會與中國競爭，甚至抵制。貧窮國家可能因此蒙受商業與金融打擊。就和所有的強權一樣，中國要在海外建立影響力，但是干涉其他國家的行為已經跨越紅線，包括非法行動。

中國經濟的波動會對亞洲與其他地區的製造供應鏈造成衝擊，並且波及商品與其他金融市場。中國對全球經濟體系的影響可能與美國有所不同，但是請謹記在心，中國二〇一七年GDP以美元計價的增幅，相當於墨西哥或印尼的GDP。已開發經濟體也許較能不受中國經濟波動的影響，但是全球許多產業、新興與開發中國家，都會對中國的問題十分敏感。中國的匯率與金融市場在二〇一五到一六年動盪不定，所有的國家都感受到衝擊。常常有人說，美國打噴嚏，全球都感冒，中國的情況也是如此。

雖然中國市場仍對許多產品與服務高度保護，但持續興起的中產階級與企業機會仍是吸引外商的磁石。試想，十年前沒有人把中國汽車市場當回事，然而現今已是全球最大車市，年銷售量高達二千五百萬輛，在二〇一六年，大約有一．四九億輛私家車在路上奔馳。做為評量中國經濟在二〇一〇至一六年成長與生產力的指標，中國在該期間的地鐵與城市輕軌長度增加逾三倍，達到四千公里。中國的高鐵網絡更是增加四倍，達到二．五萬公里，高速公路也增加百分之七七至十三．一萬公里。中國是電子商務與行動支付的領先者，目前已推出臉部識別技術，並且一心要成為人工智能的全球領袖。在不顧個人隱私權利的情況下，中國目前積極發展大數據與使用自廣大民眾取得的資訊。

這有什麼不好嗎？正如本書標題所示，中國經濟已出現威脅警訊。中國的領導人其實已知道好一陣子了。二〇〇七年前，總理溫家寶在全國人民代表大會指出，中國經濟變得不穩定、不平衡、不協調，與無法持續。[6]溫家寶列出一長串令他擔心的單子，包括過度投資、貿易失衡、城鄉所得不均、浪費與濫用能源和其他資源與環境破壞。如今已過去一年，這些問題大部分仍未解決。

在二〇一六年五月，《人民日報》在前版刊出一篇長達一萬一千字的「權威人士」訪問稿，據信是習近平的經濟顧問劉鶴，但是一直未曾獲得證實。該篇文章警告，中國正處於一條危險又崎嶇的道路上，其經濟模式迫切需要改革。[7]此一訪問所反映的是中國經濟與金融正陷入一段混亂期：上海綜合股價指數狂跌百分之四〇；人民幣毫無來由地貶值，儘管貶幅有限，以及資金出走，使中國珍視的外匯儲備損失約一兆美元。

習近平在二〇一七年十九次全國代表大會的發言，也呼應此一調性，表示經濟的不平衡與不協調，與「人民日益增長的美好生活需要」相矛盾。由此也突顯中國領導人長期以來的目標：經濟「再平衡」、降低對信貸與投資的依賴，建立創新與服務為導向和公平的社會。

毫無疑問，中國經濟正處於成長的長期減緩。中國經濟的長期可持續成長率，可能在百分之三到四的水準，大約只有中國官方統計的一半。要達到此一水準，可以是以平安順利的方式完成，然而也可能是混亂不堪，震撼全球的形式。我們必須嘗試理解，此一減緩的情形會在何種情況下發生。

我們也需要注意中國往往經過整理的官方GDP資料，其實並不能揭露其經濟時而出現混亂的本質。中國在設定GDP成長目標的過程中，收集資料時會有系統性偏頗的情況。一旦設立目標，國家與地方政府就必須擔負達成目標的責任，即使其中可能出現如同近年來投資錯置與負債大量累積的情況。因此，中國官方有關經濟維持百分之六．五到七穩定成長的報告，其實包含了分配不當或非商業的投資，以及灌水的GDP。相反地，其他大部分國家的GDP是一長串決策下的最終產物，而非必須達成的目標。西方經濟體也會有不良投資，但是他們通常會予以勾銷，透過會計或相關法規迅速將損失配置給債權人或所有人，或是使用所謂的硬預算約束（hard budget constraints）。中國政府已表示，也許在二〇二〇年之後不再強調成長目標。如果真是如此，可說是一項正向發展，不過我們還是靜觀其變，因為在中國，政府的意思與實際行動之間有很大的差距。

多空交戰

過去一、二十年，總有一些經濟學家、政治學家、中國評論員與金融業界的知名人物，以長篇大論來預測中國的經濟衰敗或崩潰，政治體系也會失敗。到目前為止，我們可以說儘管此一看空中國的觀點偶爾有言中之時，但是預測中國經濟崩潰或是共產黨專政結束卻是毫無跡象可循。中國的確曾有過政治危機，經濟也曾陷入混亂，但是每次都能在共產黨的實用主義、國家機器由上而下的解決模式，以及使用大量的工具與政策下化險為夷。當然，貪腐、環境與勞工條件等問題，也會引發社會與勞工的不滿，不過這些不滿都沒有擴大，造成基層政治的不穩，更不致成為中共的威脅。

中國之所以能有今天成就的主因是會管理變化。中國的經濟成就可以追溯至一九八〇與九〇年代的改革開放政策，之後在二〇〇一年加入世貿組織，使其能夠更加快速融入全球體系。

習近平上台後，他知道黨必須改造，中國必須改變。結果是中共變得更有權勢與力量，中國現在更是在世界舞台大展身手，姿態之強勢前所未見。到了二〇二一年，中共統治中國的時間就和蘇俄共產黨統治前蘇聯的時間一樣長，而習近平的任務是讓中國共產黨遠離被視為導致前蘇聯瓦解的自由與開放。到了二〇三五年，他可能仍是國家主席與舉足輕重，屆時正是十九次全國代表大會與中華人民共和國建國百年紀念的中間。

我們現在正立足於轉折點上。中國的經濟與國家形象已自鄧小平與江澤民時代大有改變，他們的經濟改革大力推動中國向前邁進。習近平所承接的是一個較之前繁榮但同時也更為複雜的經濟，而且也需要進行改革來推動向前。然而未來不能自過去簡單畫一條直線。中國過去所克服的種種困難與障礙無法複製。例如加入世貿組織，把人民自低生產力的鄉村遷移至高生產力的城鎮，或是開辦九年國民教育。過去成功的方法，如今因為經濟的成熟與發展而遭到淘汰。

習近平的改革，並非在於自由化，充分利用市場來決定資源的分配與經濟發展的模式。中國經常使用一句標語：「發揮市場的決定性作用」，然而也僅是標語而已。中國的改革將聚焦於價格、關稅與稅賦、組織與行政的改變，以及影響供需的法規，不過這些都只會在中國共產黨由上而下的指示下進行。

改革也將著重於推動黨的領導人、黨中央，與北京當局的權力集中化。有人可能會質疑，為何會在此時此刻進行這樣的改革。這顯然是與習近平所承接的黨與經濟有關，也和中國尋求替代西方發展模式的努力有關。然而這也不能盡然解釋其中原因。權力集中化也可說是為因應充實軍備或經濟重組的需求。後者看來最有可能，而且中國經濟改革的主要目的就是為了面對來自美國、日本與歐盟，在經濟、科技與貿易方面的挑戰。

中國的產業政策，以及追求在廣泛的製造與科技領域建立領導地位，也符合上述解釋。不過也為世人帶來一個有趣的問題。一個在專制政權下的大數據與機器學習經濟體，或是我們所謂的數位獨裁主義，能否帶來生產力的躍升、經濟持續成長與商業成功？我們知道，在歷史上獨裁政權確實會帶來發明、新產品、科學與工程方面的成就。不過，在其他方面是失敗了。但是，人工智慧、機器學習，與相關科技能否打破此一模式？在本書中，我會嘗試找尋答案。

本書架構

本書分成三部分。第一部有三章，主要是講述中國自十九世紀到建立人民共和國的經濟史，以及一路走到今天在經濟上所經歷的重大轉折與改變。第一章是談外國勢力入侵之前的中國經濟特色，與中國自一八四〇至一九四九年所謂「百年屈辱」的主要發展。第二章是檢視中國經濟在毛澤東、鄧小平、江澤民與朱鎔基、胡錦濤與溫家寶治理下的成就與發展，主要聚焦自鄧小平展開而一直進入二〇〇〇年代的改革開放。第三章著重於中國經濟模型為何需要改變，哪些改革獲得成功，又有哪些停滯不前或無疾而終。

第二部分是關於中國的四大陷阱：負債、人民幣、人口老化與中等收入。第四章談的是債務陷阱，銀行與影子銀行的角色，以及主管當局現今已經注意到的高風險商品與結構。中國最終必須以增債或減債的方式來擺脫負債陷阱，但是不論哪種方式都會導致中國面臨其經濟與社會能否承受衝擊的問題。第五章是談人民幣陷阱，探討中國能否在債務問題下維持人民幣的穩定。本章也會討論是哪些結構性的缺失，導致人民幣難以成為一個真正的全球性儲備貨幣。第六章是關於人口老化為全球最嚴重的國家的人口陷阱。中國人口老化速度超過西方國家，而其相對較低的人均所得，使得中國面臨還未富卻先老的問題。第七章是聚焦在中等所得陷阱，這主要是要探討中國當局的治理與組織機構的品質與效用。相較於過去順風的情況，在習近平治理的中國，政治可能再度成為逆風的狀態。

第三部分有三章，是探討中國在全球體系中的地位。第八章主要是探討中國在現今更加衝突與艱難的全球貿易環境下的處境，尤其是在中國企圖尋求成為全球化新領袖的情況下。誤會與失算，可能會造成更多與更嚴重的摩擦而影響貿易與投資。美國不斷抱怨與中國的貿易赤字，然而中國本身也有信託赤字需要解決。第九章是檢視習近平親手打造的國際關係與對外政策計畫的一帶一路，到底是歐亞大陸的發展計畫，還是以中國為中心的經濟計畫，透過大力宣傳來掩飾其為獲利的企圖。在第十章，我提出一些對中國未來的看法。習近平企圖證明一個專制甚至獨裁的中國，可以將其經濟由高成長與失當的投資，無縫轉換為更公平、更穩定的環境與金融型態，符合經濟合作暨發展組織（OECD）標準的富有國家形象，以及全球科技的領導地位。要達成這些目標，中國必須在其計畫中接受經濟低成長的現實，同時需要努力尋找維持生產力繼續成長的關鍵。如果真的能夠做到，中國將是第一個達成的專制國家與獨裁政權。

習近平執政的中國也讓我們警醒，必須重新思考與中國在政治與商業上的交往之道。優秀的策略與外交專家應該思索，我們如何與中國合作，在何處應該畫下紅線，以及在何時應該發揮影響力。要做到這些，我們必須了解共產黨統治下的中國政局，中國經濟眼下與未來所面臨的挑戰。這也是本書的目的。換句話說，我們需要提防危險訊號，或是經濟警訊，這些橫亙於前，對習近平執政的中國帶來陰影，必須有所防備。我嘗試在本書中解釋，習近平統治下的中國為何陷入危境。

第一章
RED FLAGS

回響

中國專家都同意一件事：除非你知道中國的歷史長河，否則你不會了解現代中國。中國的領導人常常會提醒人民，有關中國輝煌的歷史、帝王時代，以及曾站在世界頂峰的時光，與從容不迫的自信。習近平在二〇一二年上台時提出「中國夢」的概念，就是在昭告天下，中國必須堅持「走中國特色的社會主義道路，實現中華民族偉大復興，就是中華民族近代以來最偉大夢想。」[1]

習近平的談話引發眾多議論，但這句話乃是根據事實、人物、中國千年以來的事件與傳說，以及一些以自我為中心的迷思綜合而成的現代形象。「中國夢」是要向世人展示不論是歷史的中國，還是現代中國，都是一個強盛的國家，能夠執掌全球領袖的地位，同時也是施行已久的自由民主政治體制的替代模式。

在二〇一二年擔任中共總書記時，習近平提醒聽眾「在五千年的文明發展中，中華民族對人類文明與發展做出不可磨滅的貢獻」。[2]他喜歡將中國歷史與其現代與未來相聯，古代的絲路就是典型的例子，如今已獲得新生成為一帶一路。不過我們將看到，這絕非中國過去與現代唯一的連繫。

本章的目的是探索中國的歷史、在過去與現在之間劃分界線，以及挖掘一些迷思來描繪現代中國的模樣。認識中國在十九世紀列強侵略之前是深受其他國家欣羨的目標大有幫助，認識中國人所謂的百年屈辱也十分重要，這是自第一次鴉片戰爭到人民共和國建立的一段歷史，其中列強的巧取豪奪、內戰不斷，與軟弱無能的政府當局重創中國。我們可以從其中看到經濟、社會與組織結構中，各種不同的連接而形成今日的中國，或是在中國的發展中留下烙印。

我們應該記住，當人們談到中國過去三十年在全球體系興起，其實說的是「復興」，因為中國曾經有很長一段時間都在全球經濟佔據最大的一部分。麥迪森（Angus Maddison）在格羅寧根成長暨發展中心（Groningen Growth and Development Centre, GGDC）的估計，從公元元年到十八世紀，中國的GDP總量佔全球的百分之二二到三〇，而在一八二〇年達到頂峰為百分之三三左右。[3]不過直到最近，此一說法受到質疑，有些分析指出，中國在全球的主宰地位其實很早就開始式微，可能早在十二或十三世紀。[4]如果真是如此，一定會引發激烈辯論，相對於歐洲，中國是如何失去其經濟地位。

經濟歷史學家之間相互矛盾的說法，並未掩蓋中國經濟光環漸趨黯淡的事實，先是相較於歐洲的興起，接著是直線下滑。根據在全球GDP總量所佔份額來看，中國在全球的地位在十九到二十世紀上半之間一落千丈，直到一九五〇年代才觸底。讓我們回頭檢視當時的情況。

連繫

老早以前中國就是一位先驅，在經濟上名聲顯赫。它率先使用耕牛、馬匹與農具；發明作物輪種、灌溉、冶鐵製鹽、紡織、水車的運用，以及私有制的發展與房地產權的基本概念，儘管這只是在貴族間通行。中國早在第二世紀就發明紙張來取代絲綢與竹簡，並在十一世紀發明活版印刷，比歐洲的古騰堡早了大約四百年。中國的官僚就利用此一技術來對農民傳播技術。

貿易對於古代中國就和對於現代中國一樣重要，而在古代最著名的是絲路，此一貿易路線是自古都西安出發，經過南亞、中東至地中海的商隊。他們將香料、絲綢與棉花運出中國，而在以白銀進行交易的同時，同樣重要的，文化、哲學與宗教則自對方傳至中國。中國當時是瓷器、陶器、絲綢、鋅、銅、黃金、茶葉與白銅（用來當作貨幣）的主要生產國與出口國。

除了主要的貿易網絡外，古代中國也擁有龐大的圖書館，興旺的煉鐵、冶金與運輸工業，高明的算術、工程與內政管理，傳奇性的航海技術與成就，還具備建造各種長、短程船隻的能力。在一二七〇年代初期，馬可波羅（Marco Polo）抵達中國，他對宮殿的財富、四通八達，把糧食運往各地的運河以及各式各樣的食物讚嘆不已。[5]鄭和十五世紀初的航海成就直到今日都備受推崇，他帶領船隊駛入印度洋與太平洋，較歐洲的探險家哥倫布（Christopher Columbus）與伽瑪（Vasco da Gama）要早了好幾十年。自一四〇五年起，鄭和共出海七次，總共有三百艘巨艦與近三萬名水手，在東南亞、印度、中東與非洲都有他的足跡。不過鄭和的成就也有一些小爭議，並不是所有的歷史學家都認為他的任務是如中國所說的，完全都是和平。

中國古代王朝與現代之間的連繫也植基於地理。中國文明的搖籃華北平原，是在內蒙古之下與滿州（東北）以南，橫亙四十萬平方公里的黃河流域，直達長江，一直是中國最重要與人口最多的地區。[6]沿海各省與地區一向是中國的貿易重鎮。中國人口分布極廣，直至西藏與新疆這些地理位置複雜與需要維持社會和諧的地區。

中國歷來官僚體系組織周密眾所皆知，與現今管理十三億人口的行政組織不遑多讓。中國領先全球創造出治理一個龐大與統一的國家，為其建立社會與政治秩序的行政官僚體系。儒家思想下的官僚體系強調社會有序、穩定與和諧，直至今日仍是中共的統治核心理念。

中國的官僚體系是其經濟發展的重要媒介，促成中國的儲蓄過剩，有利投資。在早期與較原始的年代，這類富餘是在農業部門。政府靠著稅賦來達成這樣的情況，然後再將這些富餘分配到各項投資。政府同時也徵用農民至需要的地區，從事勞役來提高他們的生產力。政府當局建立糧倉系統以因應飢荒，並且帶動創新，例如推出新品種作物。官僚體系也為王朝規模龐大的首都建立後勤補給系統，包括迄今依然是全球最長的大運河，即是現今的京杭大運河，是聯合國教科文組織（UNESCO）的世界遺產地區。政府也確保長城幾世紀以來一直扮演防衛邊界的角色，與徵收稅賦來供應王朝所需與建立軍備。

儘管官僚體系對中國的發展不可或缺，但是並非沒有缺點。獨裁統治會造成我們現今所謂的尋租，也就是以權謀私。尋租往往是與腐敗相伴而行，這是中國迄今不斷發生的情況。古代王朝的官僚體系能為執政當局提供持續性與安全，不過同時也造成貪汙腐化。例如在明朝（一三六八至一六四四年），朝廷派出督察帶著小冊子記錄官員貪汙納賄等不法情事。這也無疑開啟中國歷來打貪行動的先河，包括習近平在二〇一二年所發動的。和之前的打貪反腐行動一樣，習近平的行動也是在法院職權之外，針對目標是共產黨員，主旨在清理中國共產黨違反紀律與自肥的行為，至少部分是如此。

從帝王到共產黨總書記，把權力擴散至各機構的同時能夠繼續掌權，向來是一艱鉅的挑戰。文化傳承中的優良品德一向高於個人的民主權利，而國家統一與經濟發展具有密不可分關係的信念，一直存在共產黨的血液之中，就和過去的王朝一樣。

同時，中國在傳統儒家思想下的官僚體系與教育，無疑是培育實用主義與建立秩序的工具，然而相對於根據理解與實驗方法，或是歐洲所發展頗具成效的破壞性好奇心而培育的數學與科學，中國這一套難以匹敵。[7]這在創新與科技上也是如此，中國的方式是透過官方從上而下的產業政策，設立量化目標與目的，尋求成為該領域的領袖。反觀西方，則是在於誘因與市場、破壞性改變與私人倡議，至於國家的介入只限於設備、贊助、法規與準則。

百年屈辱

十八世紀晚期，蘇格蘭經濟學家、哲學家與作家，及被西方視為經濟之父的亞當・史密斯（Adam Smith）對中國大加讚美。他視中國為「世界上最富饒、最開化、最勤勞，與人口最稠密的國家之一」。他指出中國的文明與富裕，是唯一能與歐洲相匹敵的非歐洲國家。[8]他著名的《國富論》在一七七六年出版，他在書中寫道：「中國、埃及與印度斯坦（印度的古稱）這三個國家，就所有標準來看都是全世界最富有的，主要是以他們在農業與製造上卓越的能力聞名……中國遠較歐洲任何一部分都要富有。」[9]

史密斯的《國富論》出版後不久，一次會面引發了中國與西方之間直至今日仍未停歇的辯論。一七九三年，馬戛爾尼（George Macartney）爵士抵達中國，肩負在北京建立常駐使館與對英國貿易打開港口與新市場的任務。其他國家如葡萄牙、荷蘭、俄國與法國都在英國之前來到中國，尋求貿易開放，但都徒勞無功。不過此一使節團卻成為東西方關係的轉折點。

當時歐洲啟蒙運動的知識份子都將中國描繪成一幅理想化的形象，以對抗歐洲的保守派。甚至在史密斯之前就是如此，伏爾泰（Voltaire）在一九五九年出版《論世界歷史、民族風尚與精神》的前兩章就是明證。許多歐洲人都視中國為典範，推崇中國人口稠密、民生富裕、社會安定與政局平穩，而遠遠超越歐洲。有鑒於此，他們認為西歐若要進步，就需要效法中國，實施開明專制與其官僚體系。[10]

然而馬戛爾尼的來訪，他與乾隆皇帝相互間的態度，卻與歐洲知識份子心中所想像的中國形象大相逕庭。一些知識份子，包括史密斯一反他們過去的主張，轉而強調中國動盪不安而非穩定、官員腐敗，中國的皇帝只是專制，卻非開明。[11]此一會面以馬戛爾尼拒絕向乾隆皇帝「三跪九叩」而聞名，不過這僅是雙方之間巨大鴻溝的表徵，一方是以其悠久的文化而自豪的帝國，一方則是第一個擁抱現代工業革命的國家。

馬戛爾尼花了好幾個月的時間，帶著英國國王喬治三世所贈送的禮物求見乾隆，但是皇帝根本不感興趣。這些禮物包括一具天象儀、地球儀、計算儀器、計時器、一具望遠鏡、測量與化學儀器與銅器。中國對此並無興趣，據信乾隆表示「我們什麼都不缺」。[12]季辛吉表示：「馬戛爾尼的使節團是歐洲為改變中國與西方關係，與建立自由貿易與對等外交關係所做出最著名、構想最好，與最不具軍事威脅的努力，然而卻是完全失敗。」[13]

英國人並未放棄，仍然執意要打開中國門戶，同時要向中國展示英國是新興霸主。毫不意外，馬戛爾尼的東道主認為英國是狂妄自大的暴發戶，只想要特別優惠。馬戛爾尼同樣瞧不起中國，認為「清政府好比一艘破爛不堪的頭等戰艦……也許不會立即沉沒，但可能會漂流一段時間，然後被海浪打成碎片沖上岸邊。」[14]

英國這種鄙夷的態度反映在其行為與行動，使得中國在經濟上蒙受重大損失。英國對中國發動兩次戰爭，而且還有其他許多帝國與殖民地國家參與其中，掠奪中國的人民與資源，而其背景是政治與貿易經濟。

英國是以白銀來支付其需求日益增加的茶葉、瓷器與絲綢，但是白銀大量持續流出帶來財政壓力，包括東印度公司在內。因此英國自加爾各答運送鴉片至中國做為白銀的替代品。此舉為英國的印度殖民地政府帶來大量稅收，而用來支付英國與歐洲的進口品。中國的皇帝嘗試終止鴉片貿易與在中國禁菸，但是此一早期的反毒戰爭並未成功。

英國最終發動戰爭，即是第一次鴉片戰爭，然而他們卻自稱是為保護自由貿易。此一戰爭自一八三九年持續至一八四二年，中國戰敗，必須付出大筆賠償與簽訂恥辱的南京條約。該條約與之後相類似的條約統稱為「不平等條約」，因為強迫中國將鴉片買賣合法化，接受只有百分之五的低關稅，以及准許住在條約口岸與租界的外國人擁有「治外法權」。也就是說，外國人與外國生意擁有豁免中國稅法與會計法規的權利，並且享有他們本國的保護、稅賦與法律，還加上當地人民必須納稅才能享有的服務。這些條約還對英國與其他國家提供「最惠國待遇」，此舉使得中國根本無法讓列強同意其收回主權。中國主權喪失直至一九四三年談判新約，廢除不平等條約後才得以收復。

不平等條約同時也使得中國喪失一些經濟機制，英國與其他列強都是利用這些機制來保護他們的工業。除了在鴉片貿易被迫屈從列強的意志，中國也無法決定自己的進口關稅水準，以保護本國的商業與支應政府花費，而且利用稅賦與法規來為己謀利的權利也受到限制。

一八四二年的南京條約，也讓中國被迫放棄被英國海軍佔領的一塊地區控制權，即是香港，或稱芳香的港口（Fragrant Harbour）。該條約也建立其他的「條約口岸」，包括上海、廣州、廈門、福州與寧波。全球知名的香港一度是英國日不落帝國擴張海外的象徵，在一九九七年「回歸」中國，二〇一七年是香港回歸二十周年紀念。香港的一些建築物仍保有過去殖民地的色彩，一些街道也是，例如康諾特街（Connaught Street）與威靈頓街（Wellington Street），還有一些公司，例如香港上海滙豐銀行（Hong Kong and Shanghai Bank）、巴特菲爾德和太古集團（Butterfield and Swire Group），和怡和洋行（Jardine Matheson Holdings）的子公司。英國的影響並不僅限於香港，而是自上海到重慶遍及整個長江流域。

並非所有的條約口岸都在海岸，也並非所有的都是由條約所建立，但是由此也決定了很長一段時期，中國與其他國家商業與貿易往來的互動模式，當時總共有十九國擁有所謂的治外法權與特權。英國並非唯一因條約口岸而影響力大增的國家。法國控制雲南與廣西、德國控制山東、中國東北的滿州則是由日本控制。這些與其他地區都還留有列強瓜分中國的痕跡，上海的外灘就有許多殖民時代的建築，不過其他一些城市也有，包括廣州、廈門、青島（青島啤酒老家）、武漢、天津與大連。到了一九一七年，中國加入第一次世界大戰，希望藉著和平條約驅逐在中國的外國勢力，然而卻以失敗告終，當時中國已有九十二座條約口岸。

第一次鴉片戰爭結束十四年後，在一八五六年，英國因中國不肯做出新的讓步，包括鴉片合法化，而發動第二次鴉片戰爭。中國戰敗，於一八六〇年簽訂天津條約，再度需要支付大筆賠償；開設新的條約口岸；割讓九龍與新界；對外國商船開放內地各港口與長江網絡；鴉片的使用與進口合法化；准許基督教與天主教傳教士至內地傳教，以及開放外國人赴內地旅遊。此外，也建立監督與執行機構，確保中國遵守對外國實施低關稅的承諾。

一連串的叛亂與其他動亂也重創中國經濟。一八五〇至六四年的太平天國動亂，表面上是中國人與基督徒的造反，但是其根源是條約口岸的外國勢力與牽涉其中的中國當局。此一動亂影響中國十幾個省分，包括最富庶的幾個地區，可能導致二千萬至三千萬人喪命，然而當時經濟成長動力主要就是來自人口的改變。此一動亂也造成生育率降低與發病率升高等間接影響，例如一八五五年的黃河氾濫與因灌溉系統荒廢而造成的飢荒。雖然中國未受太平天國影響的地區人口仍然成長，而影響最劇地區相對其他動亂較少，根據各省分人口來看，個人所得與生活水平在一八五〇至八〇年代持續降低。

一八五八至六〇年，俄國強佔中國土地，並且剝奪中國通往滿州太平洋口岸的權利。在一八九四與九五年，日本佔領中國東北地區遼東半島的港口與土地；獲得賠款與在中國開辦工廠進行製造的權利，同時也迫使中國割讓台灣與對朝鮮的宗主權。

當時中國幾乎沒有製造業，只有少量鐵路。農漁業約佔GDP的百分之六九，手工藝品約佔百分之八，傳統運輸與貿易約佔白分之一三。[15]雖然中國歷史把外國描繪成列強瓜分與掠奪中國，但是不容否認，外國人也是推動中國經濟進步和與外界接觸的動力。

中國大部分城市以人口來衡量，在一八二〇年代至十九世紀結束都沒有太多改變，但是條約口岸卻與中國其他地區大相逕庭，是現代化與進步之島。外國人帶來新的交通工具，例如在長江與海岸線行駛的汽艇，還有興建鐵路、銀行、商業、礦業、工業與相關知識。同時，他們要求開設的條約口岸，主要是上海與香港，開始發展西方銀行業務、航運與現代技術，而中國本地人民可因此學習技術與貿易。他們也會因家人與朋友前往亞洲其他地區工作，將所得匯款回來而獲利。中國政府逐漸有所回應，開始推動發展並且採用新技術，例如電報。中國在十九世紀最後的二、三十年發起自強運動，政府開辦多項產業，例如上海與南京的兵工廠、福州的造船廠、天津的煤礦，以及多家紡織廠與煉鐵廠。自強運動在一八九五年中日戰爭後逐漸式微。

在十九世紀的最後二十五年，瓜分中國的行動加劇。俄國、德國、英國與法國，都趁機要求開設新的港口、鐵路修建權與劃分勢力範圍。不過與此同時，條約口岸的設施擴張，不僅帶動鐵路的成長，也有助銀行、商業、工業生產與礦業的發展。英國的利益主要是長江沿岸，法國是在南邊，日本與俄國的利益主要是在北方與滿州。

俄國在一八九八年以條約強租大連二十五年，無論是在經濟上還是軍事上都快速發展的日本，則是開始強化其巧取豪奪中國長期利益的行動，並在十九世紀下半加強對朝鮮與周邊群島的影響。一八七九年，日本併吞琉球群島，這是位於日本南部九州西南方的弧形排列島嶼，一直延伸至台灣。一八九五年，日本與中國爆發戰爭，佔領遼東半島南端的旅順，現今位於北京東邊只有一個半小時的航程。中國戰敗，被迫在領土與財務上讓步，中國視此為奇恥大辱，因為一向認為日本較其次等，歷史與文化都為其旁支。在一九三一年佔領滿州後，日本在中國造成的陰影益趨沉重，之後就爆發一九三七至四五年的浴血抗戰。

德國利用兩名傳教士遭到殺害為藉口，迫使中國讓步而奪取天津港與山東半島的鐵路權。對中國來說，山東半島的重要性就如同阿爾薩斯—洛桑（Alsace-Lorraine）之於法國與德國。這是孔夫子的出生地，而就地理位置來看，山東半島控制北京、黃河與大運河。讓山東半島落入外國人手中，就如同交出「指向中國心臟的匕首」。[16]日本也是如此認為，但是在二十年後的凡爾賽條約上，日本則是希望握有此把匕首。

經過三年的反洋人抗議之後，義和團，或稱為拳匪，在一九〇〇年起義作亂。他們剛開始是攻擊中國基督徒與外國傳教士，但是很快就轉變為反洋人行動。不過此一動亂的時間很短，在法國、英國、美國、日本、俄國、德國、奧匈帝國與義大利組成的八國聯軍抵達北京，解救他們的使館與鎮壓拳匪與清軍之後，動亂平息。列強認為中國並不穩定，並且擔心中國「會像亞洲的波蘭，在歐洲掠奪者與日本的瓜分下消失」，[17]但是即使他們決定寬大處理，也是又簽訂新的不平等條約，要求鉅額賠款與擴大佔有權。

一八四二、一八六〇、一八九六與一九〇〇年的賠款，加上鴉片戰爭、中日戰爭與拳匪動亂，使得中國財政壓力大增。由於與列強的條約使得中國難以提高關稅，中國只有借外債與增稅，導致發展遲緩。[18]向外國舉債的同時，還與新產業的所有權、經營權掛鉤。根據估計，在一九二〇年後，中國每年所清償的債務約佔政府收入的百分之四〇。[19]

在孫逸仙的帶領下，清朝在一九一二年遭到推翻，轉為共和政體，然而中國對此毫無經驗也欠缺了解。僅僅在六星期之後，孫逸仙就把權位讓給軍事領袖袁世凱。袁世凱在一九一六年去世，留下一個分裂的中國與衰弱無能的政府。一九一九年中國爆發人民自組的五四運動，導火線是人民不滿政府無法在凡爾賽條約收復失土。五四運動也促成一九二一年共產黨在中國萌芽。中國在一九一七年加入第一次世界大戰，希望藉此在最終的和平協議能夠擺脫列強烈的掠奪，然而事與願違，西方列強拒絕結束在條約口岸的治外法權，並把原為德國的大部分權利交給日本。

在實施共和的早期，軍閥割據、戰亂不斷，地方首長、軍事領袖，與新建立的中國共產黨爆發激烈的權力鬥爭。中國經濟停滯不前。與此同時，一個新政黨也開始興起，即是國民黨。該黨原是孫逸仙所創，但很快解散，後來他推動該黨改革，自一九一九年擔任總理直至一九二五年去世。之後蔣介石成為國民黨領袖，在北伐與對抗日軍之後，他在一九二八年於南京成立國民政府。蔣介石身為中國國民黨的領袖，他反對西方民主主義與孫逸仙的國民社會主義，而建立一個保守與專制的政府。

中國享受到一段相對和平的時間，因此能夠建立促進經濟發展的機制。一九二八年中國在上海成立中央銀行，由財長兼央行總裁，繼而建立多家分支銀行。中國在一九二九年拿回關稅的自主權，調高關稅幫助中國稅收增加。一九三〇年，政府實施土地改革，施行土地法，提倡土地所有權與減少地租，儘管有些歷史學家質疑其成效。一年後，政府廢除釐金制度，這是對貨物運輸所課徵的國內稅，但是由於外國人可以購買豁免權，以致經濟受到扭曲。中國也開始能夠重組與勾銷外債。中國政府積極建設鐵路與公路網絡，直至一九三七年對日戰爭爆發。

雖然中國的政策並未對最大的農業部門帶來實質改變，不過其他部門確實開始改善。每年人均所得緩步增加，儘管其步伐與西方相比有如蝸牛。經濟結構也有重大改變。儘管對當時的統計並不可靠，但是也顯示農漁業佔ＧＤＰ比例，在一九三三年以前已降至百分之六四，而所謂的現代化部門（製造業、礦業、發電、運輸與通訊）相較於一九〇〇年，佔ＧＤＰ比率已成長四倍至百分之五。[20]

在對日抗戰之前，中國有約五分之三的工廠產出都是來自中國人所擁有的工廠，有五分之一左右是來自外國人工廠，其餘的大部分是出自日本人在滿州的工廠。中國的企業家主宰當地的手工藝業，但是外國人擁有的企業則佔了紡織、煤礦與重工業產出的三分之一到二分之一。雖然現代工業僅佔一小部分，不過在擴張當中，也反映在天津、廣州的貿易量，尤其是上海等港口的地位日形吃重。

中國經濟這些遲來的發展應歸功於國民黨，包括現代部門緩慢但重要的發展，人均所得溫和成長（雖然只集中在眾多人口中的一小部分）。但是政治與社會的分裂，使其難以抵擋廣受農村支持的共產黨運動，更別說平定了。同時，國民黨也無法抵抗日本一九三一年在滿州建立傀儡政府滿州國，以及將北京與天津地區轉為非軍事區的要求。

一九三七年，日本發動侵華戰爭，這場戰爭一直持續到一九四五年。中國八年抗戰之慘烈非本書重點，不過估計中國可能喪失一千五百萬到二千萬條性命，而且還有高達一億名難民。[21]此一戰爭削弱國民黨的力量，但同時壯大共產黨的勢力，二次大戰日本戰敗撤出中國，但國共內戰爆發，直至一九四九年。

遺緒與迷思

這段遭到列強瓜分與內戰荼毒的歷史，已成中國無法磨滅的記憶，自人民共和國成立之後就影響中國的所做所為與態度。中國經濟在一九四九年之前的百年長期衰弱，列強瓜分實是最大原因。

香港回歸二十周年時，習近平來到香港並發表演說。他指出，在一八四〇年代初期擁有八十萬大軍的清朝政府，竟然無法抵擋英國一萬名遠征軍，被迫割地賠款，割讓香港島。在二次鴉片戰爭，清朝再度戰敗，九龍與新界也脫離祖國懷抱。他說：「那時的中國歷史寫滿民族的屈辱與人民的悲痛……二十年前的今天，香港回到祖國的懷抱，洗刷了民族百年恥辱。」[22]

中國認為，其百年屈辱的重中之重是在於喪權辱國，是關於國土的喪失，現今只有台灣還未回到「祖國」懷抱，而更深層的意義是在於喪失對國內與外部的控制權與在世界的尊嚴。這有關中國共產黨的基本合法性。該黨被塑造成唯一能夠站起來抵擋外國侵略的政治組織，是中國安全與尊嚴的守護者。

二〇一七年七月，在慶祝人民解放軍建軍十九周年紀念的一個場合，習近平在內蒙古訓練基地朱日，透過電視對數以千計的士兵表示，軍隊必須「堅定不移」的支持共產黨，而且「我們有信心擊敗所有的侵略」。他並沒有說明侵略來自何人，不過將外國人、軍隊與共產黨相聯接，在結合歷史與現代的意義上並不意外。

然而這一敘述儘管包含歷史真相與事實，卻不完整。

中國百年屈辱的說法是植基在一個概念之上，即是面對外國的侵略，中國是沒有攻擊性與擴張野心的受害者。然而這樣的形象與清朝十八世紀時，對緬甸與越南窮兵黷武的政策並不相符，而且有關十九世紀與法國和日本的戰爭，中國也並不是沒有責任。

關於外國人為中國帶來屈辱的說法，與現實情況也有出入。如前所述，條約口岸與外國干涉確實限制中國政府制定政策的空間而拖累經濟，喪失經濟自主權也使得中國尊嚴大受打擊。不過與此同時，我們不應忽略中國當時也遭到國內動亂的嚴重打擊，包括長達十四年的太平天國叛亂、拳匪之亂、清朝滅亡後達十一年的軍閥動亂、一九二七年之後無能與保守的國民黨政府，以及直到一九四九年的國共內戰。根據對中國見解獨到的作家與分析師芬比（Jonathan Fenby）比較外國人對中國影響（排除二次大戰時的日本），中國遭到來自「內部削弱力量的規模更大」。[23]

中國本身也有一些缺點限制經濟發展。這些包括公部門的貪汙腐敗；社會與政治結構的僵化；中國的企業有許多都是家族經營，在崇尚大型企業的環境下顯得不合時宜；強調安定與共識的傳統，然而破壞性科技與科學改變，對經濟更為有利。中國在一八三九年之前就有這些現象，不過在百年屈辱時期受到壓抑。其中有一些相對較強的內發性，直至今日依然存在。

雖然條約口岸是中國喪權辱國與經濟遭到掠奪的表徵，但是他們同時帶來新科技，並且帶動中國茶葉與絲綢的出口，讓中國以出口收益來換取工業產品的進口。有許多條約口岸與周邊地區最終成為發展經濟的重鎮，後來演變成經濟特區。如果今天中國與香港貿易與經濟的互動模式仍與英國殖民地時代相同，而與台灣的關係也與中美一九七九年建交後一樣，實在難以想像中國經濟會如何發展。

中國在一九三〇與四〇年代的苦難與對經濟的影響，其實有助中國日後的發展。中國的基礎建設在對日抗戰時遭到摧毀，需要重建與重新發展。毛澤東掌權時的中國在外交與經濟上都與外界隔離，因此重建一個新的產業經濟制高點更顯重要。中華人民共和國也利用日本在滿州所遺留下來的工業設備，大量生產電力、鋼鐵與水泥。該地區成為中國重工業中心，儘管其重要性現在已有所降低。

戰爭迫使國民黨與共產黨為公部門發展新角色，並且「根據國家與人民之間的權利義務關係而創造一個新的社會合約」，[24]同時也出現國家干預經濟的新方式，而共產黨則是因此移植了整個社會與經濟發展模式。一九四〇年代末的中國政府，在經濟與政治意識型態上都具有濃厚的列寧主義色彩，在企業雇員與資產中掌握一大部分，還有鋼鐵的生產與大部分主要銀行以及運輸業。

百年屈辱造成一項歷久不衰的遺緒是，中國對外國人的矛盾心理與不信任感。這樣的態度十分明顯，使得中國面對利益遭到外國勢力或「西方利益」威脅時，總會採取較為強硬與好鬥的方式。例如在二〇一二年，由於在中國稱為釣魚島及其附屬島嶼，日本稱之為尖閣諸島的領土爭議，中國政府挑起反日本示威行動。二〇一七年，中國政府再度發動對南韓的示威行動，因為南韓政府同意裝設新的美國反飛彈系統。在這兩項行動中，日本與南韓企業都遭到抵制與抗議。二〇一八年面對美國總統川普開始在貿易與投資上的反覆，中國的反應是可以預見的尖銳與帶著民族主義色彩，再度操弄外國人負面形象，尤其是「不平等條約」。

這種對外國人的矛盾心理——可以追溯至百年屈辱之前——令人啼笑皆非，因為正如我說的，對中國經濟而言，與外國人接觸並非全是壞事，至少在百年屈辱期間確實如此，而有些時候可以證明具有正面價值。

最後，值得一提的是對日戰爭，摧毀日本一個世代以來在東亞的中心地位。日本曾是亞洲的製造與服務中心，滿州主要供應其農產品與工業原料；台灣與朝鮮則是農業生產，尤其是糧食，中國則是市場來源與未來投資所在。[25]日本地位遭到摧毀，為亞洲體系留下一個大洞。

對日抗戰結束與宣布建立中華人民共和國後，中國並不能填補此一空缺。事實上，中國直到一九九七到九八年的亞洲金融危機之後，才具有這樣的能力，當時中國正處於經濟快速成長的痛苦期，距離加入世貿組織還有好幾年時間。到了二〇〇〇年代晚期，中國開始展現具備接掌此一角色的能力與意願，而習近平則是更為清晰與堅定地以「中國夢」來傳達此一訊息。但是中國的成功也為其經濟發展帶來新的嚴峻挑戰，這也是本書焦點所在。不過在此之前，我們必須先看毛澤東與其繼位者們統治下的中國經濟。

第二章
RED FLAGS

從毛澤東到現代化

一九四九年的十月一日，在政治領袖與軍事將領的簇擁下，毛澤東站在天安門宣布中華人民共和國成立。緊接著是閱兵典禮與規模龐大的遊行活動，少年先鋒隊、勞工、農民、公務員與學生舉著領袖的照片，唱著民謠載歌載舞，高喊手中標語牌的口號：慶祝中華人民共和國成立、毛主席萬歲、發展重工業、提高國防水平。

毛澤東一八九三年出生於多山的南方省分湖南，當時正是中國動盪不安的時期。他於一九一九年來到北京，在一九二一年成為中國共產黨五十位創黨黨員之一。他自農民領袖起家，最終利用人民的不滿與民族主義創造一支百萬大軍，對日作戰，並在抗戰期間與結束後與國民黨進行內戰。一九四九年「北平易幟」，中國人民政治協商會議在北京召開，毛澤東在會議上宣布：「我們的民族將再也不是一個被人侮辱的民族了，我們已經站起來了。」

毛澤東長期掌權直至一九七六年去世，他在災難性的大躍進與文化大革命中所扮演的角色一直為世人記住。他死後不久鄧小平上位，推動經濟與社會改革，將中國帶入現今的發展道路。鄧小平一九八〇年代的改革，在其繼任人江澤民手中得到繼續深化與擴大。他對中國經濟爆炸性成長的貢獻在其接班人胡錦濤任內轉為社會改革，二〇〇〇年代全球化熱潮方興未艾，現在已為世貿組織會員的中國自此一熱潮獲利良多。

在毛澤東的領導下，共產黨建立權威，以堅忍不拔的精神面對不時出現的經濟與社會嚴峻挑戰。毛澤東死後，中國採取較為集體與植基於規則的領導模式，以預防產生新的獨裁者，至少直到今日是如此。習近平是否會是另一個毛澤東，留待政治學家去傷腦筋。現代中國與當年在偉大舵手領導下所出現的暴力，與受苦受難的情況大不相同。然而習近平在治理與組織上採取的一些方式與那時期有些類似，而且在民間社會機構的發展上也有相同的結構性障礙。

二〇一三年頒布的九號文件，批判政治危險，包括西方的民主思想憲政、民間社會、歷史虛無主義、普世價值，與西方新聞自由價值觀。之後中共當局即對人權律師、媒體、學者，與其他獨立思想者展開打壓。此一嚴厲緊縮的態度一直持續到今。我們將在本書探索，它會如何影響中國未來幾年要面對的挑戰。

毛澤東的經濟

法國外交家與戴高樂（Charles de Gaulle）的心腹佩雷菲特（Alain Peyrefitte）在一九六六年文化大革命期間率團訪華，這是在此期間第一個訪問毛澤東治理下中國的西方使節團。他寫道，讓他感到訝異的幾件主要事情之一是「毛澤東治理的中國與馬戛爾尼所見到的中國有驚人的相同之處」。[1]他列舉其中幾項：相同的帝王崇拜；因對傳統的尊重而相同的儀式與禮儀；對最高權力機構相同的俯首聽命；相同避人耳目的密謀策劃；對外國人相同的不信任感；相同的節儉與相同的菸草味。

佩雷菲特此一饒富趣味的敘述，也反映出中國在政治、結構與文化上的改變很少。我在最後一章會談到此一現象，即使在今天也不難見到。

習近平發動打貪反腐之前曾勸導他在黨校的同學，要他們注意「黨的純潔性」，而此一行動有可能是直接取法毛澤東在人民共和國成立最初三年所實施的打貪運動。毛澤東組織「打老虎」調查小組，以根除家境較優的官員與平民，指責他們在黨擴權之後變得腐敗，削弱黨的純潔性。[2]

在人民共和國早年，中國擁有一批新的精英，採行蘇聯形式的社會主義指揮經濟模式來治理國家。當時的中國與世界大部分隔絕，只與蘇聯維持緊密關係。不過他們的連接出於機會主義的成分，可能要大過意識形態，尤其是後者正是雙方在一九五六年不歡而散，以致決裂長達十年的導火線。總之，蘇聯在一九二〇年代對國民黨提供軍事與組織的支援，幫助共產黨自日本手中奪回滿州。在韓戰期間與結束之後，蘇聯對中國提供經濟、技術與財政的協助，並且持續對中共借款與支援，這也是中共自一九五三到五七年的第一個五年計畫的核心，直至毛澤東批評蘇聯是修正主義，雙方關係惡化。

毛澤東治理的中國貧窮簡樸，而仕人民共和國早期，充滿暴戾、專制、恐懼與脅迫。毛澤東系統性地摧毀革命之前的社會結構，這是一個具有眾多民間社會組織的結構，有祕密社團、宗教團體、商業與宗族組織、商會、社福團體與專業工會。[3]然而公務員、企業團體、商販、交易商、銀行家，以及學者與知識份子都成為清算目標。所有的私人企業都被沒收。「改造」運動遍及政府各機關、工廠、作坊、企業、學校與大學，以及鄉間。共產黨摧毀中國既有的民間社會，與任何可能對其造成挑戰的社會組織，並將社會所有事情的權利，從經濟、政治討論到人民日常生活，都集中到自身。[4]

就經濟層面，毛澤東治理的中國幾乎停滯不前。根據麥迪森的計算，共產黨於一九四九年掌權時，中國人均所得是四五〇美元。[5]毛澤東於一九七六年去世時，人均所得來到八五〇美元，然而在當時全球焦點都在日本與亞洲四小龍南韓、台灣、新加坡、香港身上的情況下，根本不值一提。在一九四九到七八年間，根據GDP計算，中國佔全球所得比率僅升至百分之四．九，而其佔全球貿易的比率也僅有百分之一左右。不論從什麼角度來看，中國經濟之於全球是微不足道。

一九五〇年的韓戰與西方的貿易禁運措施，的確限制中國的發展，不過中國還須面對更為嚴重的問題，而且這些問題都是來自自家本身。這些問題包括早期的改革行動，例如政府在尋求改變中國的方向下，激烈改變土地分配體系與房地產所有權，以及兩項重大衝擊：一九五八年的大躍進與一九六六年的文化大革命，它們造成政治動盪與嚴重傷害。

共產黨極力維持內部秩序，壟斷動員資源支持國防與經濟發展的權力下，中國的目的是改變社會與政治秩序，改善中國的地緣政治地位，以及促進經濟成長。在推動經濟成長上，中國靠的是擁有「生產、分配與交易」的管道，包括土地、工廠、運輸設備、企業、金融、通訊，以及對外貿易和海關。重工業與資本密集的生產居於優先地位。對外貿易則成為國家獨佔，主要目標是尋求自足與建立一套因應主要生活產品需求的進口結構。

計畫取代價格成為決定哪些產品生產、資源如何分配，以及該雇用哪些人的關鍵。工業公司大部分都是垂直整合的企業，嚴格控管員工，自一九五一年起更是取代典型的城市支出，承擔照顧員工由生到死的責任，也就是所謂的「鐵飯碗」。農業部門則是集中管理，遷徙受到嚴格的申請法規控管，而且根本沒有所謂的勞動力流動。

中國擬定一套價格系統，用以控制國營企業的交易。在此一系統下，國營企業因價格定的相對較高而獲利，反觀鄉村卻須忍受較低的價格。此一做法為政府提供大筆利潤與稅收，而這些所得都與經營效益完全無關。到了一九五〇年代中期，政府的預算收入達GDP的四分之一以上，遠在之前的水準之上。[6]這些收入是用來支付政府部門的擴張、國防軍備，以及支撐升高的積累率，也就是以產品供過於求的剩餘價值在未來投資產業。當時與之後許多年的中國形象就是節儉、衣著單調而無變化、簡陋的住家，以及一些鮮明反映中國重組經濟與資源分配的服務。

中國政府很快就著手從根本上改變房地產所有權的制度，主要是瞄準地主、民族資產階級或中產階級，以及大部分在滿州與條約口岸的外國利益。自一九四二到五二年，在農業改革下，中國政府沒收全國百分之四三的耕地、農舍、作物與牲口，然後再重新分配至佃農與沒有土地的農民手上。在改革的第二階段，踏出農業集體化的第一步，鼓勵農民在淡季時上繳收成充公。

一九五〇年中期，中國加速推動計畫經濟。由於擔心生產力不足，而驅使農民加入集體制，最終在一九五八年廢除個人所有制，儘管後來證明此舉僅是暫時性的。中國政府同時以農村生產實驗做為基礎，進行進一步的集體合作，在實驗下，農民被迫參與蘇聯模式的集體企業。同樣地，城市也實施蘇聯模式的工業化，政府接管大部分企業。最大的目標是東北地區，尤其是滿州的重工業，而在初期政府帶動工業產出與工業投資佔GDP比率增高。

大躍進（一九五八到六二年）是設計來實現毛澤東對工業與農業發展的宏大構想，希望藉此提供一個適合中國經濟情況的發展模式，尤其是在勞動力資源方面。與此同時，農民僅剩下的一點土地權益也被取消，數以百萬計的人民被強迫進入大約二萬五千所大型人民公社，平均每所人民公社有約五千戶家庭，有一些的成員甚至超過十萬人。在人民公社中，個人財物、糧食與勞力都被集中，人民公社負有管理當地行政、稅收、保健、教育，與監督生產的職責。[7]政府的政策使得農地與供應減少，有三千萬勞工轉入鄉村工廠，包括後院鐵工廠，有關一九五八年收成錯誤的訊息，導致強制徵收情況大增。[8]大躍進造成的大飢荒，至少造成三千萬條生命在一九五九至六一年喪生。但有的說法認為，可能高達四千萬至四千五百萬條性命。

大躍進的許多措施在接下來的幾年獲得修正或是取消，一九六〇年代中期，經濟元氣有所恢復，農業與沿海各省的工業出現新的投資與建設。同時也建立一套新的三層組織架構：人民公社、生產大隊與生產隊，在一九七〇年代前，這些組織的數量明顯增加。

一九六六年發動的文化大革命，造成十年之久的意識形態狂熱、政治動盪與跨世代的衝突。它對中國經濟與人民造成的傷害也許相對較輕，但是對農業生產與工業生產仍是帶來重大衝擊。文革弱化中國的機制，對其經濟與商業造成傷害。雖然當時所謂的三線建設帶來一些成就，該計畫是下令對國防、科技與重工業進行大規模投資，但是文革阻礙經濟發展與改革。與此同時，亞洲四小龍卻是快速發展。鄧小平後來曾經表示，文化大革命幾乎毀了共產黨，其信譽遭到重創。

隨著一九七〇年代的到來，中國經濟嚴重失衡。一邊是衰敗的農業與糧食生產，一邊則是快速成長的工業，兩者形成強烈對比。在一九七〇年代，工業產出平均每年成長百分之八，而在一九五〇年代成長率只有一半，但是此一成長速度相對於鄉村實在太快了，鄉村根本難以趕上，無法同時提供城市與鄉村居民足夠的糧食。中國經濟機能失調持續好幾年，不過發生兩件事情可望把中國經濟拉出谷底。一九七二年，尼克森（Richard Nixon）來到中國，是第一位訪問共產中國的美國總統，他此行促成雙方恢復邦交與交流。不久之後，毛澤東恢復中國一位官員的職務，此人是文革的受害者，名叫鄧小平。他恢復權位的時間短，在一九七六年再度失勢，不過他的時代即將到來。

黑暗中的少許光芒

儘管毛澤東時代的中國政局與經濟都不穩定，還出現最糟的政治獨裁情況，但是與此同時，也有一些正面的經濟與社會變遷。根據國家統計局的資料，實質GDP在一九五二至七八年，平均一年僅成長百分之六左右，不過工業（建築業除外）佔GDP比率由百分之一七・六升至四四。資本財，也就是實質資產的價值，例如大樓、工廠、基礎建設、機械與設備，平均一年增加百分之七・五，大幅超越人口。

在毛澤東掌權時代的人口成長率，從百分之一・九降至一・五，生育率下降一半至平均每位生育年齡女性三個小孩。死亡率，尤其是孩童，還有教育程度都有改善。例如五歲以下孩童的死亡率，由每千位從二〇五位降至七十三位，主要是因為初級保健服務，例如接種疫苗等公共保健服務擴大、水質改善、衛生與營養，以及教育程度升高。整體而言，人力資本品質確實提高了。

一九四九年，中國人口有百分之八〇都是文盲。不過由於積極投資教育，小學註冊率到了一九五八年成長四倍，達百分之八〇，到了一九七五年更是進一步升高至百分之九七。初中的註冊率也增加百分之六至接近百分之五〇。二十五歲以上人民的平均受教育年限由一九五〇年的〇・七年升至一九八〇年的三・七年，女性的平均受教育年限更是大增，從〇・五年升至五年。[9]

但是毛澤東治理的中國無法克服三個常見，而且往往是由自身所造成的問題：馬爾薩斯主義的糧食生產不足問題；典型凱因斯主義的就業創造不足，以致難以促進持續消費的問題，以及儘管GDP與工業成長顯著，但是仍有蘇聯式的忽略效率與誘因。因為如此，在經濟學家所謂的全因素生產率上根本未見實質成長，這是一個有關效率的名詞，用來顯示資本與人力資源合理分配與技術進步所促成的成長率。[10]

儘管勞動力成長至接近二億人，但是不到五分之二是在現代部門。而中國的經濟發展常態是農業勞動力，一九七八年較一九五二年擴大百分之七〇，相對於城市居民明顯惡化。

毛澤東治理的中國完全忽視為相對活潑的消費部門奠立基礎，然而此一部門十分重要，因為隨著家庭所得增加，人們在額外所得上對食品與必需品的花費比率會減少，而增加對消費者產品的支出。中國只是一根筋地強調重工業與資本密集生產，這也意味向來是大型雇主的傳統製造業與服務業，並未因為人口擴增而出現原本該有的擴張。例如在一九五二至七八年，零售部門平均雇員人數由八十一人升至二一四人，餐廳平均雇員人數由六七六人增至八一八九人。[11]我們通常可以預期，隨著零售與服務業規模的擴大，生活水準與消費趨勢也會提高。

毛澤東治理的中國，留下的資產可能就是缺憾與失敗。這也激發新的領導人願意進行實驗與向世界學習。毛澤東去世前十四年，也就是一九六二年的時候，鄧小平指示農民使用更好的法子來因應飢荒，而首次說出現今已成他名言的諺語。他說：「不管黑貓白貓，捉到老鼠就是好貓。」[12]此一句話也代表鄧小平為中國帶來的鉅變，他以實驗來追求社會主義下的中國經濟，如何為人民帶來美好的生活與現代化。

改革開放

鄧小平對現代中國居功厥偉，絕非溢美之辭，而且這並非只是因為他所推動的政策與計畫。季辛吉指出，他的成就是完成了做為一位領導人的終極任務，帶領社會來到一個前所未有的境界。季辛吉表示：「社會的進步有賴領袖的遠見，與依此前行的勇氣。社會的幸福主要是拜他們的高瞻遠矚之賜。」[13]

「改革開放」是出自中共一九七八年的十一屆三中全會，自此之後即成為對中國影響力的表徵。與五年一次的全國黨代表大會同期的三中全會，通常會發布重大政策與優先計畫。不過有時候這些會議也沒有什麼效率，只是糾結於一些外界難窺奧妙的事情。有些人認為，一九九三年的十四屆三中全會意義重大，因為朱鎔基在會中確立「社會主義市場經濟」體制。但是一九七八年的三中全會確認了鄧小平的領導地位與「改革開放」政策，可能是最具意義。若是沒有此一會議，中國的經濟與政治史都將改寫。

比較中國勞動生產力，在一九七八年之前二十五年與之後二十五年的變化，即可看出鄧小平對中國經濟的影響有多大。在農業部門，生產力成長率從平均每年百分之〇．二左右升至近百分之四。在工業與營建方面，成長率幾乎擴增一倍，由百分之三．七增至六．七。在服務部門，則從平均每年百分之一．八增至五．九。此一轉變也為GDP幾乎所有的成長提供解釋。[14]

勞動力與資本的生產力也明顯改善，因為中國能夠更好地利用、結合與管理它們。要做到這一點，中國必須改革其市場與機制的運作。中國的改革並非直線的，而是經由三項重大無比的發展。

第一項，自一九七六至八〇年擔任總理的華國鋒，儘管稱不上改革者或在經濟上有所建樹，不過他看清中國需要新觀念與新想法而同意成立中國社會科學院。該機構培育一批新一代的經濟長才，他們相信經濟知識與實驗要比政令宣導與教條更具價值。[15]

第二項，正如蓋維茨（Julian Gewirtz）在其著作《不可靠的夥伴》（*Unlikely Partners*）所寫的，中國經濟學家與海外專家的交流，帶動國內思想的改變。例如中國在一九八〇年代成立的經濟特區，其構想首先是來自一九七八年一批在歐洲的中國經濟學家。與外國經濟學家和經濟機構的交流，也帶動與美國的學生交換，與新知識開放，經濟思想不必再受到僵硬的政治法令束縛。中國也研究與進口南斯拉夫與其他東歐國家的想法，尤其是匈牙利，以及爭取日本的投資與貿易。

中國在一九七〇年代末與八〇年代初，與海外經濟學者專家的交流，無庸置疑是中國改革路線與腳步的重要因素。在中國所接觸的海外管道中，最著名的是來自鐵幕之後，主要是匈牙利經濟學家科爾奈（János Kornai），他是研究社會主義經濟學的專家，一向主張預算硬限制相對軟限制的重要性。雖然聽起來有些深奧，但是對中國十分有用。在預算硬限制下，公司在取得貸款與資金上必須相互競爭，而且要還給借貸人或股東。他們的生產與消費，是依賴由供需決定價格的市場，如果他們沒有獲利可能就會破產或被接收。科爾奈強調預算軟約束，例如在蘇聯與中國早年所採行的，意味公司是以其資格來決定能否得貸款，接受一些非商業的目標，尤其是在雇用方面，其生意是以管理價格來進行，而且沒有倒閉的風險。

中國將科爾奈所教的學以致用，並且了解所有權並非重點，因為私營企業也可能沒有效率，預算硬限制才是。[16]不過這也是今日議論的重點，有些人認為，中國國營企業與地方政府債台高築；中國GDP誇大，就是在於對預算軟限制的容忍。

在鄧小平時代初期，中國對經濟學與海外經濟學家的興趣，也帶動與西方經濟學家的交流與互訪，包括著名的美國自由市場經濟學家傅利曼（Milton Friedman），以及知名的經濟學家，例如凱恩克勞斯（Sir Alec Cairncross）與史特恩（Lord Nicholas Stern）。

促成中國改革的第三項關鍵是鄧小平本人，他幫助改革的制度化。他把共產黨放在首位。從他面對草根性民主運動威脅時的態度，尤其他對一九八九年天安門抗議所採取的強硬方式就充分顯示。他是促成中國對新觀念與全世界開放的總工程師；他推動中國經濟的自由化，同時也建立政治結構預防權力集中在獨裁的領導人手中。他認為，中國共產黨的政治力量有賴實施有限度的自由經濟改革。

耐人尋味的是，習近平卻有不同的看法。對他而言，黨的政治力量與純潔性才是最重要，經濟改革只是附屬品。經濟改革的必要性與政治環境的矛盾自鄧小平時代就有，但一直未曾解決。此一情形在習近平治理下更具意義，而且深具影響力。

改革第一階段，一九七八—八八年

中共當局首先為農村所做的事情之一是減輕對農民收購的負擔，付給他們較高的價格，並且允許他們以更高的價錢出售剩餘的收成。此外，准許農村合作社就不同的支付與生產體系進行實驗，而逐漸形成一個主調，即是與農民訂立合約，讓其承包管理土地。當時農村家庭約佔全國人口的百分之八二，在此情況下可以長期租賃的方式，集體承包與利用土地，並且有權在開放市場出售他們增加或是自己消費後剩餘的收成。到了一九八三年，這些措施已變得普遍，農村集體制度幾乎全面消失。

一九七八與七九年之後出現的鄉鎮企業，是在人民公社與生產大隊之外創造的產物，在鄉村發展低價值輕工業的關鍵性結構上扮演不可或缺的角色。在不算短的一段時間，鄉鎮企業為中國提供勞動密集生產的機會，這些是重工業難以做到的。因為如此，相對於資本，中國可以更合理地運用勞動力。在一九七八至九〇年代中期，鄉鎮企業的雇用人數由二八〇〇萬人增至一．三五億人，其附加價值佔GDP比率由百分之六增至二六。在廉價勞動力豐富的條件下，中國鄉鎮企業著重於紡織品的生產、食品加工、家具、建築材料，以及簡單的機械與金屬加工。

鄉鎮企業還有其他好處。它們提供就業與賺取收入的機會，並且幫助彌補鄉鎮與城市間發展的部分差異。鄉鎮企業身為公有企業，在計畫經濟的市場化改革中扮演先鋒的角色。它們也與國營事業競爭，逐漸進行試驗性計畫，允許保有部分獲利進行再投資，或是提高薪資待遇。久而久之，這些鄉鎮企業大部分逐步改組成為私有企業，或是直接淘汰出局。

中國的住房部門在一九七八年以前都很單純。土地所有權都國有化，由國家壟斷地主與開發商的角色。政府將公有租賃設施分配給工作單位，這些工作單位則負責提供住房服務，把住房分配給家庭。換句話說，這時候的中國擁有一套住房福利制度而非房市。多年來，中國領袖與相關機構不斷討論房市的意識形態，透過試驗性計畫來看房市如何運作，並且審慎准許房地產商建造與買房，以及為土地使用收取費用。

然後在一九八八年，大概是第一次試驗性計畫的六年之後，國務院踏出房市改革最重大的一步，將房屋商業化做為住房改革的目標。[17]不過什麼事都沒有發生，直到天安門危機之後。一九九一年，國務院決定正式承認住房私有化的房地產權利，為日後在一九九〇年代的市場導向住房改革鋪路。

改革第二階段，一九九二—二〇〇三年

一九八〇年代末期，中國遭遇多個問題與因此而引發的一項重大社會危機。價格雙軌制，即是政府制定價格，同時又給予生產者有限的自由空間，讓其以市場價格出售超過生產配額的產品，然而此一制度卻也成為貪汙腐化與搞裙帶關係的來源。中國領導層對於競爭欠缺經驗，在競爭出現贏家的同時也導致輸家的產生。改革也不可能一直平順維持供需平衡，結果是造成

一些總體經濟的問題，包括通貨膨脹高升，通膨率從一九八八年底的百分之一〇在一九八九年躍升至近百分之三〇。

與此同時，貪汙腐敗、市場混亂，以及黨內高層關係緊張等問題浮現。學生開始集結，抗議貪汙、通膨，以及學術、新聞和個人自由，後來又加入追求民主的運動，最終導致情勢失控。他們的行動於一九八九年以天安門廣場的可怕事件收場。

接下來的兩年，中國共產黨內部在保守派與支持鄧小平改革開放路線一派間爆發激烈鬥爭。黨內想趁機推翻改革的人一時之間獲得成功，但是無法保持戰果到最後。一九九二年一月，經濟回穩，通膨率也降至百分之五以下，鄧小平不顧健康不佳，展開反擊。他所做的是「他生命中最後一項行動，為中國邁入二十一世紀奠定基礎」。[18]他發動著名的南巡，巡視深圳、珠海與上海經濟特區，為改革注入新動力。他的南巡被稱作「推動具中國特色的社會主義改革的聖戰」。[19]

中國持續將早期在鄉村改革的經驗與學到的東西，應用在城市經濟、住房、國營企業，以及國際經濟利益。第二階段的改革有一重大發展——以法規為導向的制度機制，取代政治指示與命令。然而這與習近平治理下中國的情況正好相反，他將黨內權力集中化，取代法規的制度化。

不過在一九九〇年代，領導階層看到有關鄉村地區的土地使用權、生產與所得等方面的新措施，帶來效率與生產力的增加。他們同時也看到改革的第一階段，帶來有關經濟與房地產合約等方面的新知，未來可以應用在住房、產業與商業部門。

在天安門事件之前所採取的城市住屋「市場化」腳步，如今更為堅定，成為深化改革的基礎，一方面為一般老百姓提供所謂的經濟適用房，一方面也為較富裕人士提供商品房。在一九九〇年代的大部分時間，中國逐步建立一個全國性的房市。一九九八年國務院公布一份標題冗長的文件：「關於進一步深化城鎮住房制度改革加快住房建設的通知」。簡單說，這份文件敲響了中國住房福利制度的喪鐘，並且宣告展開房市發展的新紀元。二〇〇三年，國務院又首次明白釐清房市各部門的權利與義務，以及有關房地產糾紛的法律步驟。

在這些措施下，中國房市大熱，有關當局則是把注意力聚焦在規範市場，通過有關土地管理、土地使用、抵押、房地產價格、稅務與管理等方面的法律。私有住房市場因此成為中國經濟結構的一環，在二〇〇〇至二〇一一年一直是推動經濟的主力。二〇一一年，住房投資約佔GDP的百分之一四，是二〇〇三年的三倍。

鄉村的土地所有權與鄉鎮企業，自然而然地成為往後私有企業的模型。這也形同對一種新企業結構的認可，並且最終升至修憲以保護其合法地位的高度，儘管這僅是彌補公營事業的不足，而且公共政策目標仍是由共產黨決定。

國營企業學會在「雙軌制」下運作，一面負有根據國家所訂目標進行生產與定價的責任，不過另一面也有學習市場運作的機會，將多餘的生產量以高出政府指定價格的水準出售。這種盈餘生產交易在國營企業經營上的重要性日益升高，也成為中國當局訂定合約的主體。受此影響，進入門檻降低、允許較大的競爭空間、經理人在雇用與開除中階幹部、獎金發放，以及與供應商建立直接關係也有較大的權力。

新的所有權

國有企業（SOE）所有權的第一次改變是在一九八六年，有三人以人民幣三萬四千元做為抵押，租下武漢電機廠。同年有三家廣州國有企業推出私人股東制，允許員工認購百分之三〇股權。一九八八年，國務院公布租賃小型國有企業的法規，對此操作正式提供法律地位。這些都是中國早期邁向私有制的腳步，之後腳步加快，在一九九〇與九一年先後成立深圳與上海證交所。在此一改革下，一些國有企業得以向公眾發行股票。[20]

在鄧小平的南巡激勵下，新一波所有權改革開始發動。不過這並不代表放棄最首要的國家經濟地位。中國當局推出一些新法規，允許效率低落的產業進行結構性改組，企業可以出租或出售給公眾或員工。

鄧小平推動改革與試驗也包括私部門的所有權，這一方面的改革是由一位新旗手推動，他在一九九二年的十四屆黨代表大會上，為「社會主義市場經濟」背書。此人就是當時的副總理朱鎔基，他後來在一九九八年擔任總理直至二〇〇三年。此時改革動力大增，包括中國前所未有的市場機制與激勵手段，以及遊戲規則的轉變，由自由衡量轉變為法律與規定。

一九九三年的新公司法為所有權改革動力帶來挹注，逐步轉變公部門的組織結構。這套法律的主要目的是對國有企業進行改造，解決它們各式各樣欠缺效率的問題，鼓勵競爭與促進生產力，解除政府對日常運作的影響。雖然該法並沒有允許私有化，但是同時也鼓勵發展小型私有企業，彌補國營事業的不足，與幫助吸收勞動力。

這是中國改革轉變的重大時刻。一九九〇年代中期，在「抓大放小」的口號下，中國將大批國有企業納入國家控制。小的國有企業不是私有化就是關門大吉，較大型的則是轉換為大型企業與合併成為工業集團。政府決定維持五百家到一千家國有企業的所有權，將較小型的國有企業出租或出售。十五屆全國代表大會通過把若干國有企業轉換為股份公司，而在二〇〇〇年，上海證交所公布中國第一套公司管理指導原則，後來中國證券監督管理委員會據此擬定相關法律。[21]二〇〇一年之前，百分之八六的國有企業組織重組，約百分之七〇的國有企業完全或部分私有化。[22]

國有企業改革對就業造成重大影響，雖然私部門吸收大批遭到裁撤的勞工。根據國家統計局的資料，一九九八到二〇〇七年，國有企業雇用勞工人數從九千萬人降至六千二百萬人，不過另一份資料則顯示，由七千萬人降至二千六百萬人。然而同期私有公司與外國企業的雇用人數，則是分別增加百分之六四四與百分之二〇二。[23]政府要求國有企業的買主簽立意向合同，重新雇用原來員工，同時還設立多項政府補償、補貼與再就業基金，資助再雇用。公家的工作轉換為私人的工作受到多項因素的支撐，包括私部門的發展、私有企業的成長，以及為加入世貿組織而進行的結構性改造。

回首一九九〇年代晚期，中國在縮減國營事業上，無論是規模與改變的速度都令人印象深刻。中國整頓國有企業與為私有企業的發展移除障礙等改革行動，遠超過科爾奈的預期。中國經濟與有一段時期的主要大型國有企業，成為市場紀律約束的主體，主要就是預算硬限制與破產或倒閉。國營企業必須更具紀律，而且顯然需要面對來自正在興起的私部門的競爭與影響。

然而在十年之後，預算軟限制又重回國營事業體系，以及因二〇〇八年經濟振興行動而興起的大批地方與省營企業。之所以出現這樣的情況，其背景是在於經濟成長減緩，經濟自由化的腳步日益緩慢，甚至停滯不前。預算軟限制造成投資錯置與浮濫，並且過度依賴銀行與其他金融信貸來為方案進行融資。

財政、對外貿易與金融改革

面對提供服務與公共財，尤其是如何支付，中共北京當局與地方政府的關係總是難以釐清。從歷史來看，中央政府在經濟上扮演的角色有限，地方政府與負有達成政策目標責任的官員，則是主管與驅動經濟成長的主要單位。

一九九四年中共當局發動一項重大的財政與稅務改革，將許多財政控制權歸還給中央政府，這些權力在之前的改革中都交到地方政府手中。此一改革建立了一套現代、簡化與統一的稅務系統，劃分中央與地方政府的權限，並且依據法規而非自由衡量來分享稅收。與此同時，中央政府擔負首要的稅務管理責任，與透過發行公債來控制財政赤字的職權。該改革主要是為了增進財政政策實施的效率，與加強政府的稅收。中國的稅收佔GDP比率，已自一九七八年的百分之三〇左右降至約百分之一〇的水準。

不過，儘管財政改革在一九九四年之後持續進行，此一改革所追求的財政控制權中央化，並未在劃清中央與地方政府權限上建立一套確實可行且具法律基礎的制度。到了二〇一六年，地方政府操作的財政支出佔了約百分之八五，反觀北京當局只有百分之一五。這樣的情況與一九九四年時並無不同。地方政府除自行課稅外，其收入還包括土地出售，這是他們迄今最重要的收入來源。地方政府也極度依賴來自北京當局的轉移支付，這比一九九〇年代的情況好不到哪裡去。北京當局轉移支付，幫助地方政府財政的態度完全不透明。它當然不是透過選舉授權，也不是根據福利觀念或是人口分布與其他授權，而是高度的政治操作，用以維持對黨的忠誠與推動經濟成長，以及完成國家目標。[24]

地方政府財政安排上的缺點，在二〇〇八年金融危機之後政府推出振興方案時益發明顯。地方政府是透過對公共建設與住房的支出，來執行此一振興方案的主要管道。它們儘管壟斷土地出售，但是仍需要除提高稅賦之外的方式來的籌資，於是建立了在預算之外的籌資平台，也就是所謂的地方政府融資平台。根據二〇一三年全國查帳行動顯示，總共有七千二百座這樣的平台，不過在中國證券監督管理委員會於二〇一七年所做的調查，全國有一萬一千七百二十八座這樣的平台。[25]這些和其他地方政府融資平台，使得地方與省政府成為過去十年中國債台高築的主要來源之一。

有鑒於地方政府為中國財政穩定構成威脅，總理李克強在二〇一三年表示，中央政府應鞏固總體經濟的權力，確保地方政府官員毫不猶豫地遵守指令與政策。他解釋，這樣北京當局才能將其權力運用在基本的經濟目標，例如降低持續成長率、推動對環境友善的發展、財政改革，與改善所得不均的情況。他要地方政府將焦點從追逐成長、與其他省分GDP成長率競賽，轉移至提供公共財與服務。

然而要處理地方政府的政治與黨的既得利益，是一件艱難的工作，李克強對此有一句名言：「觸動利益問題比觸及靈魂還難。」[26]他說得沒錯。自此之後，促進中央與地方政府權力與職能平衡一直沒有什麼進展，即使北京當局曾嘗試更明確劃分中央與地方政府的一些支出職權，並且尋求改變一些激勵措施，這些措施造成過度重視經濟成長，與往往品質低落的成長統計。

一九九〇年代對外貿易與金融改革，是與財政、稅務改革協調進行。中國最初是申請加入關稅貿易總協定（GATT），這是世貿組織的前身，但在一九八六年受阻。當時中國正逐漸吹起對外貿易、對外投資，與進口海外科技的新一波開放風，儘管仍受到政府法規限制與嚴密監視。最初，改革著重於將外貿權利下放給地方政府、產業部門與生產商。在靠近香港的廣東與福建經濟特區，展開的改革逐漸演變成沿海發展策略，允許各種形式的企業在多達十幾個經濟特區進行加工處理與裝配。接著人民幣貶值，一九八六年建立雙軌匯率制，出口商可以在法規較鬆的次級市場，以較具吸引力的價格出售其外匯所得。

一九九四年，中國統一雙軌匯率制，將官方匯率與非官方匯率結合，促成前者兌美元匯價，貶值百分之三三，至一美元兌人民幣八·七元。中國同時在上海建立首個銀行之間外匯交易市場，還有中國外匯交易系統，對銀行借貸、債券，與外匯市場提供交易資訊、指標價與訓練設施。一九九六年，中國允許人民幣在經常帳兌換自由化，可與其他貨幣全面兌換，經常帳是指對商品支付、服務，與例如匯款的轉移交換。

二〇〇一年，中國降低關稅障礙，並且撤銷許多進口配額，而獲准加入世貿組織。中國在財政政策上的創新，例如增值稅的推出，允許出口商在此制度下退稅，符合世貿組織的架構。中國也採行符合世貿組織標準的管理制度，尤其是在匯率管理操作方面，同時也開放銀行與其他金融部門。

雖然中國自一九九〇年代中期以來就宣稱要開放資本帳兌換，但是進展緩慢。自一九九七至九八年的亞洲金融風暴之後，一些相關法規限制獲得撤除或放寬，但是其中大部分都是讓外國資本更容易進入中國，而不是自中國出去。

亞洲危機期間，包括泰國、南韓、印尼與馬來西亞等許多國家，都遭到嚴重的金融打擊。危機本身是與互不相容的經濟政策有關，不過是由大筆資金外流所引發，此一情況使得這些國家無力維持其盯住美元匯價的穩定。在此危機中，他們的貨幣大幅貶值、國內金融情勢混亂，與嚴重衰退。

中國相對安然度過危機，從中得到的教訓是要確保資金移動嚴密控制。因此，移除資金外流的限制有如牛步。與此同時，資本帳管理允許中國人民可以進入外國市場和接觸外國資產，與中國共產黨堅決不放棄手中控制權之間，存在著無法化解的緊張關係。經歷二〇一五到一六年的金融亂局之後，中國資本管制再度明顯趨嚴。

金融改革

隨著時間演進，中國的金融體系變得既廣且深，與原來僵硬、粗糙，與指令式的金融管制不可同日而語。所謂「廣」，指的是金融資產在GDP的比率，和所能提供金融機構與金融產品的廣度。所謂「深」，指的是借款者的多樣化、範圍與規模的擴大。根據國際貨幣基金指出，這樣的金融發展有助存款的調動、增進資訊的分享、資源的分配，與風險的管理。同時，金融體系的深度與流動性增大，還有金融工具的多樣化，有助國家增加因應衝擊的彈性。[27]在另一方面，我們已自過去幾十年的金融危機學到教訓，包括二〇〇七與〇八年的金融風暴和中國本身的經驗，即是在一個放任銀行與財務槓桿的經濟體系中，確實可能發生金融混亂，而且的確也發生了。

中國的金融自由化只追溯至一九九〇年代，主要集中在過去十到十二年。這是主要改革部門中最不具政治敏感性之一，主要推動者是熱忱的周小川，他在二〇〇二到一八年擔任中國人民銀行行長。中國的最終目標是推動放款與存款利率的自由化，讓資金的分配更具效益，同時建立全國性的存款保護計畫，讓家庭在一個相對較具市場導向的體系中得到保障。我在之前已提到，一九九〇年代初期設立深圳與上海證交所，在接下來的十年，中國又有多項措施，包括推出新的金融產品、貨幣控制工具，以及增加設定存款與放款利率的彈性。與此同時，也設立新的主管單位，包括一九九八年的中國證券監督管理委員會，與二〇〇三年的中國銀行保險監督管理委員會。

二〇〇〇年代，「影子金融」部門開始浮現，由於是在法規較寬鬆的環境中運作，因此其市場操作遠較正式的銀行部門快速，但是當時進展緩慢。二〇〇八年以前，所有信貸只有略高出百分之一〇的比率是來自影子金融。但過去十年，金融自由化與影子金融的成長都增快速度。利率自由化事實上在二年內就完成。二〇一三年，所有放款利率的限制都告解除，只除了抵押貸款利率。在二〇一五年推出存款保險制度之後，銀行存款利率上限也獲得解除。中國人民銀行不再設立官方指標利率，儘管銀行的操作繼續偏向國有企業。人民銀行現今用來管理流動性與掌控貨幣政策立場的主要利率是七天期回購利率，該行主要使用該利率做為銀行之間市場的貸款利率依據。

中國的金融系統既是推動經濟成長的引擎，但是同時也是焦慮的來源。解除金融管制與創新往往被視為促進經濟效益與成長的觸媒，但是在一些情況下，它們也可能對經濟與政局穩定造成傷害。

在一九九〇年代，中國的金融體系在資助成長上扮演關鍵角色，但是最終卻是背負大批不良貸款，造成不穩。這些不良貸款來自多年來對疲弱不堪的國有企業浮濫放款。根據估計，一九九〇年代晚期前，不良貸款約佔所有貸款的百分之四〇，迫使當局介入。[28]他們被迫將銀行資本重組、鼓勵銀行勾銷或減記不良貸款，並且設立「資產管理公司」自銀行手中買下壞債，然後盡可能恢復其價值。

二〇〇八年，中國當局眼看西方的金融危機蔓延到內地，造成出口減少、成長減退與失業率升高，而推出一項經濟振興方案，規模達五千八百億美元，是GDP的百分之一四左右。此一方案的主體是信貸刺激，中國對信貸刺激也因此上癮且持續好幾年。影響所及，中國的經濟日益依賴信貸，信貸的規模也不斷擴大，較一九九〇年代金融危機時大了好幾倍，也因此益發脆弱。我將在第四章談論這些情況，與因應這些趨勢的方案。

現代化

一九九〇與二〇〇〇年代，中國的改革一方面改變國家與市場和市場制度的關係，一方面也改變與外界其他地區的關係。國有企業體系也產生劇變，不過並沒有引發大規模的永久性失業。私部門快速擴張，私有房屋所有權確立，中國也變得更積極地融入全球經濟，加入世貿組織、國際貨幣基金，與世界銀行等國際機構。

中國的經驗顯示，成功的經濟發展並不只是善加利用勞動力與資本，將兩者結合來促進經濟高成長。這需要改變態度與制度，與堅持良好的管理規則與法規。就其本身來看，中國的成就非凡，建立房地產所有權的概念並且給予保護；加強人民對法律的信任；提高法規架構的透明度與承擔責任，讓私有企業與個人在架構內的操作與競爭，不致受到威脅與干預。與此同時，地方政府財政接受改革，儘管效果短暫，金融改革影響國內金融市場，匯率與利率系統也都很快獲得改革。

至二〇一三年止的十年，當家的是國家主席胡錦濤與總理溫家寶，這段時間是中國經濟成長的爆發期。在平均每年經濟成長率達到百分之一〇的支撐下，中國由全球第六大經濟體一躍成為第二大經濟體，並且在全球治理上贏得更大的席位。有鑒於人均所得由一二九三美元增至七〇八〇美元，購買力平價也由三九四〇美元躍增至一二二〇五美元，中國可以自豪地宣稱已是中等所得國家。

至少對城市居民而言，這十年值得細細品嚐。薪資穩定增加；自住房蓬勃發展；城市私家車數量也告大增，二〇一七年中國汽車銷售量達到近二千五百萬輛的水準，約是全球汽車銷售量的三分之一。高速公路、機場與高速鐵路網絡的興建大增；教育支出成長一倍至GDP的百分之四，健保與退休金涵蓋的範圍也有擴大。然而儘管中國在二〇〇〇年代加速現代化，卻出現一些意外發展，這些發展可能當時並未受到注意，但是卻為中國現在的問題栽下種籽。當胡錦濤與溫家寶於二〇一三年下台時，有人指責他們忽視共產黨的中央組織角色，成為政治既得利益者的受害者。

美國總統歐巴馬的顧問認為，胡錦濤「任由執政黨的擺布，黨內的將軍、部長與大型企業利益集團強悍跋扈，不像在毛澤東或鄧小平的時代那麼順從，那時候他們基本上不會質疑上級權威。」[29]江澤民和其盟友的影響力無所不在，包括政治局常務委員會，而胡錦濤與溫家寶到底曾否擁有他們前任所有的控制地位，確實值得懷疑。

就某些層面來說，他們反而走了回頭路。負債與依賴信貸來支撐經濟的高速成長，已在公共政策中根深柢固。環境汙染與貪汙腐敗，已成為更為嚴重的經濟與政治問題。溫家寶下台時承認：「甚至在高階領導人之間也是濫用權力、以權換錢，官僚惡習與商業的矛盾未曾停歇。」[30]城市與鄉村，以及城市內部的所得失衡情況日趨惡化。國有企業的角色與影響力再度擴張，不僅是在經濟上，同時也成為權勢薰天的政治利益集團。

社會不安成為更具急迫性的問題，所謂的「群體性事件」——許多都是低層公部門的腐敗、建築與計畫的不公，以及汙染與環境惡化問題——從二〇〇二年的一年五萬件，在二〇一二年增至十八萬件。同時還有資金外流問題，估計中國至少擁有資產一千五百萬美元的人民有百分之二七都已移民，此一情況反映的是中國的教育品質、環境、保健、食品安全，與財產保護等問題。[31]

有人認為，胡錦濤與溫家寶執政時期是「失落的十年」，因為他們沒有認清三大目標：經濟持續成長與發展模型，社會與經濟的均衡發展，以及促進人民對共產黨的信賴與尊重。我們也可以為他們辯解，他們執政時正是中國在全球經濟中蓬勃發展的時期，在經濟美好時期改革的壓力與急迫性也告消失。此外，胡錦濤與溫家寶推出一套福利制度，用以取代由國營事業與公家單位所提供，由生到死的鐵飯碗制度。

如我之前所說，毛澤東的遺產之一是新的領導人了解中國必須改變，而胡錦濤與溫家寶所留下的遺緒之一也許就是此一信念，習近平也感覺到了，共產黨與中國面臨危險。習近平的重點是強化黨與確保黨重拾其「純潔性」，這是一個具有強烈列寧主義思想的名詞。不過與此同時，中國經濟也要重新打理，需要變得更均衡、更持續與更協調，也就是說，需要「再平衡」。

第三章

RED FLAGS

推動改革的腳步結束：再平衡與改革

三不五時你會聽到有人談論中國是出口導向的經濟體，或是其經濟成就與成長主要是依賴出口。川普在二〇一六年競選總統時，指責中國依靠其不公平的貿易政策來「掠奪」美國。在他當選後儘管他的政府用詞相對和緩，但是仍不斷強調中國是一出口掠奪者，偷走美國的工作機會。在幾年前，這樣的指責或許還有道理，但是中國已不再是出口導向的經濟體。從失衡的角度來看，中國的問題不是貿易，而是在國內。

自二〇〇〇年代開始，中國逐步成為投資導向的經濟體。在二〇〇八年之後，中國經濟更是依賴信貸擴張來推動成長。信貸擴張與金融自由化的速度遠超過其他部門，有時甚至顯得魯莽。國有企業在效率與獲利上持續落後私有企業，但是依然享有特權，並且在經濟中佔有重要地位。鄉村與城市之間，還有城市內部的所得失衡情況日益惡化。在城市工作的流動勞工生活品質遠不及當地居民。當局也不重視能源、二氧化碳排放與汙染等因經濟高度成長，與工業策略所引發的環境失衡問題。

簡單地說，或許我們能稱中國已到了推進終點（The End of Extrapolation）的轉折點。中國已不能繼續根據其迄今為止的經濟模式來發展。以信貸促進投資的規模不斷擴大會造成經濟與金融不穩的風險，可能導致經濟成長驟然中斷。就中期或較長期而言，所得失衡與環境惡化會嚴重阻礙經濟成長，並且造成社會失能。有鑒於此，中國需要開發一套能夠持續成長與發展的模型。在這一點上，中國領導階層至少是同意的。問題是如何建立與應用此一模式，同時還能維持共產黨的全面掌控。

外部再平衡已經完成

再平衡最容易的部分是經濟的外部，而在這一部分，中國已經完成，至少暫時是如此。中國二〇〇一年加入世貿組織之前的二十年，中國的外部平衡，或是所謂的經常帳，一直是在GDP的負百分之二與正百分之二之間搖擺，其中有五年是逆差，其他都是順差。就各方面來看，這其實不是什麼問題。但是二〇〇二年之後的幾年，隨著成為世貿組織會員國，加上遭到低估的匯率與當時異常溫和的貿易環境，中國的外部順差爆炸性擴大。到了二〇〇七年，已達到GDP的百分之一〇。二〇〇〇年代前期，國際經濟學最盛行的討論議題是全球大型收支失衡，與其在世界經濟體系中扮演混亂製造者的角色。中國當時是最大的順差國家，因此就和全球最大的逆差國家美國一樣，成為討論的重點。

自此之後，中國外部順差急速縮小，在二〇一二到一五年之間，平均為GDP的百分之二．三，並在二〇一七年降至百分之一．四。不論是就中國，還是全球的觀點，這已不是問題。相較起來，南韓二〇一七年的順差是GDP的百分之五．六，德國更是達到百分之七．八。

然而這的確是一個問題，因為其外部順差的縮減受到誤導。中國看來已被掏空的經常帳順差中，製成品順差仍佔GDP的百分之一〇以上，它是被其他因素所抵消，例如商品大量進口與旅遊增加。此一情況已成政治議題，尤其是對美國方面，但是從單純的失衡面向來看，很容易就被忽略。中國順差減少部分原因是自金融危機以來的全球需求整體減弱，但是來自中國本身的因素也不容忽視。二〇〇五到一六年，中國工資率大幅上揚，以美元計價成長三倍，幾乎超過拉丁美洲的所有國家與亞洲許多國家，而且快速接近體質較弱的歐洲國家。[1] 在二〇一五年前穩定但有時突然升值的人民幣，毫無疑問造成其競爭力減弱，儘管中國一些低附加價值的產品，如紡織品、鞋類與成衣，大都已移至其他國家生產，例如越南、柬埔寨、寮國、緬甸與孟加拉。

不過基本上，中國外部順差縮減的原因要從其經濟中儲蓄與投資的失衡來看。就國民會計所得帳來說，儲蓄超過投資的部分就反映在外部順差，反之則是反映在逆差。因此，中國經常帳順差減少的主要原因是在於二〇〇七與〇八年開始的國內投資大增，當時正是西方遭到金融危機肆虐之際。

嚴格來說，如果中國能夠成功再平衡經濟，遠離投資並轉向儲蓄，中國外部失衡的情況就可維持溫和，甚至轉為逆差。不過，這也需要假設中國家庭與企業的儲蓄必須大減才行，要做到這一點，比如說，中國當局需要積極大力擴張社會福利，增加農民與薪資所得者的經濟安全感，說服他們減少儲蓄。若是無法做到，或是來到景氣循環下行時，如果投資率下降，但儲蓄率並未隨之降低，中國的外部順差可能再度擴大。這可能成為引發中國與美國，和其他主要貿易夥伴之間爭議的最新導火線。

再平衡的必要性

毫無疑問，中國政治領導人了解再平衡的必要性，[2]他們此一認知自二〇一〇年代起就十分明顯，而反映在二〇一六至二〇年的第十三個五年規劃，他們在此規劃上強調：追求「平衡、包容與可持續」的成長。[3]其主要目標是經濟再平衡，捨棄無效的投資導向成長，轉向強調消費、創新、社會福利，與環境保護等貢獻的模式。在該五年規劃的二十五個目標中，有關環境保護就有十個。

中國迫切需要再平衡，是因為過去十到十五年投資經濟比重不斷升高，然而同時其低效益的情況卻是與日俱增。中國的投資率在二〇一一年達到頂峰，為GDP的百分之四八，目前仍在GDP的百分之四五。儘管有下降，但實質減少的程度並不高，而且此一投資率水準也仍是在歷史高點，同時也高於其他新興國家在頂峰時的投資率。亞洲四小龍、日本、巴西與俄羅斯的投資率，在頂峰時佔GDP的水準都不及中國，唯一比較接近的是南韓，一九九一年投資率為GDP的百分之四一。

高投資率也反映出高儲蓄率，而中國是真的儲蓄很多。在一九七〇年代晚期，中國家庭的儲蓄率是可支配所得的百分之五左右，但到了二〇一六年已躍升至百分之三八，或是GDP的百分之二五以上。企業的儲蓄也是同步上升，在二〇一六年是GDP的百分之一七左右。

家庭的高儲蓄率反映的是中國人口變化、勞動年齡人口增加，與社會保障制度的不全。低落的社會福利，尤其對中國一億五千萬名內部流動人口造成問題，他們由於沒有戶口或在城市登記，因此無法享有公共住房、教育，與其他社會服務與福利。儘管社會保障制度整體涵蓋範圍有擴大，但是福利水準仍是相對低落，中國人民仍是需要在醫療保健上支付大筆費用。如果最終要讓中國的投資率平順下降，中國的儲蓄率也必須下降，這也意味中國必須支持那些需要拿出大筆所得來支付基本或重大需求的人民。

相對於高投資率的是低消費率，在二〇一七年為GDP的百分之三九。此水準已比二〇一〇年提高四個百分點，但是仍然遠低於先進經濟體百分之五〇到六〇的水準，與主要的新興國家。雖然有關中國消費率低落的統計方式具有爭議性，但是事實上的確低落，而且並不代表中國消費者以前曾遭到的打擊。

事實上，中國家庭支出在經過通貨膨漲調整後，自二〇〇五年以來平均每年複合成長率已升至百分之九．七，生活水準就各項標準來看都有提升，二〇一七年消費對整體經濟成長的貢獻比率，已接近百分之六四。中國的消費者在花錢上顯然不手軟，但是如果依各項不同的統計方式顯示消費在GDP比率低落，而據此想像中國家庭其實大可較現在更大手筆的花費，那就不切實際了。因為這等於是投資率因再平衡而下降，然而消費率卻必須在經濟成長減緩的大環境下增加。

投資率必須下降的原因在於中國越依賴它，投資效率就越低。經濟學家以他們稱之為增量資本產出率（ICOR）來衡量投資效率，也就是輸出率，或是與輸出變化有關的投資變化。一般來說，該指標是在二至四的區間移動，國家統計局估計在二〇一四年為九。該指標自此之後開始下滑，大概到七左右，但是仍然很高，而且也是歷史相對高點。與此同時，對投資的融資也越來越依賴信貸的創造。

投資效率低落也可由企業的投資報酬率（資產回報率）下降看出來。過去二十年，私有企業的表現一向優於國有企業，但是即使如此，它們的資產回報率在二〇一一年達到頂峰為百分之一一之後，於二〇一七年已降至百分之八到九的水準。國有企業的表現在十年前左右趕上私有企業，資產回報率在二〇〇七年達到頂峰，為百分之六，但是接下來的十年減了一半。

我們也知道，增加投資與借貸才能獲得等量的GDP。或者說，GDP的投資與信貸強度已開始增加。例如一九七八到二〇〇六年，中國每投資二到四元人民幣，GDP就能得到一元。但是自此之後此一數字就告穩定增加，到了二〇一五年來到九元，由此顯示投資效率下降。[4]同樣地，金融體系也需要分配越來越多的資源來對投資融資，這可以由中國令人擔憂的負債不斷增加的情況得到證明。由GDP每得到一元所需的信貸增加，即是所謂的GDP信貸強度，就可看出對信貸的依賴日益加重。根據國際貨幣基金指出，中國的GDP信貸強度自二〇〇〇年代晚期增加四至五倍，代表中國現在需要五倍的信貸才能產生一單位的GDP。二〇〇七到〇八年，需要六．五兆元人民幣（一兆美元）的新信貸，才能將名目GDP每年提高五兆元人民幣（七六九〇億美元）。到了二〇一五到一六年，需要人民幣二十兆元（三兆美元）的新信貸，才能得到名目GDP同樣的成長數額。[5]

中國的投資有許多都是在基礎建設上，大約佔了固定資產投資的四分之一到三分之一。任何一位到中國的訪客，只要環顧四周就可以看到有許多資源投在道路、鐵路、機場、橋樑、隧道，與其他促進城市化與現代生活水平的建設。例如二〇一七年之前，中國建造十二萬四千公里的鐵路，其中五分之一是高速鐵路，約佔全球總長度的百分之六〇。

第十三個五年規劃要求高速鐵路的興建增加百分之五〇，這是其人民幣十五兆元的交通建設的一環，此一建設涵蓋鐵路、公路、民航與水運。中國也計畫在全國增建機場，於二〇二〇年之前由二〇六座增至二七二座，在二〇一一年時有一半已經完成。北京第二座國際機場在二〇一九年六月完工，共有七條跑道，一年可接待七千二百萬名旅客。

在北京以南五十公里的地方，也就是在河北省境內，中國當局計畫建立一個新城市，稱作「雄安新區」，預期在未來有一天能與上海、深圳匹敵。該計畫預期在未來十年可以吸引三到六百萬人，人民幣一兆到二兆元的投資，是現代中國歷來最大規模的單一基礎建設。[6]

但是儘管如此，仍有許多故事談論空無一人的公寓與鬼城、在貧窮地區無人使用的機場、空盪盪的公路、多個有同一連接點，形成產能過剩的交通設施，以及鮮少有外國企業前來，只好養蚊子的工業區。[7]

有人也許會說，長期而言，隨著越來越多的人遷進城市與城市的增加，這些基礎建設的過剩產能都會遭到蠶食。這不無可能，但是這些設施無法商業化確實有影響。與此同時，中國持續興建基礎設施，也不斷發行債券來進行融資。根據一項報告顯示，中國的基礎建設成本相當於中國現有債務的三分之一左右，大約八兆到九兆美元。該報告的作者調查，中國自一九八四到二〇〇八年興建的九十五條公路與鐵路計畫，認為中國在做出有關基礎建設的決策時，其速度無人能及，但是在品質、安全性、環境影響上，卻是落後其他國家，而且有許多的使用量根本微不足道。[8]

這些有關投資欠缺效率與資本錯置的例子，足以顯示投資率遲早會下降，不論是以管理的方式還是其他方式。中國上一次經歷投資在GDP比率，以兩位數下降的情況是在一九九三至二〇〇〇年，該比率由百分之四三降至三四。在這段期間，中國經濟成長率也由近百分之一四降至八．五左右。因此，如果政府能夠成功促成中國經濟再平衡，我們也可預見其成長率將會明顯下降。

如何管理成長減緩的經濟，對於中國的領導人是艱鉅的挑戰。出口不會像一九九〇年代加入世貿組織時那麼旺盛。投資佔GDP百分之四五的比率只是起點而已，而且此一水準現在已經上升。經濟成長率現在已較那時減緩，而債務佔GDP比率已達到百分之三百，將近一九九三年的三倍。

所幸服務業在GDP比率上升，對GDP服務部門的成長有所貢獻，不過在其緩慢成長的同時，工業與營建部門卻告減退。例如二〇〇〇到一六年，就名目或貨幣條件來看，服務業佔GDP比率由近百分之四〇升至五一以上，但同時工業與營建業所佔比率，則由百分之四五降至四〇左右。服務與工業部門雙雙經過物價調整後，此一差異沒有這麼明顯，但是由此也顯示中國確實在改變，其官方目標是把服務部門佔經濟的比重，在二〇二五年前增至百分之六〇。

服務業較為勞力密集，而且有助經濟向消費傾斜。服務業也較不能密集，因此有助環保與防治汙染的公共政策。不過在另一方面，中國的服務業主要是由一些老式的服務業主宰，例如躉售、運輸、金融與房地產。最後兩項都曾達到高峰，不過在政府打房與打壓金融業過度承受風險的作為下，都率先受到緊縮。中國需要放寬法規限制，開放與發展新的服務能力，加入資訊、通信、專業部門，以及保健與教育。

為改革鋪路

反貪腐通常並不是經濟改革的主要部分，但是在中國卻是十分重要，雖然這無疑是掃除異己的工具，不過也是治理的主要武器。反貪腐政策主要是為強化中共的權威、紀律與合法性；鞏固權力的中央化，習近平的計畫是要求自上而下，一條鞭式直達政府低級單位與行政部門的服從。

此一行動早在習近平掌權之前就已展開。二〇一二年三月，時任副總理的習近平在北京黨校發表演說，長篇大論講述大家都熟悉的列寧主義思想，題目為「黨的純潔性」。其內容主要是關於各層級黨員的忠誠、榮譽與效率。習近平告訴各級幹部必須嚴肅學習馬克思主義，並且在黨的計畫、法規與政策上予以實踐，同時還要避免個人的利益與影響。習近平強調，黨的純潔性對中國建立一個興盛繁榮的社會、推動改革與改變發展模式至為重要。在法律之外的中央紀律檢查委員會主持下，反貪腐行動盯上二十萬名以上的「老虎與蒼蠅」，即是在黨內、人民解放軍，與國營事業體系的各層級官員。

反貪腐行動下較為著名的受害者包括前重慶市委書記薄熙來，他一度被視為習近平的競爭對手。還有前公安部長暨中央政治局常委周永康。落馬的其他高級官員，包括人民解放軍的一位將領和一些官員，國有企業的高級幹部，地方與省政府的高級官員。

但是此一行動的成效也引發質疑，同時在缺乏透明與正式且獨立的司法體系監督下，此一行動是否僅是彌補部分因貪腐造成的裂縫，而不是所有。例如，根據一項研究顯示，二〇一二到一五年有不到三萬六千名的黨員，僅相當於當時在崗的官員的百分之〇．五，受到法院起訴，而在黨內七十五萬名接受紀檢的黨員中，只有三萬五千人遭到逮捕或起訴。[9]不過毫無疑問，此一反貪腐行動確實改變了行為，並對治理帶來影響。問題是如何影響？

樂觀派認為，此一行動最終會為經濟成長帶來助益，因為該行動應能促使公務員、經理人與企業變得更好與更具效率，同時也能使官員更聽話，可以更徹底進行經濟改革。然而這可能僅是政治上的空談，不是實際的判斷。之所以將權力集中於習近平與中共身上，主要是因為各級幹部與官員的猶豫不決與惰性，以致計畫窒礙難行而非激勵向前，改革會為官員造成風險，他們的決策或行動可能會在日後遭到指責與處罰。

在習近平的領導下，中共實際上已把持推動改革的所有機制。所謂的領導小組其實一點兒都不小，其中最重要的是由習近平親自主持，是現今做下經濟決策的主要單位。但是領導小組的決策高度政治化，而且會因參與的人或委員會過多以致陷入混亂。此外，到底是由誰做最終決策往往並不清楚，而且有關評估政策的標準也不透明。經濟決策的結果往往是政策「無法有效執行，並且陷入前後矛盾與反覆無常的模式。」[10] 治理政治化的影響廣泛，我將在第七章再談。

三中全會的野心

二〇一三年十一月，中共在第十八次全國代表大會的三中全會上發表一份報告：「中共中央關於全面深化改革若干重大問題的決定」。該報告列出六十項主要任務，並且細分成三三八項行動，內容繁複，包含完善資源分配、市場扮演「決定性」角色、提高公部門效率，與促進私部門的發展。不過其中在「市場扮演決定性角色」與「國家扮演主導性角色」之間存有巨大矛盾。自此之後，此一矛盾益形加深，對改革帶來影響。

中共大力推展著重於降低汙染的環保政策，同時相對於減少生產，反而是積極創新，此一政策獲得若干成就。在三中全會結束不到兩年時間，中國推出「中國製造二〇二五」，這是一項產業政策戰略，目的是幫助中國在現代與先進製造的道路上加速前進與改變，同時也強調中國的技術與出自中國的製造能力。[11]我們將在第七章討論如何避免中等所得陷阱時，會談到中國的產業政策。

金融自由化的目標大體已經達成，儘管自二〇一五年來出現一些挫折。不過在其他領域，改革成果令人失望，有些甚至走回頭路。這些包括國有企業改革、土地改革、戶口改革、社會保障改革，以及許多有關投資、競爭，中央與地方政府之間在財政與稅收上權責劃分的政策性建議。水資源缺乏的問題日益嚴重，然而當局卻視而未見。我們將在後面討論這方面的議題。

有一項改革受到中國當局大力宣揚，而且執行上也相對簡單，即是正式放棄自一九七九年開始實施的計畫生育一胎制。一胎制在二〇一五年正式結束。該制度總會有些例外，其中政府對人民最令人詬病的行為早在多年前就已結束。該制度乃是中國人口控制政策的關鍵，早該移除。就如我們在前一章提出的解釋，中國的生育率早在一胎制推出前就已開始減少。該政策對中國性別比例失衡帶來嚴重影響。二〇〇四年，第一胎的性別比例為每一百名女孩就有一二一名男孩，之後開始下降，至二〇一六年大約是一一三名男孩。

隨著政策改變，生育率也告增加。二〇一六年，在已有一個小孩的夫妻中有百分之四五有了第二個孩子，高於二〇一三年的百分之三〇左右。[12]二〇一六年大約比二〇一五年多出生一百八十萬名嬰兒，相當於百分之八以上的成長率。但是此一迷你嬰兒潮卻很短命，二〇一七年的新生兒數量又回到之前幾年的水準。我們將在第六章討論此一議題，事實上就和其他的地方一樣，中國難以提高生育率，兩個小孩或其他鼓勵生育的政策，面對的是強而有力的節育工具：人均所得增加。

金融改革有成

金融改革沒有遭到政治阻力，而且獲得中國人民銀行持續支持，當時該行是由周小川領導，他已於二〇一八年卸任。利率自由化於二〇一五年完成，同時也推出存款保險制度。不過，就中國金融部門來看，我們應指出有關當局並未全面放棄所謂的「窗口指導」，會繼續要求銀行增加或減少貸款，而且銀行也沒有棄絕歧視性貸款條件，與為國有企業安排融資。不過總體而言，中國金融市場的自由化確實激發創新、強化機構間的連繫，以及金融產品的精緻化。這些改變都屬正面，有助降低交易與融資成本、加強信用流通，以及強化金融中介與把存款轉換為產出用途的操作。

不過在另一方面，我們知道金融創新往往是造成不穩與主管當局挑戰的來源。中國同時目睹金融創新所帶來的好處與壞處。在二〇一五到一七年，央行與主管機構必須面對股市崩盤、匯率不穩、外匯準備耗減與資金外流。他們被迫在二〇一七年收回許多自由化措施，轉而實施管制行動。

匯率自由化啟動多年，走走停停，二〇一四年採行根據每日中心匯價上下浮動兩個百分點的交易區間制，二〇一五年人民幣獲准加入國際貨幣基金的特別提款權（SDR），同年政府宣布人民幣不僅參考美元，也會參考新的一籃子貨幣。中國一心要擁有一個可轉換貨幣與彈性匯率，然而這並不代表當局已接近擁有浮動匯率。事實上，由人民銀行的作為即可看出，當局並不急於讓人民幣自由浮動。

資本帳自由化的結果是好壞參半。向內與向外的資本流動分別是由合格境外機構投資者（QFII）、人民幣合格機構投資者配額，以及合格境內機構投資者所控制。中國當局對向內資本流動的態度，遠較對向外資本流動寬鬆。為了支持向內資本流動，中國在二〇一三年建立上海自由貿易區，之後又設立天津、廣東與福建自由貿易區。二〇一四年成立的上海香港證券交易所（滬港通），主要是為吸引在香港擁有帳戶的全球投資人。上海股市主要是由銀行、工業，與國有企業把持。在此之後，於二〇一六年底又建立深（圳）港通，讓全球投資人可以投資在此一聯合交易所上市的私有導向股票、科技股，與其他新興部門股票。這兩項計畫允許投資人透過其在香港的證券帳戶，買進一定配額股票，不必經過事先同意。儘管這兩個聯合交易所開通時，投資人反應熱烈，但是熱情很快消散，投資人只使用一小部分的配額。

另一項旨在吸引外資的行動，是在二〇一七年六月成立中國—香港債券連接方案。這是允許全球投資人進入中國規模達十一兆美元，而且還在持續成長之中的債市，此一規模是全球第三大，僅次於美國與日本。此一市場是由銀行、政策發展銀行，以及中央和地方政府控制。公司債約佔市場發行債券的五分之一。雖然中國債市可望在未來引起外國投資人興趣，但是在定價信用上卻沒有什麼效率。大部分的債券都有某種形式的政府擔保，違約事件的發生率很低，儘管獲得許可。本地的信用評等機構，總是對大部分的債券給予高評等。還有其他一些缺點，將是本書第五章的重點。

然而在資本外流方面，中國卻是顯得多所警惕，而有關資本外流的管制，一向是其金融制度不可或缺的一部分。與此同時，儘管中國當局二十五年來一直在宣揚自由化，但允許中國人民將金錢移往海外方面，卻是顯得不情不願，不論是對個人還是企業都是如此。

雖然環境多所限制，不過中國的企業與人民仍能找到途徑把錢送進香港或澳門，以及西方的房地產市場與奢侈品商人手中。資本外流在二〇一五到一六年成為中國一個嚴重問題，迫使有關當局加強資本移轉的監管與強化管理中國外的外幣流動。這些措施用來穩定金融市場、外幣儲備、資本流動與人民幣，但也在在顯示中國當局對自由市場有限的容忍度。二〇一七年再度發生同樣的情況，金融當局加強控制人民與企業將金錢或資金移往海外，限制銀行對企業的海外融資提供外匯，同時更加嚴密地察看企業在海外的收購行動，或者乾脆直接叫停。

國有企業改革停滯

就官方統計與一些中國觀察家的說法，國有企業現在僅佔全國產出的五分之一與雇用人數的十分之一。根據我們在西方的理解，中國經濟的其他部分應是在私人手中，然而這樣的推斷並不正確。許多私有企業都有國家擁有的成分，他們擁有高階人事權，控制公司策略，而且往往透過多家投資公司來掩飾其國家所有權。經過這些晦暗不明的調整之後，企業中純粹的私有部分實際上只有百分之二〇到三〇左右。我們必須記住，中國的國有企業仍擁有卓然不群的地位，而且與印度、巴西、俄羅斯與南非等新興國家有所區隔。

中國有些國有企業，大部分是煤礦或鋼鐵業，現在都面臨削減產能、合併與提高效率的壓力。不過，還有一些則是要求更加投入經濟，成為在科技方面的領頭羊，或是做為推動投資與就業的主力。我們在前一章曾經談到，一九九〇年代發動的國有企業改革有破釜沉舟的決心，許多企業都私有化。但是二〇一三年的三中全會卻不見這樣的決心，儘管其國有企業改革是為讓它們更具效率，然而其意圖卻是顯而易見。

國有企業改革缺乏實質進展，使人不禁要問中國當局到底想要達成什麼。過去有人指出，一位都市精英胸懷國家應控制一切的強烈使命感，在他的指揮下多年前就已改變中國，最終形成以國有企業為中心的經濟體制，且一直保有一些特質：國家永遠保有制高點的地位；私有與國有企業間的界線日趨模糊；歡迎外國企業的科技與創業投資的專業知識。[13]這其實就是中國現今的產業結構。

國有企業仍是該結構的重心所在，雖然官方統計顯示，它們僅佔雇用人數的百分之一〇到一五，而除了獨資公司之外，數量也僅佔所有企業的百分之一五到二〇。不過中國十大頂尖企業，國有企業就佔了九家，並且擁有企業總資產的百分之四〇左右。沒錯，國有企業的數量雖然減少，但是資產自二〇〇〇年以來已成長六倍，從約人民幣二十兆元（三兆美元）在二〇一五年擴大到一百二十兆元人民幣（十八．五兆美元）。這些國有企業財務效率低、債務高，獲利少。它們的銷售額約佔全國GDP的百分之三五，但是獲利卻僅佔企業總獲利的百分之三，在企業總貸款中則是佔了一半。[14]

大約有五分之一的國有企業是在關鍵部門，例如電力、石油與煤炭、通信、航空與海運，有四分之一是在工業部門，例如機械、汽車、電子、營建、金屬與化學。其餘大部分是從事社會服務、教育與保健、運動、房地產與其他部門。[15]中國越來越積極鞏固國有企業在先進製造與新產業中的角色，期待藉此居於世界領導地位。二〇一三年的國有企業改革建議，使人興起國家所有權存在的意義與理由能透明化，而且能夠幫助改善公司治理的期望。可是四個應該負責國有企業改革的單位並沒有實質的進展，這也許部分是因為它們充滿矛盾。

中國國務院國有資產監督管理委員會（SASAC），管理大約一百家由中央政府直接監督的國有企業（由地方政府監督的國有企業數目遠不止此數），目標是建立具有世界競爭力的國有企業。財政部則要國有企業增加繳納股利，並由國家資產管理公司來經營國有企業。國家發展與改革委員會的興趣則是，國有企業的混合所有制。而人力資源和社會保障部所關切的是，待遇與工資差額。[16]

另一個推動國有企業現代化的計畫，混合所有制，並沒有紮根立足。該計畫是採行私有股東制，揭露國有企業的獨佔壟斷地位，讓其面對更多的競爭，但是此一計畫成果有限，不過失望之情很快就遭到拋棄。取而代之的是聚焦於合併，閃避棘手的重組決定，提升國有企業為國家領頭羊的策略。習近平顯然是偏愛強而有力、經營良好的大型國有企業，這可以由他支持中國鋁業公司前董事長肖亞慶擔任SASAC主席得到證明。[17]

投資公司原本的設計是逐步接掌監管國有企業的職責，然而卻是極度籠統、定義不明且過度介入，其指導原則可以追溯到三中全會大聲疾呼的「市場化」。結果是，制定許多相互矛盾與衝突的目標。例如要求投資公司把國有資金投入重要產業，但是同時也要求應優先投入一些關鍵性部門，諸如國家安全、人民生活、創新發展與先進製造，可是國有企業在這些方面卻是沒有經營經驗，也沒有專業知識與技術。

二〇一五年，中共中央國務院「關於深化國有企業改革的指導意見」，徹底擱置三中全會對國有企業改革的希望。其中原因並不意外：要掩蓋國有企業「市場角色」與「主導角色」之間的差異是不可能的，而且有太多機構為保持其地位而尋求加入國有企業改革。

改革國有企業的行動在二〇一七年展開，有四大主調，不過都是強調現行運作模式的持續，而非採取新方法幫助國有企業獲利與市場導向。四大主調是：針對尚未改組的國有企業，將其中百分之一〇採行有限責任制或股份結構制的公司結構；合併；混合所有制，以及成立國有資本投資經營公司（SCIOs）。

合併的目的原是要把中央政府下的國有企業數量，由一〇一家減至八十家以下。此一計畫實施多年，但是值得注意的是，國有企業總數自二〇一〇年起開始增加，從十二萬家增加十七萬家，大部分是來自地方政府，主要都是地方政府的融資工具。[18]中國一些大型合併案包括兩大鐵道公司CNR與CSR合併成全球最大的鐵道集團；中國電力投資公司與國家核電技術公司；中國遠洋集團與中國海運集團；中國國際旅行社集團與中國國家旅行社（香港）；中國冶金工科集團與中國五礦集團；寶鋼集團與武漢鋼鐵集團，還有華懋集團與中國中化集團，將合併成為全球最大的化學集團。

SCIOs乍看也許最具前景，效法新加坡的淡馬錫（Temasek）頗為成功的模式，由國家控股公司掌管國有企業，例如新加坡航空，讓它們獲利，並把獲利交給它們最重要的股東：新加坡政府。但是中國政府對SCIOs的計畫卻是完全不同。手握廉價資金，SCIOs的作用有如國家指導的私募股權公司，其任務是辨識與投資老闆認可的公司與產業，但不考慮其商業可行性或獲利。分析師擔心中國政府現在有個新任務，即是排擠私人投資，「霸佔資金，胡亂分配。」[19]

傅成玉是中國主要石化集團，中國石油化工集團前董事長，他反思國有企業改革。他指出，在國有企業改革上，政府太過專注於國有資產與企業監管的改革，而不是國有企業本身，包括它們的經營管理。同時，混合所有制與市場機制的概念也沒有真的落地生根，創新也不應來自上級的命令。傅成玉進一步指出關鍵問題，即是政府同時扮演所有人與經理人的角色。他表示，這樣會造成不協調的情況，阻礙改革：政府要求的改變難以達成，而企業想要的改變卻不敢改變。[20]

剩餘的改革希望，也因SASAC在中共的刊物《求是》雜誌刊出的一篇文章而遭到重擊。該篇文章主張，應該恢復共產黨在國有企業改革中所失去的角色，並且應該在決策、人事任用，以及政治與企業文化上掌握實權。文章也指出，「黨建工作」應是衡量國有企業經理人表現的關鍵指標，而且國有企業的重大決策都應先經過黨委員會的審核與通過，才能提交董事會。[21]

由此看來，習近平治理的中國，曾掌握國有企業政策與管理的技術官僚，正逐漸讓位給政府官員與共黨官僚。這對國有企業改革前景不是好兆頭，而是預示國有企業規模將會日益擴大，並且更加專注於政治策略而非商業效率。

土地與戶口

鄉村土地改革是中國自毛澤東以來經濟改革的一大特色，今日儘管城市化進展快速，其重要性卻是與日俱增。雖然今日鄉村人口比率僅有百分之四四，不及二〇〇〇年的百分之六四與一九七八年的百分之八二，不過列為鄉村人口的仍有六億人，他們在中國社會與經濟上仍具有重要地位。

土地改革不僅是在於農村與鄉鎮企業的效率，同時也是中國城市化策略重要的一環。最近幾年，中國土地改革與城市化以試點形式緩步展開。例如幾年前成都與重慶被選為試點，在有效使用土地、新創企業與控制農地銷售等方面的成果，獲得中國政府與世界銀行的讚揚。[22]但是這些試點計畫並未廣泛使用，目標也不明確。

部分問題是，每人都想要廉價取得這些由政府壟斷的土地：房地產開發商、包括國有企業在內的產業界，以及依賴土地銷售獲取三分之一歲收的地方與省政府。但是這些巨大的利益與特權和財富是無法分割的。根據估計，地方政府在一九九〇到二〇一〇年徵收的土地所花的成本，低於市價人民幣二兆元（約相當於三千億美元）。如果這些補償費用所產生的收益與經濟成長同步，農民的財富可增加人民幣五兆元。[23]提供農民及其家庭改善財務安全的機會、准許土地所有權、有遷徙權利、回歸小農生產等等，可以幫助鄉村改革與城市化的成功，但是這些措施與現今許多做法都存在衝突，而在巨大的利益下，這些做法也難以改變。

在中國，家庭登記，也就是所謂的戶口制度的改革結果是好壞參半，該制度影響中國二．七七五億的流動人口。擁有城市的戶口，外來人口就可以獲准享有教育、保健、住房，與退休金等公共服務。但是如果沒有戶口，家庭就被拆散、社會流動性遭到限制，而且從總體經濟的角度來看，也限制經濟中消費的擴大。中國流動人口約佔勞動力的百分之三六，而將他們邊緣化不利經濟發展。

一九五八年開始實施的戶口制度，主要是限制鄉村人口移居城市，該制度現今有很大一部分依然存在。該制度的改變主要是因為二〇〇三年一位流動人口孫志剛悲劇性的喪生，他當時被廣州警方拘留。[24]在那時候，流動人口若是沒有戶口許可，往往會遭到逮捕並予以驅逐，不過在孫志剛事件後，就不再需要工作證或暫住證。儘管如此，流動人口仍需准許才能享受社會服務與福利。

二〇一四年採行一項新政策，針對鄉村與城市居民建立一套單一的國家居民登記制度，並且試圖將來自鄉村的流動人口由大城市引導致小型或中型的集合城市。城市越大，當地政府制定的居住限制也越嚴格，而一些最大的城市甚至被要求加強控制外來人口。現今戶口制度與社會福利資格掛鉤已不像以前緊密，不過能否享有長期居民才有的社會服務，與是否符合長期居民的資格，決定權在當地政府手中，而有關單位都會受到政治與資源分配的限制。

二〇一四年的改變，確實是在土地與戶口改革上向前邁進一大步，但是有許多事情待做。有關當局在下一階段的城市化進程中，需要對鄉村的流動人口提供安全、土地與所有權。同時，儘管流動人口已能較容易在相對較小的城市定居，可是實際上他們仍是最希望能到大城市，因為那兒生活品質高，就業機會多，不過大城市接納他們的意願也相對較低。中國的流動勞工中有百分之六〇左右，都是在東部的省分。

國務院一項新規定給予城市在制定所得稅，與一般流動人口難以達到的居民條件上充分的自主空間。當地政府與城市大都只專注於立即的成本，而不是中期的回報，都不願負擔把其福利擴大給流動人口的成本，擁有戶口的城市居民也拒絕與別人分享其特權或是承擔成本。但是中國必須設法改變現狀，這會需要北京當局大筆花費，或者是由範圍廣泛的房地產稅來提供。

能源與水資源

能源，或者專指中國改善環境的承諾，是習近平與中共的首要目標。水資源，或者專指水資源短缺，儘管重要，但是並未受到應有的重視。這兩項對再平衡與改革大業都十分重要，因為如果沒解決，會對中國的成長與發展構成威脅。

習近平曾經表示，政府決心解決中國的兩個關鍵問題：環境惡化與汙染。他在十九大代表會議上冗長的演說中強調：「我們任何強加於大自然的傷害，最終都會反噬我們。」然而至少在目前只要是霧霾天氣，北京與上海灰濛濛的形象就會傳遍世界，不過中國一心要成為氣候友善政策的領導者。中國政府決心減少溫室效應氣體的排放與乾淨能源的開發，而要達成目標，需把經濟成長中的能源強度降低，在二〇二〇年前較二〇〇五年的水準下降百分之四〇到四五，而在二〇三〇年進一步減少百分六〇到六五。

經濟成長減緩、再平衡進展順利，與成功減少溫室氣體排放等成就，顯示中國不僅在對抗全球緩化方面，同時在治理因為過去追求成長而遭到嚴重汙染，傷害中國經濟的土地、土壤與水資源上，還會繼續向前。

中國必須投資乾淨能源，並且採取嚴格措施與法規來保護環境。同時，中國也需要展示其削減煤炭生產與使用的決心、建立碳交易市場，以及採取措施來緩解水資源缺乏的壓力，與改善水資源的分配與效率。

中國在改善碳足跡與減少汙染導向成長方面的成果好壞不一。中國當局撤銷多個新建燃煤發電廠的計畫並且關閉電廠，但是在宣布削減發電量之後往往卻未見實際行動。有好幾個案例顯示，減少燃煤發電或是轉換成天然氣發電的計畫，因為野心過大或是考慮不周而胎死腹中，或因混亂、熱力供應失調，與難以發展替代性能源而遭到延期。有一個計畫優質但卻無法符合預期的案例，中國在二〇一六年投資超過七八〇億美元於再生能源（金額超過美國與歐盟），但是有大量風力與太陽能卻遭到閒置。

雖然配水與用水系統已有改善，但是水資源缺乏的結構性問題，尤其是中國北方，仍然嚴重。在未來一、二十年，水資源短缺可能會惡化成為阻礙中國經濟發展最嚴重的問題之一。[25] 在二〇一六年，北京每位居民所能使用的水量只有一七八立方米（全國是四三八立方米），而聯合國的水應力標準是一七〇〇立方米。

中國主要的問題不是水資源不足，而是在於分配。中國有五分之四的水資源都是在南方，北方十二個省分都蒙受不同程度的水資源短缺問題。北京、天津與河北共有一億二千萬人，平均每人可用水還不如沙烏地阿拉伯。中國需要大量用水的煤產業，與大型農業中心都是位於水資源缺乏的地區。地下水減少、湖泊與北方主要河流水量降低、地下蓄水層下陷與汙染問題，儘管緩慢但正持續擴大中國的水資源危機。中國地下水據信有近百分之六〇都已遭到汙染。[26]

可是儘管如此，水資源卻是幾乎不曾在政策或領導人的政令宣導中出現。中國政府應有一套規模宏大的政策來採取措施保護水源、改善水利結構、分配與品質，從而增加供水。水資源也許不像債務或金融與經濟成長，與發展間具有那麼密切的關連性，但是最終國家可以度過這類危機繼續前行。水資源牽涉到農業、糧食供應與價格、發電與經濟活動，這樣的關係幾乎確定會產生更為嚴重的問題。

改革現在何去何從？

二〇一六年五月，《人民日報》頭版刊出一篇「權威人士」的專訪指出，中國應堅持改革，並且遠離債務導向的經濟模式。[27]此一承諾進行供給面結構性改革的宣示，在第十九大代表大會前後不斷出現，不過要注意的是，中國所謂的供給面改革與西方的概念有很大差異。

在西方，所謂的供給面改革指的是解除管制、加強競爭，以及其他釋放勞動市場潛力與鼓勵創業，以促進成長與生產力的政策。中國的供給面改革卻完全不是這樣。他們有時是為支持中小企業，但是主要是整合官僚體系、行政部門，與法律規章的政策，強化國有企業，減少煤炭與鋼鐵的產能，以及有損國有企業獲利與效率的事情。最近還包括改善環境與推動中國產業，進入新興與先進工業的國家政策。就此而言，中國在供給面改革上獲得一些成功，但是在促成共產黨獨攬大權，與推動國有企業走向自由與市場導向改革之間取得再平衡方面，卻是一事無成。

未來幾年，中國如果經濟再平衡獲得成功，也需要接受四項重要的事情：經濟成長減緩；一套積極且具有持續性的行動來減少經濟與金融體系中的槓桿倍數；減少所得不均的情況與強化社會安全網；以及採取經濟措施或法規來幫助經濟離開對投資的依賴，轉向消費與新興的服務產業。

要加強支持消費者部門，可以透過為服務部門創造新工作，建立社會安全網與保健安全網。這類政策最有可能幫助降低家庭儲蓄率，並且加速因老年化而可能遲早都會出現的改變。中國的勞動年齡人口正在下降，老年撫養率預期在二〇一七到三〇年會增加一倍。社會福利應該增加遍及所有的勞動人口與他們的家庭。應積極鼓勵服務部門的成長，不只是在北京或上海的大城市，這些城市的服務業已十分發達，其他城市也一樣重要，尤其是服務業並不發達的內陸城市。[28]現今仍相當封閉的現代服務業，應該予以放寬管制與開放，例如通信、專業、商業、娛樂與資訊服務。

不論是所得群體，還是地區的所得不均情形都應降低。中國的基尼系數（Gini coefficient）相對較高（該系數是衡量所得不均的指標，從〇到一，理論上系數為〇意指所得大致均衡，系數為一指的是只有一人產生所得）。根據中國官方最近的資料顯示，二〇一五年的基尼系數是〇．四七，高於一九八〇年代的〇．三。基尼系數在〇．三到〇．四一般而言就已算是高點。另一個衡量所得不均的指標是，中國百分之一的家庭擁有全國三分之一的財富，所得最底層的百分之二五只有全國百分之一的財富。[29]

再平衡是一件複雜的工作，習近平治理的中國不會願意採取西方通常會提出的改革提案與建議。諷刺的是，中國許多領袖都十分了解私部門與自由市場所扮演的角色多麼有活力。然而他們絕不可能在其主導的政治環境下，對國家與私部門之間的角色與機能進行再平衡，或是鼓勵財富由國家轉移至私部門。

習近平治理的中國，私部門將承受更多來自中共的介入。自二〇一五年開始，中共的組織與意識形態正式進入不只是國有企業的經營管理，還包括私營與外國企業，其目的是將它們納入黨的工業規劃目標。在政府為「使公平發揮作用」下，私營企業將面臨更多的資本入侵。隨著政府可能在海外進行干預，直接入侵的行動也將增多，例如安邦保險集團暫時被政府接管。

就目前而言，主要仍是聚焦於金融穩定。政府應扮演強而有力且積極的角色，鼓勵企業與地方政府去槓桿化，確保信貸成長率低於以貨幣計價的GDP成長率。先穩定債務的增加，然後透過去槓桿化來治理經濟，將是重中之重的任務。而進行此一工作的態度與所需要的時間，取決於中國是面對一個必要但能夠管理的經濟減緩情勢，或是風險較高可能導致衰退的經濟，甚至是系統性金融風險。這就是債務陷阱。

第四章
RED FLAGS

債務陷阱

一九九九年，在銀行多年不斷對疲弱不堪的國有企業放貸，與多家國有企業進行大規模組織再造與關閉之後，中國政府必須面對一個嚴重問題。主要銀行滿手壞帳，也就是所謂的不良貸款，約佔它們所有貸款的百分之四〇。政府成立四家資產管理公司，就是俗稱的壞銀行（bad banks，壞帳托管銀行）買下多筆壞帳。

在此一行動下，大約有一半的壞帳在一九九九到二〇〇〇年移轉至這些新機構，其數額約是當時GDP的百分之一八。[1]隨後幾年，這四家機構又陸續買進新增的壞帳。中國此一銀行援助計畫幫助清理銀行的資產負債表，但是事實上只是將此燙手山芋在國家的金融體系中轉來轉去。雖然中國的壞銀行是仿效瑞典一九九〇年代初期所推出頗為成功的銀行援救方案，但是成效不彰。他們應該在十年後處理這些壞帳，但是他們至今手中仍有大批壞帳。

我們在討論中國目前的債務問題時必須記住五點。第一，今天的過度放貸與債務累積規模遠遠超過一九九〇年代。第二，四大銀行擁有的金融資產約是全部的四分之一，反觀在之前的危機中則是佔了五分之三，換句話說，今天的風險覆蓋面大於過去。第三，目前大約有三十五家壞銀行或是資產管理公司，包括一些由地方與省政府支持的機構，現在沒有人知道壞帳的問題有多大，但可以確定的是隨著經濟減緩，此問題也會益趨惡化。第四，中國的信貸擴張周期已毫無阻礙地進行十五年，史無前例，當此周期結束其結果可能大得令人難以想像。第五，中國經濟已越來越倚賴信貸。若是沒有信貸擴張的貢獻，中國二〇一二到一七年的經濟成長率，可能要比官方數字低百分之二五。

本章將深入探討中國的債務與債務人、銀行與所謂的影子銀行、各種型態的銀行弱點，以及在習近平憑其個人權勢壓制系統風險的同時，政府自二〇一七年以來的應對之道。有一個重點千萬不要忽略，遲早有人必須為壞帳與銀行部門的問題付出代價。問題只是在於此一代價，將於何時與如何落在消費者、企業、政府，以及外國債權人的頭上。不論怎麼樣，最終結果是經濟成長走低。

債務累積

中國的債務問題在二〇〇八年開始惡化，當時中國的心思別有他屬，包括五月的四川大地震，估計奪走九萬條生命，接著又是北京奧運。不過就在北京奧運期間，北京天空由於燃煤發電廠與其他製造空氣汙染的工業暫時關閉而出現藍天白雲之際，已出現另一個危機的不祥預兆。

到了夏季末，出口導向的沿海省分有數以萬計的工廠因需求疲弱而關閉。幾十萬的勞工遭到裁撤，上百萬的流動勞工被迫返回鄉村，在中國六百萬名自大學畢業的社會新鮮人中有四分之一找不到工作。[2]十一月初，國務院推出經濟振興方案，規模達人民幣四兆元，折合五八六〇億美元，相當於GDP的百分之一四。政府的計畫是以兩年為期擴大支出，以支撐房市、公共建設、公共保健、教育、環保與創新。有關房地產市場的法規予以鬆綁以刺激需求。這些大手筆的新增支出不是由政府出面借貸來供應財源，而是靠著銀行放貸增加。

景氣振興方案發揮作用。經濟成長率在略高於百分之四的水準觸底，並於二〇一一年前回到兩位數，儘管時間短暫。二〇〇八到一一年，國家部門由於增加借款，債務佔GDP比率也提高三十五個百分點到百分之一七〇。如果事情到此結束，中國的經濟與金融史可能就會完全不同。

中國對舉債的癮頭才剛開始。二〇一六年中，也就是四年後，債務佔GDP比率已升到百分之二五五，二〇一七年底則是超過百分之三百。根據一份分析指出，中國目前債務佔GDP比率是百分之三二九。[3]事實上，中國債務增幅之大，也導致全球債務明顯增加。根據國際金融研究所（Institute of International Finance）指出，全球債務在二〇〇七年為一五〇兆美元左右，到了二〇一七年底已達二三三兆美元，來自中國的就佔全球二〇〇五到一六年間新增債務的一半左右。[4]

中國債務規模之大與累積速度之快，使其成為許多獨立觀察家與研究機構眼中最有可能出現混亂的候選人之一。國際貨幣基金與國際清算銀行（Bank for International Settlements）都曾指出「信貸差距」大幅擴增，這是以信貸佔GDP比率來看信貸差距是否已脫離其長期走勢與脫離多遠。他們表示，信貸差距持續明顯增加是金融危機的先期警告訊號。國際貨幣基金就四十三國研究他們自一九六〇年代以來的信貸差距，發現信貸差距在五年間升至百分之三〇以上的國家中，除了五國外其他所有的都經歷金融危機或經濟成長驟降，或者兩者兼具。中國的信貸差距在二〇一六年達到百分之三〇，與一九八〇年代的日本、一九九〇年代的泰國，和二〇〇〇年代的西班牙類似。[5]到了二〇一七年中期，中國的信貸差距縮小到百分之一八，使得系統性危機稍有緩解，但是此一水準仍是被視為過熱臨界點的兩倍。[6]

除了債務累積的速度之外，還有一點值得注意，就是中國的債務比遠超過與其人均所得相當的其他國家。不過到目前為止，中國還是得過且過，緩解許多分析師近幾年來不斷提起的危機情勢。在二〇一五到一六年確實出現一段金融混亂時期，不過這與股市、匯率，與資本移動的關係要大過債務。到目前為止，並沒有看到系統性癱瘓的跡象。如今習近平大權在握，而且在可預見的未來還會繼續掌權，這是否意味他和他的同僚會處理債務問題，向所有的預言家顯示他們是錯的，並且證明國有的金融體系的確與眾不同？或者只是中國債務的累積與解除債務危機引信的工作，要比大家所預期的要耗時與複雜。

中國的債務人

就全球的標準來看，中國的家庭並不是典型的借款人，不過卻是越來越重要。中國家庭債務佔其可支配所得比率，已由二〇〇八年的百分之四〇左右增到二〇一七年的百分之一〇六，大約與美國相當。過去幾年增加的部分大都不是來自傳統銀行，而是來自相對較新且法規限制相對較鬆的金融公司。債務佔GDP比也由百分之二〇左右升至百分之四三，此一水準明顯低於美國或英國，但是高於土耳其、墨西哥、印度與印尼。中國的中產階級與城市居民，越來越多轉向抵押貸款來購置房地產。未償還抵押貸款在二〇一一到一六年增加超過兩倍，增速在二〇一四與一七年尤其顯著。[7]家庭借貸，其範圍遠較抵押貸款廣泛，可能已達到GDP的百分之六〇。以現在的趨勢來看，可能在二〇二〇年就達到美國的水準，佔GDP的百分之九〇。[8]

就目前來看，中國民眾並非典型的信貸過度擴張的借貸人，或是銀行對他們放貸過多來購買房地產。不過這也不必自鳴得意，因為房市的熱力已遍布整個經濟。中國房地產投資佔GDP比率在二〇〇七年達到百分之一五左右，高於美國的百分之六。許多人都擔心中國的房地產市場已經失調，使其難以因應經濟減緩、房價下跌與資金流動。

地方政府擁有土地供應的壟斷權，他們高價出售換取利益來供應他們約三分之一的開銷。家庭則把房地產視為銀行存款的主要替代品，做為儲蓄與積累財富的工具。如果有一天房地產價格大跌，其影響會既深且遠，尤其是因為中國迄今從未經歷過一次全國性的房地產價格大跌。銀行會因不良貸款增加、獲利下跌，與資本保護減弱而受到重擊。包括房地產與非房地產交易中的房地產擔保品價格將會下跌。背有高倍數槓桿的中小型房地產開發商、相關股票，與城市商業銀行遭遇虧損的風險尤其沉重。房地產下跌會對實質經濟與資產品質，形成連鎖反應而惡性循環。

到目前為止，中國當局仍是努力控制市場不致過熱。一些主要城市如上海、廣州、北京與深圳都曾經歷價格大漲，而在二〇一七年初，平均價格較二〇一〇年中期上漲百分之八〇。不過這些城市就像中國的倫敦與曼哈頓，並不能代表整個國家，而且僅佔全國房地產市場活動的百分之一〇。但不管怎麼說，這些城市的房地產價格在二〇一七年末與二〇一八年頭，幾個月都顯著下跌。

其他城市，主要是省會與城鎮，佔了房地產投資、住屋銷售與交易的大宗。這些地方，也就是所謂的二級、三級與四級城市，在二〇一四到一五年的房市減緩中首當其衝，房地產價格下跌，待售住屋的庫存量升至二十到四十個月的供應量。不過這種供應過量的情況逐漸解除，房地產價格在二〇一七年開始回升。要購房的人現在往往會遭到一些限制，包括有關頭期款的法規、限購規定，以及抵押貸款利率，這些都是用來打壓房地產市場的活動與價格。

中國的非金融部門債務，大部分是由企業與政府機構背負。根據國際貨幣基金對中國的年度經濟調查，也就是所謂的第四條款磋商報告（Article IV report），中央政府嚴格說來並不是主要的借貸人，在二〇一六年底其債務僅佔GDP的百分之一五，但是其中的計算卻是晦暗不明。若是從較廣泛的範圍來計算，也許是上述水準的三倍。其他大部分的債務是來自企業，有些是私營的，不過主要都是國有企業，地方與省政府機構以及融資平台，他們的債務達到GDP的百分之二百左右。

地方政府受人注目的主因是，他們透過地方政府融資平台（LGFV），間接或以其他方式造成債務大幅累積。二〇〇八到〇九年地方政府成立數以千計的融資平台，以執行振興方案中的基礎建設與其他興建工程，這部分是因為地方政府稅收來源受限，只有依賴賣地，而且在二〇一四年前也被禁止發行債券。不過越來越多的LGFV因經濟成長減緩、資產投資報酬縮水，而出現財務困難與無法履行債務的問題，然而儘管北京當局三令五申要求不得再繼續借貸，他們卻是我行我素。

在二〇一四年的預算改革行動下，LGFV所欠下的債務經過重新配置而成為政府債務，接著中央政府推出一項換債計畫，允許地方政府將銀行貸款轉換成相對較低廉與較長期的債券。到了二〇一七年底，大約有人民幣十一兆元（一．七兆美元），或是約百分之六六的地方政府債務獲得轉換。

然而中央政府宣稱此一成功清理或減輕LGFV債務問題的行動，實際上卻是允許新債務的產生。該項改革要求LGFV必須根據嚴格的商業標準來借貸，但是他們往往卻是以新偽裝來繼續融資，例如裝做特別、指定投資或是建築平台，或是所謂的政府與民間夥伴關係，其中的民間夥伴是國有企業或其他的政府單位。根據世界銀行的資料，二〇一四到一六年LGFV債務每年增加百分之二〇，儘管他們其實應該減少債務。[9]

壞債

要精確描繪銀行到底有多少壞債有其困難，但是的確有一些上市的中國企業與地方政府出現債務問題，即是無法繳息，或是償還債務，或兩者兼有。官方沒有擔心壞債的明顯理由是，主要銀行的不良貸款率是總資產的百分之一．七左右，雖然較二〇一一年的水準增加一倍，但是仍相當低。許多銀行甚至開始吸引私募股權基金，前來採購低價的不良資產。不過許多分析師私下都認為，這些數字低估了此一問題的真實規模。

我們來做一個比較，在金融危機期間美國不良貸款佔所有貸款比率，達到頂峰時水準是百分之六，同期歐洲也是相同的水準，不過之後達到百分之八到九水準，其中包括希臘逾百分之四〇，還有如義大利、葡萄牙，與愛爾蘭等國的百分之一五到二〇。[10]在中國，一些民間分析師估計其不良貸款比率是在百分之二二左右。[11]國際貨幣基金則是估計高風險的企業貸款，佔總貸款比率是在百分之一五左右，意味銀行面臨七五六〇億美元，或佔GDP百分之七的潛在損失。[12]國際貨幣基金透過二〇一七年銀行壓力測試估計，在極端環境下三十三家銀行的不良貸款比會躍升至百分之九，而且需要增加更多資本。

整體來看，中國的銀行在主管當局的監督下打鐵趁熱，趁著經濟正好的時候，減記或處理壞債，或是增加資本。此外，自二〇一七年有關當局就一再向銀行表達，其對高風險貸款、資產負債表外曝險，與資本適足率相關規定較鬆或沒有實施之部門的關切。這些看來都十分合理。

光是不良貸款並不足以做為金融壓力的領先指標。政府與主管當局可以要求銀行改變其行為，這些銀行若是國有的更是如此。不良貸款可以延展，或者乾脆就是「長期有效」。銀行仍會將他們許多交易、投資，與轉移置於資產負債表外。此外，相關法規與會計作業原本就不會鼓勵承認不良貸款，甚至反而會使其複雜化，因此光是表明有不良貸款並不能充分說明壞債的真實情況。不過，仍應留意分析師的評論。不良貸款有助說明銀行體系的體質是否健康，不利經濟成長，也有損銀行系統面對衝擊時的抵抗能力。

銀行與影子銀行

金融危機提示我們，銀行與金融機構是政治環境下的產物，要改變他們的行為所需要的並不單只是一項政策上的轉變。凱羅米爾斯（Charles Calomiris）與哈柏（Stephen Haber）在他們的著作《人為設計的脆弱性》（*Fragile by Design*）中指出，一個社會中的銀行體系乃是結合政治人物、銀行、銀行股東、存款人、債務人與納稅人，形成一個聯盟來制定符合他們利益的法規與政策，以對抗此一聯盟之外群體的利益。他們主張「一個國家的銀行體系並非選擇而來，而是建立一套銀行體系，以其中機構來管理政治權力的分配。」[13]

此一概念符合中國的情況。政治人物、大部分的銀行與大部分的股東，還有國有企業與地方政府債務人，都是共黨與國家的代表，存款人與納稅人大部分都是老百姓。中國銀行體系的存在是為了增進前者的利益，很難想像相關法規與監管規章的變化能夠改變此一事實。任何改變都需要該體系中所有權的大規模移轉，而且用以決定經濟中利益分配的基本原則，也必須有所轉變。我們在觀察中國金融體系的輪廓與本質時，最好記住這一點。

過去十年左右，大家都了解銀行體系是一重要平台，我們的社會與經濟都植基於上。當銀行體系瓦解，維持穩定的假象也很快出現裂痕，其中暴露的經濟與政治沉痾需要很長時間才能復元。其中最重要的教訓是，金融危機的爆發是因為金融機構創造財務槓桿，隨著時間的累積變得過高，最後在二〇〇七年出現我所謂的明斯基時刻（Minsky Moment）。這是以經濟學家明斯基（Hyman Minsky）命名，意指財務槓桿達到最高點的時刻——出借人提供資金給借貸人，以換取利息與債務償還——引發系統性的金融混亂。[14]我們知道，銀行與其他金融機構的國內信貸機制成長，是金融危機的核心所在。根據一項涵蓋十七國，過去一百四十年資料的研究顯示，國內貸款成長是金融危機最好的單一指標。研究目標包括收支盈餘與赤字的國家，而且也沒有因為之前實質利率與通膨走勢，而有任何減輕的情況。[15]如果你要找一個金融危機的樣板，至少就表面來看，中國相當適合。

中國的銀行，包括以資產計為世界四大銀行的中國工商銀行（三．四七兆美元）、中國建設銀行（三．〇二兆美元）、中國農業銀行（二．八二兆美元），與中國銀行（二．六兆美元）。[16]不過有時候這樣的地位並不受到歡迎。一九八九年，在日本爆發金融危機而經濟陷入失落十年的前夕，全球前十大銀行都是日本的。二〇〇七年，全球最大的三家銀行都在美國。我們很快就可見到中國居於此一頂峰，是否也是咀咒。

中國的一百四十家銀行，包括四大銀行、其他大型銀行、中型與小型銀行、城市商業銀行與合股銀行（有私人股東，但政府擁有大部分所有權）、農村信用合作社，以及三大政策銀行（中國開發銀行、中國進出口銀行與中國農業發展銀行），總共擁有資產三十三兆美元。大家都認為中國的銀行資產是其GDP的三倍，但是該數字並沒有包括所有的金融部門。如果我們把其他的也納入計算，二〇一七年的總資產會達到GDP的百分之四七二，相當於人民幣三六〇兆元或五十三兆美元。

二〇〇八年，金融資產為GDP的百分之二四八。由於GDP在二〇〇八到一七年擴增一倍，金融資產的價值也增加四・五倍。推動資產與負債價值擴張的主力不是中國四大銀行而是其他銀行，尤其是城市商業銀行與合股銀行。四大銀行佔總資產比率僅是略有上升（百分之四七二中的百分之二〇九），但是其他的所佔比率幾乎增加一倍至百分之一九二。信託銀行、資產管理公司、財富管理產品（WMP）、證券、退休金，與保險公司的資產都顯著增加。[17]理財產品是主要的金融產品，其回報高於銀行存款，不過其風險也相對較高，而且在金融機構有多種不同用途。

要了解中國的金融體系，我們必需著眼於其影子銀行部門。[18]影子銀行是存在於正式的銀行體系外的非銀行金融機構。他們包括大企業的財務單位、信託公司、金融與租賃公司、資產管理與保險公司、信貸基金與金融經紀商。他們接受存款並且從事放貸，營業方式通常沒有銀行那麼傳統，所受到的法規限制也較傳統銀行寬鬆。他們與正規銀行在影子銀行市場進行的交易，往往是資產負債表外活動，也就是說，不會記載於正式的資產負債聲明之中，因此也不會受到傳統資本適足率與流動性相關法規的約束，可以隱藏於主管單位的監視之外。雖說影子銀行是金融創新與經濟成長的媒介，但是金融危機也警告我們必須小心影子銀行，可能會成為系統性混亂與金融、經濟危機的導火線。

最大的影子銀行是信託銀行，他們曾是由省政府設立的地方性投資基金，在二〇〇八年振興方案推出後十分活躍。影子金融系統本質上是一個市場，所有的銀行、資產經理人、對沖基金與保險公司，都在其中進行現金放貸與融資，以及衍生商品與複雜的金融產品的交易。此外，該市場還包括券商、銀行，與市場交易、金融經紀、金融租賃、小額信貸、當鋪、P2P網路信貸與地下錢莊。廣為交易的WMP本質是要避開一般存款的利率上限，是存款的替代品，發行商主要是銀行與信託銀行，其中許多是現金產品，或是精密的結構性信貸產品，其設計目的是使其能付出高於利率的利息。不過，後者有許多都不夠透明，難以為投資人了解。我們將在後面探討此一情況。

中國的影子銀行與西方的有所不同。影子銀行的存在就如其字面的意思，是在銀行的影子之下，因為主流銀行才是經濟的主導力量。[19]和美國與其他西方國家不同，中國少有獨立的非銀行機構，證券化資產與以市場為主的金融工具所扮演角色也極為有限。中國九兆美元的債券市場與ＷＭＰ的融資緊密相聯。中國的系統有一重要的特色，就是無所不在的認知與實際保證，這是用來保護投資人免於損失，然而也引發道德上的迷思。中國主管當局在二〇一七年實施所謂的宏觀審慎監管，指示銀行不要再發行若干類投資產品，或是對某些投資產品發行某種形式的財務支持。此舉是為在二〇一九年前移除或減輕銀行針對某些資產管理產品的保證，這是一項正面發展，成效如何，我們拭目以待。

中國的影子銀行系統十分年輕，在二〇〇〇年代才開始起飛。例如在二〇〇二年其規模只有八百億美元左右。二〇〇八年之後，中國的銀行接受指示支撐振興方案，銀行為美化其資產負債表而在帳面上僅進行優質的貸款，同時在「影子」之下開發新的金融產品、工具，與存款來融資體質較弱或是虧損的計畫。影子部門在二〇〇八年前擴增至七千億美元。[20]根據信貸評等機構穆迪（Moody's）指出，中國影子銀行部門在二〇一六年達到近十兆美元，相當於銀行資產的百分之二九與ＧＤＰ的百分之八七。[21]

影子銀行的快速成長，尤其是在二〇〇九年之後，有部分動力是來自中國主管單位本身，當時這些單位面對金融危機，都在相互競爭，急於表現。漸漸地，非銀行機構也涉入其中，而且越來越深。例如中國銀行保險監督管理委員會，允許保險公司一改過去保守做法，可以投資風險相對較高的產品，而且也容許以「保底投資收益」的投資產品當作保單出售，其中最具爭議的是叫做「萬能」保單的產品。與此同時，金融公司相互競爭，爭先恐後搶著自投資人或存款人手中拿到資金，再把資金投入一些不牢靠的金融計畫，或是從事新型態的融資，例如線上支付與儲蓄計畫、P2P網路信貸平台，而且肆無忌憚地使濫用財務槓桿。

爆發銀行危機的可能性更甚於債務危機

在二〇〇七到〇九年的金融危機期間，資產負債表的崩潰撕毀了整個金融體系。有人諷刺說道：「資產負債表的左邊（left）沒有一項是對的（right），資產負債表的右邊（right）也沒有一項剩下來（left）。」換句話說，通常是在資產負債表左邊的資產都是錯的，而債務，也就是融資這些資產的，則是在資產負債表的右邊，現在是消失殆盡或是提領一空。此一小笑話的重點是強調，在金融中重要的不只是資產或放貸。

毫無疑問，這兩項都很重要，而二〇〇八年的金融危機令人擔心中國銀行體系中潛藏的擔保品損害。擔保品是做為貸款的安全保證，如果資產價值，比如說房地產價格下跌，該擔保品就會面臨損害。擔保品的接受人，通常是指出借人，在詐騙性擔保品事件中也會面臨損害。詐騙性擔保品指的是擔保品並不是真的存在，或是很容易被借貸人賣掉以換取現金，或是重複多次提供給不同的出借人。眾所皆知中國有許多詐騙性擔保品，以大樓、私人公寓與商品等形式存在，「籠罩各行各業的貸款，揮之不去。」[22]

然而債務，或是貸款的資金來源，絕對是關鍵所在。就重要性而言，他們更為重要。很少有銀行因為資產價值低於債務而破產倒閉，但是他們卻可能而且也的確會因為缺乏流動性，無法繼續在金融市場籌資或是融資而倒閉。這正是英國銀行北岩（Northern Rock）在二〇〇七年所發生的情況，該銀行是金融危機初期首家遭到滅頂的金融機構。其他的大型金融機構，例如貝爾斯坦（Bear Stearns）與雷曼兄弟（Lehman Brothers）後來也是以同樣的方式倒閉。

金融部門的債務是我們真正需要注意的地方，因為銀行往往難以抵擋所謂的「資金衝擊」，這是由於銀行的業務主要是在於資產與債務不同期限之間的錯配。一般而言，他們借出的時間都較長，借入都是短期的，但是當債務延展或是每天、每周或每月更新，銀行就特別脆弱。

在中國，貸款的成長有很大一部分是來自中小型銀行，他們必須越過熟悉且穩定的家庭存款，依賴影子下較不穩定與較短期的資金來源來籌資，例如利用銀行之間市場來獲得存款，或是發行WMP。十年前左右，家庭存款約佔銀行體系總負債的百分之六〇到七〇，但是到了二〇一七年，家庭存款僅佔百分之四五左右。如果我們把所有的金融機構都納入體系，家庭存款的比率還會更低。

一位資深的銀行家，中國工商銀行董事長易會滿，在二〇一七年的中國發展論壇上特別提到銀行活動延伸至影子內的現象。他指出，影子銀行「沒有受到法規的充分監管，甚至完全不受約束。我們必須注意，如果沒有注意，實質經濟將會受到傷害。」[23]他說得沒錯。中國政治領袖容許金融改革與自由化的腳步，遠較經濟其他部門改革與自由化快速。至少到了二〇一七年，中國當局對於金融部門的巴爾幹化、不受監管，或是監管過鬆的金融機構增多、益發依賴風險較高，或是槓桿倍數增高的金融工具與產品籌資的情況，重視程度仍是不足。因為如此，導致「監管套利」的情況遍及整個業界，也就是說，利用金融法規漏洞的情況猖獗，金融公司與市場參與者紛紛從事高風險的活動，法規形同虛設，金融穩定面臨威脅。

回購市場與財富管理產品

回購，也就是附買回，二〇〇〇年代在西方世界的財務槓桿活動中扮演中心角色，然而也是傳遞金融危機震波的工具。同樣的，在中國，回購市場在中國的貨幣與影子金融市場都扮演關鍵角色，是金融體系中財務槓桿部門重要的一環。

回購協定是一種基本貸款，其擔保品大部分是債券。回購買家是借出現金，然後以借貸人提供的證券做貸款的擔保品，回購賣家則是以證券為擔保品來借現金。買賣雙方的協定，包括證券交易反轉的期限與價格。中國回購市場百分之九五以上的交易，都是在一夜之間（隔夜）或是七天期完成。

中國二〇一五年的回購市場借款淨額是人民幣二十兆元，相當於三兆美元左右。[24]根據中國人民銀行的資料，其中大約百分之 〇是來自保險公司與外商銀行，百分之二〇是屬於證券公司，百分之三〇是來自中小型銀行，百分之四〇則是來自其他的機構，包括信用合作社、金融租賃與信託公司、資產經理人、貨幣市場基金，與WMP之類的資產負債表外工具。

相關機構利用回購市場，是因為該市場提供低成本並且寬鬆的融資管道，他們可以透過槓桿操作來增加收益。換句話說，他們可以借現金（提供證券為擔保品），然後再買進更多債券，對方則可以收取證券（做為借出現金的擔保品），然後賣出債券。這一連串有如旋轉木馬的交易，使得交易各方暴露於每天或每周持續不斷反轉的交易之中，風險也隨之益趨複雜。如果利率上升，做為擔保品的債券價格就會下跌。這樣的情況可能會引發流動性緊縮壓力，中央銀行可能需要釋出流動性。如果進行交易的是非銀行機構，由於他們沒有資格自中國人民銀行獲得最後貸款人的流動性挹注，因此當他們陷入麻煩或短缺現金，可能會被迫出售資產，在市場散播緊縮的情況。

當一切事情都很順利，信心也維持堅定時，這些市場也運作順暢。但是當金融情勢緊縮，市場開始凍結時，就會在交易夥伴間引發緊張或恐慌，並且很快感染整個市場，形成自饋式的旋渦。在中國人民銀行或主管當局決定採取緊縮政策時，我們需要密切監視中國的金融情勢，例如他們在二〇一六年底與二〇一七年五月的行動。此外，投資人若是由於經濟成長減緩、資產價值縮水，或是財務槓桿過高等因素而喪失信心，也會導致金融情勢緊縮。就和定律一樣，大部分人都認為，如果中國金融市場的流動性面臨威脅，中國人民銀行就會介入，採取措施來紓解任何短缺的情況，以預防金融壓力。一般而言，中國人民銀行做得都不錯。但是中國人民銀行是否真的了解——或者比二〇〇七年時的西方國家央行還要了解——金融機構與產品之間複雜的關係來預防金融危機的發生？

WMP需要另加說明，因為有人認為它們是影子銀行中具有高風險的重要部門，一直是主管當局緊盯的目標。例如二〇一七年三月，中國最大的合股銀行中國民生銀行，因違反有關銷售WMP給高淨值個人的內部控管規定，而遭到中國銀行保險監督管理委員會的重罰。該銀行主要是銷售虛構的理財產品而籌得人民幣三十億元，用來彌補其對國營的中國鐵路集團旗下一家子公司貸款的虧損。該事件突顯了在此一產品家族下投資人的脆弱與金融機構的濫用。

二〇〇九到一六年，WMP由總存款的百分之二左右成長至百分之一二，相當於GDP的五分之二。二〇一七年，中國銀行保險監督管理委員會估計，市場上的WMP規模在人民幣二十九兆元或四・五兆美元，其中四分之三是在資產負債表外。不過財富管理產品有多種形式，加總起來，是二〇一七年三月時水準的二・五倍。[25]

如前所述，WMP受到投資人的歡迎，因為能提供較銀行存款為高的收益。他們大部分都相對安全，主要是投資債券與貨幣市場資產、現金與股票。大約有百分之一六是投資風險較高的非標準債務工具。此外，投資不良貸款、其他WMP與使用不同形式的槓桿產品的風險也較高。根據彭博社（Bloomberg）的一份報導指出，自二〇一四年以來，各種不同形式的槓桿產品成長八倍，達到人民幣四兆元。[26]

主管當局現在十分留意WMP，而且不僅只是風險較高的產品，還包括銀行是在何處持有，是在資產負債表內，還是資產負債表外。銀行大都是在資產負債表外持有這些產品，以避開法規或是降低法規的約束，包括資本適足率。主管當局擔心有人會利用證券公司、市場，或把貸款重新包裝分批處理，然後透過WMP進行槓桿操作拉高資本回報。這樣的方式難以抵擋利率上升、投資人信心不足，以及投資人要求贖回所帶來的壓力。有鑒於WMP的平均期限都很短，往往只有三到四個月，然而WMP的主要資產都是長期債券，由此不難看出箇中原因。

國際貨幣基金在二〇一五年指出，百分之六一的WMP資產期限不到三個月，而有百分之一三不到一個月。[27]這意味投資人必須隨時更新其付費與持續延展投資。如果他們沒有這麼做，又沒有找到新的投資人，銀行可能必須將資產出售來償還存款人，而且可能是呈虧損的狀況，同時也損失一位重要的資金來源。

國際貨幣基金曾對WMP與其他的短期融資工具表示關切，指出這些工具會導致中國的金融體系難以抵擋流動性喪失，或是投資人信心下降，致使資產市場價格下跌造成的壓力。例如土地與房地產是約百分之四〇的貸款交易的擔保品，該部門行情下跌會導致短期市場流動性枯竭。國際貨幣基金指出，銀行的短期躉售融資佔所有融資的比率在二〇一〇年是百分之一〇，最近已升至百分之三〇。例如在合股銀行、城市商業銀行與地區銀行，銀行之間融資佔所有資產的比率已顯著提升。合股銀行對銀行之間融資與WMP債務尤重（佔總融資的百分之四五），其次是地區銀行（百分之三四）與五大銀行（百分之二〇）。[28]

在法規趨緊下，WMP的發行與銀行之間回購市場的運用，在二〇一七年逐漸穩定。這些發展與有關當局試圖化解金融系統風險，減少短期融資對高風險投資產品依賴的目標相互呼應。但是我們仍應保持警惕，因為金融體系中產品與融資的關係依然晦暗不明，而且較小型銀行體質仍然脆弱，尤其是面對流動性衝擊，而且他們的資本緩衝也十分有限。

主管當局展開行動

二〇一七年初，發生一件重大事情，不過當時並不知道其中意義。肖建華是總部在北京的明天系集團的創辦人，該集團是一家投資公司，估計市值近六十億美元。然而肖建華在中國新年除夕，於香港的四季酒店遭到中國警方逮捕，押至內地看管。在審訊後，肖建華承認幫助國內富人把錢移往海外。

在此之前，中國當局曾採取行動，至少堵住若干把資金運出中國的管道，而在肖建華事件之後不久，中國人民銀行就嚴格限制銀行對中國企業購買海外資產提供融資。肖建華栽在政府手中，不只是因為他的行為，同時也因為他與前國家主席江澤民一幫人關係密切，包括公安部長周永康，他是習近平反腐行動的首要目標。

肖建華事件為國家金融安全計畫打響第一炮，該計畫獲得習主席支持，政治局通過，由中國人民銀行與銀行、證券和保險監管委員會執行。[29]這是習近平第一次把金融安全與國家安全相提並論，意義重大：金融部門，其中許多都是出自政治局的安排，與中國企業的金融活動，都會受到嚴密監視，以鞏固主席與黨的權力。

二〇一七年二月，中共任命郭樹清擔任中國銀行保險監督管理委員會主席，此一任命獲得許多擔心中國金融系統陷入混亂的人士歡迎。郭樹清是前總理朱鎔基最年少的學生之一，向來直言無隱，堅定支持金融改革。他歷任中國人民銀行副行長、中國建設銀行董事長，與中國證券監督管理委員會主席。他上任不久就宣示要對銀行系統「清理混亂」，並且開始發布一連串的法令來打擊投機客、過度承擔風險、管理鬆散與腐化問題。他還命令銀行提供有關中國企業界四大海外交易商的海外貸款資訊，這四大業者分別是保險公司安邦、多角化經營的房地產開發商大連萬達、產業集團海航集團（HNA）與產業暨投資集團復星國際。

郭樹清任命後不久，中國保險監督管理委員會主席項俊波，因重大違紀而遭到中央紀律檢查委員會點名調查與革職。中國保險監督管理委員會新上台的領導班子，很快就迎來可能是中國二〇一七年法規風暴最強大的催化劑之一：營建與金融集團寶能集團，二〇一六年對大型房地產開發商萬科公司發動惡意購併案。該項行動最終遭到攔阻，而寶能集團董事長姚振華涉嫌利用法規、客戶，與財務槓桿進行不法交易。姚振華後來被禁止進入保險業十年，因為寶能旗下也由姚振華擔任董事長的前海人壽保險公司，涉嫌提供假資訊與挪用保險基金從事非法活動。

保險主管當局加強打擊業者高風險的商業操作行為，導致多家保險業者遭到懲戒。主管當局打擊的商業行為包括高調的海外收購行動，然而憑良心說，主管當局之前對於這樣的操作都抱持鼓勵或容忍的態度。主管當局有一特別的目標：安邦保險集團，該集團在二〇一五年還默默無聞，但是很快就在中國人壽保險市場取得百分之一〇的佔有率，另外還有前海人壽保險公司。這兩家保險業者都被暫時禁止發行廣為風行的萬能保險產品。安邦與其董事長吳小暉，也因涉嫌海外收購、操縱市場、影子借貸，與其他「經濟犯罪」而受到調查。吳小暉最終因集資詐騙與濫權，在二〇一八年遭上海法院判處十八年有期徒刑。

二〇一八年初，政府與主管當局由於擔心安邦的融資與償付能力，而將其接管一年。安邦一案可說是政府介入與糾正錯誤的最佳案例。有關當局先是鼓勵安邦與其他業者擴張海外，但是之後又擔心安邦經營不穩與過度擴張。安邦的主要產品是客戶在兩年後可以選擇撤出，但仍繼續享有高收益的壽險產品。安邦基本上是向客戶借錢，來支撐其膽大妄為的海外擴張行動。政府介入是為避免該集團倒閉，引發其他到期產品的不穩、客戶贖回潮，與緊縮惡化。

由於擔心包括WMP在內的影子銀行活動，中國人民銀行與銀行、保險與證券監督管理委員會，發布一連串的新法規與指導綱領，突顯他們聯手打擊濫用槓桿、限制萬能壽險保單，與P2P網路借貸平台，以及阻攔短期籌資活動。主管當局尤其注重壓制WMP的成長，因此加強法規約束，並且禁止利用WMP來提高槓桿，但同時也會造成風險升高的操作。

值得一提的是習近平，在打擊金融不穩風險的行動中展現出個人興趣。債務與槓桿周期會導致資產負債表崩潰，進而對經濟與中期成長前景造成重大傷害。我們在過去幾十年已多次目睹這樣的情況，中國必須審慎行事，不要重蹈一九九〇年代初期的覆轍。

二〇一七年七月，習近平主持五年一次的全國金融工作會議，他在會議結束時說道：「中國必須加強黨對金融工作的領導」。[30]該會議設立一個新組織：國務院金融穩定發展委員會，以協調以中國人民銀行為中心的相關主管機構工作與行動。該會議也同意，自今以後金融將為實質經濟服務、密切注意金融穩定風險，與提倡「直接金融」（意指讓股票與固定收益市場扮演更重要的角色）。

該委員會首要任務是針對規模達十五兆美元的資產管理市場，打擊其槓桿與套利操作，並且尋求結束普遍存在於業者之間，對投資人保本保息支付的操作，因為此一操作無異於對證券或合約價值不具信心。根據要在二〇一九年實施的法規草案，主管當局會強迫銀行把許多資產移回至資產負債表內，以增加資產的透明度，並且受到資本適足率、流動性，與風險相關規定的約束。結束保本保息的操作，儘管從道德迷思的觀點來看是正確之舉，但是如果其中牽涉到突然且大筆的損失，可能會遭遇來自銀行、投資人，甚至其他主管單位的反對。如果主管當局的措施限制銀行獲得短期存款的管道，銀行一定會擔心他們的所得與流動性。

在二〇一八年三月的全國人民代表大會上，銀行與保險監督管理委員會宣布合併，隸屬國務院。此一合併乃是政府部門進行大規模改組行動的一部分，旨在簡化金融法規與阻絕監管套利的機會，合併後的委員會主要負責執行面的工作，立法與宏觀審慎監管的工作則由中國人民銀行承擔。中國人民銀行行長周小川的副手易綱升任為行長，中國銀行保險監督管理委員會主席郭樹清，同時擔任中國人民銀行黨委書記，是易綱的頂頭上司，而郭樹清的老闆是副總理劉鶴，此人履歷遍及所有的經濟與金融事務。

金融控管相關組織的鉅變，幾乎等於是自國家主席、劉鶴、郭樹清由上而下一條線，直達貨幣政策、金融穩定與管理法規等層面。就組織的角度來看，現在看來已無任何理由重蹈過去金融過度與濫用的覆轍。未來任何錯誤與失敗，都將直接歸責於上層的決策者。

是否有系統性風險？

有人認為，中國如果有債務危機，也是一場「安靜」的債務危機。他們主張，隨著經濟成長與通膨聯手推高GDP的貨幣價值，中國能自債務危機脫身而出。有鑒於債務擴張的速度遠低於GDP貨幣價值的成長速度，債務比率勢必會下降。理論上這樣的說法沒錯，但是卻將債務與成長的關係弄錯了。此一說法是把它們兩個視為完全獨立的項目，但是在中國，這兩項卻有密不可分的關係：當初就是靠著債台高築來帶動成長率的提升。然而他們卻說債務其實不是問題。如果中國棄債務問題於不顧，也是需要做一些別的事情。

也有人指出，中國的高水準儲蓄率——接近GDP的百分之五〇——是決定債務水準與防範債務危機風險的一個特別因素。他們認為，中國家庭的儲蓄大部分是以現金的形式存在銀行（與房地產），然後由銀行再放貸出去。中國來自海外的借貸很少，外債也不多。因此實際上，中國是擁有一個資金充裕的國內貨幣體系，而且受到資本管制的庇護，同時還有來自國家預算能力，與中國人民銀行做為最後貸款人的流動性支撐。

此一說法大部分都對，但是少了一個重點。中國的家庭長久以來都有很高的儲蓄，但是銀行的過度放貸並不是一個持續性的問題。最新的發展是，中國的債務在過去十年的規模與擴張速度，信貸導向的投資與經濟成長動力，銀行明顯增加的貸存比率（這是典型的警訊），以及因金融市場動盪加劇而造成的存款風險加重。

中國的風險，並非外幣外債過多引發的亞洲危機類型，而是由銀行人民幣資產與債務所引發的國內版本。所幸國內銀行危機並不常見，不過的確會發生。二〇〇八年的金融危機仍是記憶猶新，但是這類危機卻是定期發生，包括一九三〇年代的美國與一九九〇年代的日本。高儲蓄之前無法讓美國免於衝擊，後來的日本也是一樣。

我們必須記住，中國的金融資產與債務在最近幾年爆增至GDP的五倍，其中很大部分不是來自中國的銀行，而是來自法規鬆散的影子銀行體系。中國對於金融混亂並不陌生。一九九〇年代的金融亂局，促使中國成立資產管理公司來處理壞債問題，一直持續到今日。二〇一五到一六年，中國經歷股災、迷你貨幣危機、金融部門的貪腐與管理醜聞、不良貸款再度增加，以及金融部門、國有企業，與地方政府的濫用財務槓桿。這些事件造成問題的嚴重性，不僅是在於法規的無力（此一情況目前已獲得重視），同時也在於公司治理與經營上的疲弱不振。更甚於此的是，該問題不僅未受到重視，反而還因新的政治介入而更加惡化。

如我所說，中國可能會捲入債務危機之中，該危機是因債務增加而承擔能力減弱所引發。不過，可能結果並非這樣。更有可能是，債務對經濟構成威脅，其嚴重性在於導致經濟成長減緩而非危機本身。

在資產負債表另一邊的債務，與其集資結構隱含的風險相對較高。但值得安慰的是，有兩項特質可以緩和銀行之間與短期融資突然「枯竭」，引發金融體系的系統性風險。第一項是中國人民銀行就和所有的央行一樣，是最後借貸人，可以預期它在大型的國有銀行體系內，會毫不猶豫地扮演這個角色。第二項是，四大銀行並不像小型同業那麼依賴波動不定的資金來源。

不過在不透明的關連性面前，上述的安慰也就到此為止。較小型銀行尤其脆弱。它們用來吸收損失的資金緩衝都較為薄弱，而且對流動性風險的曝險程度也遠大於大型同業。國際貨幣基金認為，它們的躉售債務是流動性緩衝的兩倍多。與此同時，它們透過各種不同方式來相互連結，例如交叉持有債券、交換貸款與其他債務，以及複雜的資產管理產品，包括所謂的定向資產管理計畫。這其實是銀行對企業的一種偽裝貸款，利用證券公司或資產經理人做為中間人。這些貸款現在已是許多銀行資產負債表上最大的項目。[31]這些與其他形式的關連性，意味金融系統中不透明部分的集資衝擊會快速散播。

銀行部門債務的集資結構風險增加，會有三項重大影響。第一，回購市場的借貸人會有大量與經常性的購買需求，甚至是每天，以延展他們的債務。這使得他們面臨利率與流動性風險。其次，很大一部分的躉售回購，會是來自非銀行的金融中間人與其他機構，並與在利率風險上升時易於贖回，與快速消失的金融產品相聯接，例如在經濟成長減緩的時候。第三，儘管主管當局大力打擊銀行之間借貸行為，但是銀行都擅於彌補不足，而以高收益的結構性存款與大額可轉讓定存單來取代。例如後者的規模在二〇一七年增加人民幣一・五兆元，超過了銀行之間借貸短少的部分。雖然和去槓桿化一樣重要，但是對銀行之間借貸行為的打擊仍在初期階段，如果經濟情勢惡化，受到壓制的銀行之間借貸也可能反轉過來。

中國的金融整頓自二〇一七年展開以來迄今未歇，該行動方向正確，旨在降低經濟對系統性風險的敏感度。不過前頭仍有漫漫長路。之前曾有一些金融流動性壓力，但是都不大，並未引發市場恐慌。利率水準與波動情勢只是略有升高，尤其是和過去的緊縮循環相比。幾乎所有的借貸人與出借人都有充沛的資金，流動性也很充足。一些用來評估信貸擴張的方法顯示有所減緩，然而也有一些較為廣泛的評量方法，卻顯示成長率居於令人難安的高位。

實在難以想像，除了採取適當且持續的去槓桿化措施外，中國政府如何能夠避免債務陷阱的挑戰。然而要確實執行，可能會導致成長中斷。而在此時此刻，政府還有其他的優先目標，包括削減產能、舒緩所得不均、改善環境，強化黨對所有企業的影響力，以及貿易摩擦升高，這些都會提高此一結果產生的可能性。

中國政府遲早必須做出抉擇，是要咬牙忍受成長大幅減緩的風險，還是再度踩下擴張信貸的油門，推遲解決債務問題的時間，也許是等到問題更嚴重的時候。重點是，中國不能既要經濟高成長，同時也要減少金融不穩的風險，並且要求企業與地方政府清理資產負債表。此一抉擇的時間已越來越緊迫，全球且拭目以待。

債務陷阱的最終結局不是擴大就是消散。好消息是，習近平現在可以以更長遠的眼光來看待此一問題，他不必一定要在二〇二二年前，甚至在二〇二七年前解決此一問題。壞消息是，不論債務陷阱最後的結果為何，對於一個所得與財富不均，社會凝聚力能否面對經濟壓力上升不無疑問的國家，都是難以承擔。在這樣的環境下，資金外流的情況可能再度上演，使得人民幣面臨驟降的風險。這也是我們即將探討的主題。

第五章
RED FLAGS

人民幣陷阱

金融市場稱中國的貨幣為人民幣，就如英國的貨幣稱為銀子（Sterling）。在商店裡，中國花的是一元、兩元，英國則是一鎊、兩鎊。近幾年，金融界人士俗稱美元是「綠背」（greenback），稱中國的則是「紅背」（redback）。他們都是一樣的，但是一個國家的貨幣並不僅是名稱而已，你所花去的、你所賺得的、你在銀行或櫃台所交換的，都與其有關。就如中國的人民幣，貨幣就是人民的錢，對中國人民意義重大，如同美元之於美國人民，英鎊之於英國人民，在歐元誕生前的德國馬克之於德國人民，與歐元之於大部分的歐盟人民。

奧地利出生的美國經濟學家熊彼德（Joseph Schumpeter），在其一九三〇年所寫的小冊子中反思，人們對貨幣體系充滿熱情的興趣與貨幣的價值。他認為，其中原因在於「貨幣體系所反映的是人們的追求、所做所為，與保存的價值，同時人們也以貨幣體系來對經濟活動實施影響力與進行操控。」[1]

多年來，中國一直在努力維持其貨幣的穩定，部分理由是因為經濟上的目的，不過也是在鞏固國內對貨幣管理與金融的期待，與建立人民幣及其外匯制度在國際的信譽。總而言之，這是一種軟實力的體現。

在一九九七到九八年的亞洲危機期間，國際貨幣基金與其他的機構建議中國讓人民幣貶值，但是中國拒絕跟隨其他數個亞洲國家政府的腳步，這些國家的貨幣緊盯制度證明難以持續。不過，中國確實與其亞洲鄰國有所不同。人民幣不能自由兌換，而且中國既沒有經歷大量外資流入，也不允許資金自由離開中國。中國所關切的是，要把自己塑造成一個穩定力量的形象，成為東亞與東南亞的領袖，而儘管有日本、南韓與台灣的不滿，最終要建立一個人民幣集團。

中國迄今依然把維持貨幣穩定置於最高優先，也依然在尋求於亞洲與其他地區建立其為經濟領袖的信譽與地位，同時也依然嚴格管制資金外流。不過在另一方面，人民幣已可在針對勞務與商品的經常帳項目中充分轉換，而且其外匯制度也步入自由化。人民幣是中國推動國際化的目標，要使其成為貿易與投資交易貨幣，以及做為其他國家央行的外匯儲備貨幣。人民幣是國際貨幣基金特別提款權的組成貨幣之一，有許多人認為，人民幣將成為主要的儲備貨幣，也許有一天能與美元匹敵。

本章要討論兩件事情。第一，中國光只是要貨幣穩定還不夠，必須能夠執行，但是如果沒有國內貨幣與信貸政策的配合，是不可能的。第二，在經常帳順差與資本管制限制外國人持有人民幣的情況下，中國不可能擁有一個真正的全球性貨幣。因為如此，中國面臨人民幣陷阱。

人民幣的升值與停滯不前

相較於十或二十年前，以玩具、紡織品，與鞋子等低端製成品的低成本生產國之姿席捲全球，今天人民幣所扮演的角色對中國更遠為重要。當年將人民幣維持低價確實有助中國，但是時代已經變了。

低端出口產品已轉移至越南、柬埔寨與孟加拉——二〇一六年，成衣、鞋類，與其他勞力密集產品僅佔中國出口的百分之一六．五——企業已在所謂的價值鏈向上移動。如今有五分之二的出口產品都是機械與電氣產品，有五分之一則是包括電腦在內的高科技產品。當華為與中興通訊（ZTE）等中國企業與易利信（Ericsson）、思科（Cisco）與諾基亞（Nokia）在全球電信市場競爭，聯想的電腦銷售量超越惠普（Hewlett Packard）與貝爾（Bell），以及全球十大手機廠商有七家來自中國，已不能只靠低價與匯率了。所謂的競爭優勢，更多應是在於融資、商業銷售與行銷，以及一國貨幣的信譽與金融體系。

在二〇〇〇年代，人民幣有如街頭新來的小霸王，成為全球最重要的貨幣。當時中國在加入世貿組織的同時，國際收支順差持續增加，中國在全球經濟中的角色也在快速變化。中國穩步向前，成為全球主要國家的五大貿易夥伴之一。美國對人民幣尤其感冒，指責中國「人為操縱」人民幣價值，也就是故意壓低其價值，國會定期舉行聽證會討論是否要對中國採取制裁措施。

二〇〇五年，部分原因是因為美國威脅對中國產品實施貿易關稅，中國結束已有十年之久的緊盯美元匯率制度，將人民幣貶值百分之二．一，並且宣布從此以後允許人民幣對一籃子貨幣波動，儘管從沒有揭露一籃子貨幣的組成貨幣。人民幣緩慢但是持續升值，在二〇〇八到〇九年的金融危機時曾短暫中斷。歐巴馬政府很少找人民幣的麻煩，川普政府則是聚焦在其所謂的中國不公平貿易行為。人民幣兌美元匯價的頂峰，是在二〇一六年一月創下的人民幣六．〇五元兌一美元。

更受國際矚目的是，中國尋求與亞洲國家還有其他大陸建立緊密連接，鼓勵他們使用與持有其貨幣，換句話說，就是建立一個人民幣區，類似美國之前所建立的美元區。二〇〇九年，中國人民銀行行長周小川在該行網站上發表一篇文章，指責美國在全球金融體系的霸權地位，並且指出西方金融危機曝露出美國的弱點與錯誤，顯示西方體系在世界秩序中，終將無可避免地式微與黯然失色。[2]

他說服黨內仍然抗拒的同志，人民幣如果包含在國際貨幣基金的特別提款權內，中國在國際的威望將會大幅提升。特別提款權是一籃子貨幣，充做一種會計單位使用，也可做為國際資產，由央行當作外匯儲備而持有一小部分。人民幣在二〇一六年一月於全球市場遭逢下壓，《人民日報》對揚言要「做空」亞洲貨幣的金融炒家索羅斯（George Soros）發動攻擊，警告對中國貨幣宣戰是一大錯誤。[3]這些都是不時在外匯市場，與政治人物之間引發的人民幣話題。

周小川與其他具有相同想法的官員，一心要推動人民幣的國際化，他們相信人民幣的國際化可以引進海外的競爭壓力，推動國內金融自由化。

在二〇一五年之前的十年，中國在多方面積極推動貨幣制度自由化。主管當局針對外國投資人將外匯轉換為人民幣，投資中國資產與其他人民幣工具，推出並且擴大兩項主要的配額計畫。這兩項計畫分別是合格境外機構，與人民幣合格機構投資者計畫。當局也推出合格國內機構投資者計畫，之後並予以擴大，允許國內金融機構投資證券組合，例如股票、債券，與海外資產。

為鼓勵資金的雙向流通，中國在二〇一三年成立上海自由貿易區，並在二〇一五年分別成立類似的廣東、天津與福建自由貿易區。不過這些自由貿易區仍然限制外國投資，而且進駐的外國企業寥寥可數。二〇一四與一六年，分別成立的上海香港證券交易所（滬港通）與深圳香港證券交易所（深港通），主要就是為刺激股票雙向流通的配額制。二〇一五年成立的共同基金相聯相通計畫，是允許內地與香港合法的共同基金可以相互上市的配額制。二〇一七年七月成立的上海香港債券相聯相通計畫（債券通），則是讓全球投資人可以進入中國規模達十一兆美元的債券市場。

人民幣在全球貿易交易與金融流的清算方面進展有限。根據環球銀行金融電信協會（SWIFT）的資料，人民幣是全球支付的第六大貨幣，不過二〇一七年在全球支付的比率只有百分之一．六。人民幣債券在香港與倫敦都有發行，就是有名的點心債券。起初頗受歡迎，但是隨著中國國內債券市場的發展，再加上資本管制，熱度逐漸降溫。即使發行量在二〇一八年初略有回升，但是流通在外的也不過五百億美元。

一些經過挑選的銀行獲准提供海外人民幣存款帳戶，在倫敦、法蘭克福與巴黎都有清算中心。中國人民銀行也與大約三十幾家央行建立雙邊換匯協定，得以擴大人民幣的使用。迄二〇一四年止，全球有三十八國央行在其外匯儲備中持有少量的人民幣，包括奧地利、澳洲、智利、馬來西亞、奈及利亞、巴基斯坦、南非、瑞士、坦桑尼亞、俄羅斯與英國。[4]還有更多的央行加入此一集團，迄二〇一八年止，有歐洲央行、德國聯邦銀行，與其他多家歐洲國家央行。不過在所有的外匯儲備中人民幣僅佔一小部分，佔全球比率為百分之一。

雖說中國在國際銀行與諮商顧問社群的推波助瀾下，將人民幣推上國際金融舞台的成就不容否認，但是在全球貨幣領域的四個方面，中國尚未觸及，而且也難以確定何時，甚至是否會完成。

第一項，也是最重要的，要擁有一個地位重要的全球性貨幣只有一種方法，即是允許外國人購買、持有，與向你累積求償。換句話說，就如美國允許外國人購買與持有美國債券與其他美國資產（美國的債務），而中國也應該這麼做。要這麼做，只有兩種方法。一種是形成經常帳逆差，即是外國人所拿到你的貨幣要超過他們購買商品與服務所支付的貨幣。第二種方法是開放資本帳，讓資本可以自由流至海外。

中國現有經常帳順差，雖然規模比以前小，但是根深柢固，一時之間難以逆轉。要平衡順差，必須允許資本流出，但是中國仍是繼續管制，將其鎖在國內。中國經常帳要轉為逆差，或是允許資本帳交易自由化的可能性，可說是微乎其微。事實上，隨著未來經濟成長減緩，中國經常帳順差還有可能擴大。由此看來，人民幣在躋身成為地位重要的全球儲備貨幣的道路上，面臨重大阻礙。未來企業與商業組織仍有可能在交易上增加使用人民幣，但是這與成為一個具有重要地位的全球儲備貨幣不能相提並論。

第二，不論把人民幣納入特別提款權此一議題炒得多麼火熱，除了獲得此一資格外，實在很難看出具有任何實質意義。特別提款權不可能取代美元的霸主地位，而且也沒有任何動機來發行大量的特別提款債券，或是增加該工具在全球的使用。這只是一種會計單位，如此而已。

事實上，一旦你剝開政治辭令的糖衣，你會發現中國的外匯與金融政策，根本不可能威脅到美元在全球體系中的角色，或是提升人民幣在其中的地位，而是反其道而行。[5] 在貿易順差與嚴格限制資本流出下，中國其實是站在自願一方的反面。如果中國真的想挑戰美國的盟主地位，或是在一個具有多種儲備貨幣的全球體系中居於領導地位，就應該刺激需求、降低儲蓄，並且轉為貿易逆差來幫助全球，或者是撤除對資本外流的管制。從現實來看，上述這些是最佳的選擇，全球需要中國的貿易逆差更甚於其資本，但是沒有人認為這樣的情況會在近期內出現。

第三，雖然其他國家央行所持外匯儲備中，人民幣的部分持續緩慢增加，顯示人民幣在尋求成為全球儲備貨幣的道路上有所進展，但是人民幣在全球儲備中所佔份額卻仍是很小。根據國際貨幣基金的資料，迄二〇一七年九月止，全球儲備在十一．三兆美元，其中九十六億美元是分配儲備，即是其貨幣組成已經獲得確認，其他的則是未分配儲備。人民幣在分配儲備中的比率是百分之一。根據應與事實相差不遠的假設，未分配儲備大部分是中國所持有的美元資產，而這意味人民幣在全球儲備中的比率可能還要更小。在全球儲備中，人民幣的規模僅是日圓或英鎊的四分之一。

第四，中國的金融改革值得喝采，但是在取得實質進展上，至少在可見的未來仍有若干阻礙。我們必須指出，中國當局過去確實採取一些重大措施來推動貨幣制度的自由化，最近的是在二〇一五年人民幣正式由緊盯美元制，轉換為貿易加權的一籃子貨幣制，其中權重與價值都會揭露在中國人民銀行的網站。嚴格來說，這樣的改變使得人民幣兌任何單一貨幣的匯價，在未來高估的風險有所降低，尤其是對美元。不過根據了解，人民幣兌美元匯價仍受到嚴密監視與管理，尤其是在市場波動或不確定性升高時，或是美元匯價大漲大跌的時候。

除了貨幣制度本身，一個全球性的貨幣也需要範圍寬廣、具有深度、值得信賴，與適當流動性的債券和其他資本市場。中國在這一方面頗有進展，國內債券市場已是全球第三大，但是在相關治理、開放程度與結構上，仍有缺失。

中國債券市場的發展有許多阻礙，例如限制資本外流、各部門的法規標準不一、缺乏有關治理的法律，以及令人難以信服的債信評等系統，該系統的債信評等總是偏高。違約與估價系統相關的市場紀律低落，市場流動性偏低。大多數的財務參與者都預期未來能夠大幅去槓桿化，而財務壓力使得債券收益走低。這些因素足以解釋，中國的債券市場為何難以如原先預期地吸引國內資金，與全球投資人相對偏低的原因。儘管有吸引外國投資人的計畫，但是在二〇一八年三月時外國投資人持有中國債券比率僅有百分之一．六。日本是全球第二大債券市場，外國投資人所持有債券向來不多，但是也有百分之一一左右。

基本上，中共固有對市場的不信任與其對市場的管制，使其難以為自身與人民幣金融體制建立信譽。二〇一五年夏季就反映出這樣的情況，先是中國股市重挫，接著面對看來無關緊要的人民幣貶值百分之一．九，主管當局處理失當，造成官方進一步的小幅貶值，以及隨之而來一波持續貶值。

中國股市本身與其對經濟的重要性並不高，但是主管當局先是鼓勵股市大漲，接著又採取措施企圖避免股市崩盤的情況，頗具啟發性。人民幣的重要性相對較高，其動向會影響中國人民與全球。當主管當局在二〇一五年八月將人民幣溫和貶值而沒有做出任何解釋後，立刻對全球市場造成衝擊。此一情況也反映出給予市場力量更多空間的政治語言，與國家基本干預主義之間的緊張關係。在如食品與商品的實體市場也許很難，但是在金融市場，這樣的矛盾無法掩蓋。二〇一五到一六年所爆發的驚人情勢就是見證。

股市崩盤

這一切都是始於二〇一四年，正是打貪反腐行動雷厲風行地展開之際。在中國的房地產市場，銷售與價格全面下跌，滯銷的公寓庫存大增，市場利率也同步上揚。由於房地產市場黯然失色，投資人與家庭開始把錢投入股市，而央行在年底降低政策利率，國家媒體大力鼓勵人民買進股票，甚至將其上綱為愛國的行為，更是起到了推波助瀾的作用。政府非常樂於讓股市上漲，因為股價揚升有助彌補債務的擴張，使得國營企業的資產負債表看來比較強健。

新華社與《人民日報》也以每日的社論，鼓動這個全球人口最多的國家人民買進股票。新華社在二〇一四年八月的一篇文章中指出：「經濟與社會的發展會將寶貴的信心與強力的支持注入股市。」[6]政府同時也透過在香港的經紀商，吸引外國投資人進入上海股市。從該年夏季到股市達到頂峰的二〇一五年六月，上海綜合股價指數勁揚百分之一五〇，而三分之一的漲幅都是集中在最後幾個月。

錢潮快速湧入股票帳戶，規模之大遠超過之前幾波漲勢。與此同時，使用保證金融資來進行交易的情況大增，即是借入部分資金來買進股票。到了二〇一五年七月初，保證金信貸達到人民幣二．三兆元（三五四〇美元），是一年前的五倍，而未受規範的融資融券交易，估計就佔五分之一到五分之二。[7]上海證券交易所的交易量在二〇一四年十一月到二〇一五年四月，共增加四倍。根據中國金融家庭調查指出，大部分新進的投資人教育程度最高只有高中程度，而且缺少金融常識。[8]

然而就在大家被捲入一個巨大的投機浪潮之際，二〇一五年六月初，股市連續幾周出現劇烈波動，之後隨著中國證券監督管理委員會宣布禁止保證金融資安排，股市崩盤。上海綜合股指數在二〇一五年六月十二日達到頂峰，為五一七八點，而在九月已跌到二八五〇點左右，之後有一陣子站穩在三千點以上，可是在二〇一六年一月的金融亂局下，又告下跌，直到二七三七點才觸底止跌。

這在當時非同小可，然而迄今都無法確定政府當局打算支撐股市到何等高點，或者何處才是底部。二〇一五年六月底，中國人民銀行調降利率，是自二〇一四年十一月以來的第四次，不過此次完全是一項緊急行動。該年八月中國人民銀行再度降息，但這次寬鬆貨幣政策的行動僅是權宜之計。第一次的直接干預行動是在六月底，允許地方政府退休基金買進股票，並且授權主要的公務人員退休基金把其股票持有比率，由佔總資產的百分之三〇提高至百分之四〇。

七月初市場恐慌心理瀰漫，政府於是展開救市行動。中國證券監督管理委員會允許投資人，以住屋做為擔保品來買進股票，並且對中國證券金融股份有限公司挹注人民幣二千六百億元（四百億美元），讓其領導二十一家證券商組成救市國家隊。有關當局之前已指示，這二十一家券商成一個規模達人民幣一千二百億元（一八〇億美元）的救市基金。此外，主管當局也下令暫停股票首次公開發行（IPO）四個月。

一個星期後，證券監督管理委員會下令，禁止在上市公司持股百分之五以上的投資人出售股票六個月，也要求上市企業的主管與董事，若在之前六個月有賣出股票，應購回股票。中國保險監督管理委員會則是宣布，允許保險公司將股票佔其總資產比率，由百分之三〇提高至百分之四〇。中國的主權財富基金中國投資有限責任公司旗下的投資單位宣布，投資交易所交易基金，並且對五家共同基金投入人民幣二千億元（三一〇億美元），以供他們增加買進股票。

即使政府的干預行動有如海嘯一波波湧現，市場動盪卻一直未曾平息，直至在上海上市股票有逾三分之一停止交易，這意味在所有證交所的股票有一半都無法交易。甚至有一段時間有一三三一家公司的股票，約佔上海股市市值的百分之四〇左右都停止交易。

我們難以猜測中國政府的救市行動到底花了多少錢，不過估計大約是一四四〇億美元。[9]中國當局顯然是被股災嚇到了。我們並不知道其中原因。他們也許是對身為一位有為的經理人，信譽受損感到焦慮。政府當局也許認為，允許股市大漲推升企業資產價值上揚，可以減輕企業債的債務問題，同時也有助推展國有企業以債換股的計畫。也許他們是在經濟與房地產市場走緩之際，一心想穩定市場來突顯經濟前景樂觀與成長的新來源。

二〇一六年初，一切塵埃落定之後，中國證券監督管理委員會主席肖鋼遭到解職，主要是因為該組織內的高層洩漏有關救市的行動，企圖藉由市場後續反應來獲利。這是政府的反腐行動首次進入金融部門。股市這次的經歷突顯其中所存在，而且迄今依然揮不去的尖銳矛盾：一邊是以市場與在資源分配過程中的價格做為「決定性」的角色，一邊則是堅持要以國家做為主導性的角色。這樣的矛盾也出現在人民幣的危機之中。

人民幣「貶值」

二〇一五年八月十一日，當時股市尚未回穩，中國人民銀行毫無預警地調降人民幣兌美元匯價的每日中間價百分之一・九。中國人民銀行此舉立刻引發人民幣的大跌，跌勢之大是自一九九四年那波人民幣貶值以來最大，當時的人民幣貶值遠超過此次，不過是在完全不同的匯率制度改革背景之下。就官方來說，此一行動與中國人民銀行宣布每日中間價的技術性改變，主要是為增加人民幣匯價的彈性，並且幫助人民幣在該年稍晚加入特別提款權之內。

然而不論當局是怎麼想的——易綱，中國人民銀行的新行長，當時是副行長，承擔全責——他們被迫花了數以十億計的美元來支撐人民幣回穩。此一干預行動的成效短暫，人民幣暫時止跌，接著又出現新一波的跌勢，在二〇一六年底達到近人民幣七元兌一美元的水準。從二〇一五年八月到二〇一六年中，估計中國共燒了近五千億美元的外匯儲備來支撐人民幣。[10] 不過，直到政府當局加強與實施新的管制資本外流措施與經濟趨穩之後，人民幣才算真正恢復穩定。

中國的外匯儲備在二〇〇〇年代持續增長，自二〇〇三年的四千億美元於二〇一四年達到逾四兆美元的頂峰。但是到了二〇一七年一月，外匯儲備降至約三兆美元的水準，減少的部分大都是發生在二〇一四年六月到二〇一六年六月。外匯儲備增加是因為國際收支順差，帶動美元進入中國，中國人民銀行以人民幣向各銀行買進美元，然後再投資海外，主要是投入美國債市。

二〇一四年之後，情勢逆轉。中國人民銀行必須賣出美元資產來支撐人民幣匯價，這並不是因為經常帳轉變，而是因為資本外流到世界其他地方，其中包括外國直接投資、組合投資、貿易信貸、外匯與存款外流，以及其他的金融交易。外流資本中有一部分是所謂的「熱錢」，也就是所謂的資本外逃。

資本外流增加的原因，有一些是完全合理的。美元因為預期美國利率走升而上揚，與此同時中國企業開始償還之前所借的美元貸款。總而言之，隨著時間的演進，中國已從外國直接投資的淨進口國變成淨出口國，許多中國企業的海外投資都在擴大之中，他們有時是投資在非主流的區域，例如房地產、賭博與娛樂事業，有時則是投資能源、工業與科技。中國對外直接投資，已由一二三〇億美元升至二〇一六年的二一七〇億美元。

不過，中國在二〇一五到一六年的經歷還透露更多訊息。人們對人民幣兌美元匯價維持穩定的信心低落，然而這卻是匯價之中最重要的條件。人民與企業有各種各樣的方式把錢財送出中國，其中包括對來自香港的進口品高報貨價、對運到香港的出口品低報貨價、向香港經紀商購買保單、澳門的賭場、洗錢，或在倫敦、紐約與舊金山等城市購買房地產，甚至是地下金錢走私行動。[11]

要估計資本外逃的金額不容易，不過從國際收支平衡表上的一個項目可以一窺究竟。此一項目是「淨誤差與遺漏」，主要是沒有記錄的經常帳與資本帳交易，往往所反映的是資金非法或者至少是非正式地離開中國。根據國家外匯管理局的資料，淨誤差與遺漏顯示自二〇一二到一四年，平均一年的資本外流金額是七百億美元，而在二〇一六年增至二二三〇億美元。

為了遏止外匯儲備的大出血與維持人民幣的穩定，中國最終還是重回嚴格的資本管制老路。之前撤銷若干資本管制措施讓資本流出中國的做法，已證明並不合適，因此政府決定轉而加強管制。在加強資本管制下，外匯交易的文件驗證變得更嚴格，銀行針對在遠期市場的外匯交易必須備有大量準備，以因應未來的清算。國內企業限制對海外機構借出人民幣。所有的外匯買進與超過五百萬美元的海外交易，都必須提供正式文件給國家外匯管理局。任何超過一百億美元的海外投資交易，或是任何與公司核心業務無關但超過十億美元的交易，都受到國務院的管控。與此同時，國有企業也被嚴格禁止投資超過十億美元的海外不動產計畫。在其他旨在讓資本留在國內的措施方面，個人購匯上限為五萬美元的規定並未改變，但是必須面對的檢察與詢問則更嚴格，銀行也必須向國家外匯管理局報備大筆或是可疑的外匯交易。

習近平二〇一七年的金融大整頓，使得資本管制的力量更強大。在國家安全的大旗下，主管當局更是加大力度減緩或阻止債台高築的企業投資海外。表面上看來，政府是擔心這些企業冒險又輕率的行為，可能無法產生足夠的收益來償還貸款。然而在背後，政府可能更擔心私有企業的商業野心與經營情況，這些企業之前受到政府大力鼓動「西進」而奮力向前，然而現在卻被視為冒進與具有不懷好意的政治關係。

大連萬達集團曾買下許多公司，包括傳奇影業（Legendary Entertainment）、英國遊艇製造商聖汐（Sunseeker），與從事媒體、娛樂和房地產不同領域的企業，然而現在政府禁止銀行對該集團的海外收購行動提供融資。海航集團是從航空至金融的複合式產業集團，擁有多家企業的股份，包括希爾頓飯店（Hilton Hotels）、德意志銀行（Deutsche Bank），與機場地面服務營運商瑞士空港公司（Swissport），然而卻捲入一場債務與政治的旋渦之中。該集團對中國的銀行有一二〇〇億美元的信用額度，還有二百億美元的債券在二〇一八與一九年到期必須償還，該集團旗下多家子公司都面臨現金短缺的問題。擁有地中海俱樂部（Club Med）、太陽劇團（Cirque du Soleil）與其他多家品牌的復星國際集團，與擁有曼哈頓的華爾道夫酒店（Waldorf Astoria）的安邦保險集團也受到政府的注意。後者目前是為政府所有，至少現在是如此。光是這四家集團在二〇一五到一七年就花了五五〇億美元在海外收購，大約是中國企業海外支出的百分之一八。[12]

整個情勢在二〇一七年後平靜下來。政府當局遏止資本外流潮，尤其是被視為冒險與沒有必要的活動。外匯儲備回穩，在三十一億到三十二億美元之間，雖然仍有資本流出中國，但是與二〇一五到一六年的水準相比要少得多。現在可謂東線無戰事，可是我們不知道能維持多久。

人民幣能維持穩定嗎？

中國政府確實擁有管理人民幣與維持市場秩序的工具，但是由我們不久前才看到的情況可知，要達到這些目的並不容易。總而言之，這些工具在未來可能並不會這麼有用。匯率干預是有可能，但是受限於中國外匯儲備不是無窮盡的，而且容許外匯儲備降低到某一可接受的水準之下，也非明智之舉。調高利率又與政府促進經濟成長，與維持金融穩定的目標有所衝突。資本管制在二〇一六到一七年確實促成匯率回穩，但是人們遲早會找出方法繞道而行。

與此同時，在中國之外總會出現一些混亂與干擾。最有可能發生的是，中國的外在環境不再像過去那麼友善。如果美國聯準會要繼續緊縮貨幣，美元可能會再度升值，而以華府在二〇一八年多多少少已充分就業的環境下實施減稅，與推出財政振興方案的情況來看，確實不無可能。此外，投資人可能會因全球經濟又開始走下坡而逃離風險性資產。隨著美國政府加強對與中國之間的貿易與投資關係施壓，中美關係看來會持續緊張。不過儘管如此，這些因素不可能威脅中國外匯制度的核心，除非政治關係遭到嚴重破壞。

更重要的是，人民幣可能更容易受到來自國內情勢發展的威脅。其中因素我們已在上一章有探討，可能是經濟的表現與在信貸創造下的情況。如果中國要把匯率限制在某一範圍之內，國內人民幣資產在信貸創造下的成長率，與外匯儲備能夠支撐資產所在的金融體系，與維持匯率穩定所需水準之間，必須具有穩定的關係。實施浮動匯率制的國家沒有這個問題，因為匯率可以下跌而不受外匯儲備的任何限制。

我們以二十多年前亞洲危機時許多國家的經歷來探討中國的情勢。在危機爆發前，許多亞洲經濟體都是採行緊盯美元的匯率制度，同時也想要擁有自身獨立的貨幣政策，以及對大筆金融與實體資金流入開放資本帳。而其結果是一九九〇年代的金融與經濟成長熱潮，但是最終卻是落得兩手空空淚漣漣。

這樣的情況讓人想到一九六〇年代的加拿大經濟學家孟代爾（Robert Mundell）的主張。他指出，你不能同時擁有緊盯匯率制、獨立的貨幣政策，以及開放資本帳。這就是著名的「三元悖論」（impossible trinity）。孟代爾據此警告，當資本具有充分流動性與緊盯匯率制度，貨幣政策就會失去效用，而你在這三項政策中只能選擇兩項。但是少有國家會放棄貨幣政策的主權，因此只得放棄其他兩項中的一項，不是放棄緊盯匯率制，就是實施資本管制。

在這樣的劇本下，中國是如何表現？中國絕不可能放棄對其貨幣政策的控制權，並且也要管理其匯率，雖然不像一九九〇年代許多亞洲國家那麼僵硬，同時還管制資本的外流。對中國來說，三元悖論的不可能性相對較低，因為人民幣並非那些亞洲國家匯率如此緊盯。不過儘管存有彈性，或者我們可以稱之為「軟掛鉤」（soft peg），中國也不可能完全逃脫三元悖論。

中國擁有一個完全獨立的貨幣政策，匯率也受到控制，只有有限的彈性，因此有鑒於對資本外流的關切，中國必須要有一個大部分封閉的資本帳。然而由於這樣的匯率制度，中國必須擁有適量的外匯儲備。如果國內的人民幣資產成長速度大幅超越美元儲備，國內市場過剩的流動性就會外溢至海外，除非資本管制滴水不漏。在此情況下，人民幣只有透過干預才能維持穩定，這也意味必須動用外匯儲備。這樣的做法無法持久，因為外匯儲備最終可能會降至被視為不適量，甚至是過低的水準。萬一發生這樣的情況，政府就必須允許人民幣自由浮動，要不就是讓其貶值。

二〇一五到一六年就發生過類似的情況。問題的核心是，人民幣資產在二〇一四到一七年成長飛快，從十六兆美元幾乎成長一倍至三十三兆美元左右。與此同時，外匯儲備卻是由四兆美元降至三兆美元。如此來看，人民幣資產從外匯儲備的四倍增至十一倍，而外匯儲備佔人民幣資產的比率，則是由約百分之二五降至百分之九左右。如果人民幣資產繼續以兩位數的速率擴張，外匯儲備卻是多少維持不變或是有所減少，對匯率的信心就會輕易受到傷害。外匯儲備到底要有多少才能保證匯率的安全，並沒有嚴格規定，而三兆美元的外匯儲備其實已足夠提供安全。但是也不能以此自滿，因為如果借貸浮濫導致國內資產繼續高速擴張，外匯儲備不論是因何種原因，就算只是溫和減少，都可能不足以維持人民幣的穩定。[13]

如我在前章所說的，實在難以預測中國會在何種環境下擁抱實質經濟全面性的去槓桿化，而容許經濟成長顯著減緩。我認為，以中國目前的財富分配與社會結構，並不適合這樣的結果，而可能的反應是，企業與家庭尋求把錢財送出中國。中國最新採取的鎮壓手段與整頓黨內的行動，這些都是私有企業在過去不必擔心的，然而如今卻可能成為導致資本外流的另一推手。實在難以想像，人民幣可能會貶值百分之二五到三五的情況。在極端的情況下，人民幣可以轉為自由浮動，但是這也意味政府必須將其控制權轉移到全球外匯市場手中，然而對一個著迷於「控制」的政府來說，這是絕不可能的。

就眼前來說，中國可以繼續維持其貨幣政策與匯率制度，但是這只有在繼續嚴格管制資本外流的情況下才行。不過，如果人民對把錢財留在國內的信心減弱，並且設法將錢財送出國外，資本管制就會出現不少漏洞。儘管二〇一五到一六年的資本外逃受到遏止，但是資金仍如涓涓細水持續流出中國，而外國大使館前排著長龍等著申請簽證的中國人民，也讓人不禁聯想中國較富裕人口的安全感低落。無論如何，資本管制阻礙人民幣要成為全球貨幣，與在一帶一路融資與籌資中扮演重要角色的野心。

展望未來，如果銀行體系資產成長速度繼續大幅超越外匯儲備與GDP，中國要維持穩定的匯率與外匯儲備是不可能的。人民幣的命運，與中國當局最終解決債務與去槓桿化問題的決心息息相關。

第六章

RED FLAGS

人口老化陷阱

如果你度假前往義大利的山頂小鎮、日本的沖繩島、英國南海岸的克賴斯特徹奇（Christchurch），或是佛羅里達州的任何一座城鎮，尤其是西海岸邁爾斯堡（Fort Meyers）之上的蓬塔戈爾達（Punta Gorda），你會發現來到以人口結構而言是全球最老的地區。你會看到有許多斜坡通往建築物，原來的婦產科醫院與親子遊樂中心已被退休之家與保健診所取代。這些地方有三分之一的人口年齡都在六十五歲以上。如果你認為這是只有在先進經濟體才看得到的現象，你就錯了。俄羅斯、整個東歐、新加坡、香港、台灣與南韓的人口都快速老化，中國也是一樣，而且根據一些重要的測量方法，是這個星球人口老化最快的國家。

如東縣是中國老年人口比率最高地區的代表。如東縣在上海以北兩個小時的車程，在二〇一四年的人口是一〇四萬人，其中有一半的人口年紀都在六十歲以上。在當地很容易看到販賣葬儀器具與電動機車（大陸稱之為老年代步車）的商店。當地沒有夜生活，甚至是在周六晚上，在晚上八點以後街道上很少看到行人。在過去約十年，如東縣有近六萬名學生到中國各地大學就讀，但是完成學業後有三分之二都決定留在外地。如東縣的學校不是關閉就是合併，或是被看護之家與老人大學所取代。[1]如東縣是老年化的中國未來，大部分地區的寫照。

中國的人口老化陷阱與債務、人民幣陷阱不同，並不是資產負債表的失衡或是導致經濟成長戛然而止，造成難以承受的經濟與政治動盪後果的金融衝擊。它是有如冰河逐漸累積的現象，形成速度緩慢到沒有人會注意，然後到了某一程度才讓人猛然警覺。好消息是，中國仍有時間因應此一人口老化的問題。人口變化並非命中注定的天數，是有應對機制。

壞消息是，時間正在快速流逝。在先進經濟體，六十歲以上人口佔總人口比率在一九五〇到二〇一五年增加一倍至百分之二四左右。而在二〇一五年時其人均所得是四．一萬美元。再看中國，此一老化過程只用了二十年時間，還不及富有國家所用的三分之一。年紀在六十五歲以上人口佔總人口比率，在二〇三〇年前會增加一倍達到百分之二五。換句話說，離我寫這本書的時間（二〇一八年）只有十二年。如果此一趨勢持續，中國人均所得到二〇二五年也只有先進經濟體二〇一五年人均所得水準的三分之一。因此，中國人口老化繼續加快，就像那句話所說的一樣：「在變得富有之前已先老去」。這是一個巨大的挑戰。

人口老化的本質

對大多數人來說，逐漸老去與兩件事情有關。第一件是代表更為長命，第二件是「誰來照顧奶奶與爺爺？」換句話說，這是我們家庭與我們自己所要面對的照顧問題，隨著我們對非傳染性疾病與失能的敏感度升高，預期壽命也越來越長。然而相對於我們個人，人口老化對於社會與國家的意義是在於基本的總體經濟。人口老化是在於人類歷史上兩種趨勢絕妙地結合而成，即是疲弱或下降的生育率與預期壽命的上升。事實上，預期壽命增加，對我們是既值得慶祝，然而在照顧上又令人憂慮的事情，而此一議題的核心並非在於老化，而是生育率低落。

生育率低落意味我們沒有生產足夠的孩子，來充分取代已屆退休年齡的勞工。影響所及，勞動年齡人口（working-age population, WAP）的規模與成長率將停滯不前或是下降。WAP指的是十五到六十五歲年紀的人口。生育率低落或下降其實是全球性的議題。在丹麥、法國、俄羅斯、新加坡、南韓與西班牙，有關當局以現金或其他優惠措施來鼓勵女性多生孩子。在墨西哥，有關當局一度向較年長的男士免費提供威而鋼。但是這些措施與花招都沒有成功。在中國，缺少年輕人與低技術水平的年長勞工大軍相互結合，不利政府野心勃勃的經濟計畫，對社會福利造成嚴重挑戰。人口老化已在經濟各層面造成影響，令人憂慮。

經濟成長主要是受到一連串國內與海外的周期性因素，與勞動人口年齡變化一致的成長潛能，長期趨勢所影響。隨著人口的年齡結構上升，消費模式也將改變。家庭的儲蓄變少，因為已退休的老人所得變少，必須仰賴儲蓄過活。家庭儲蓄降低意味除非企業與政府增加儲蓄，否則投資率也會下降。投資減少與勞動年齡人口成長停滯或減少，則會拖累成長趨勢。

這與中國尤其有關。因為成長趨勢低落，人口老化的社會將成為低通膨與低利率紮根的地方。或者是因為技術與勞工短缺，推升薪資與通膨上揚。由於沒有先例，我們不知道會出現哪一種情況，但是我們對這兩種情況都必須有所警覺。現在有一種新說法指出，拜機器人與人工智慧的到來所賜，通膨也許不會上揚。機器人與人工智慧會造成數以百萬計的人失業，形成長期技術失業。受此影響，我們會有一個低薪資的經濟，其中貧窮與所得失衡的情況會更為普遍。

我們以前從來沒有經歷過持續性的大型技術失業，我們現在也還無法確定新科技能否真正取代人類的肌肉與大腦。不過毫無疑問，我們未來幾年將面臨挑戰，然而我比較傾向於較不是那麼反烏托邦的結果，即是現代科技會創造新工作與對產品和服務的需求。就和我們的前輩一樣，面對技術挑戰，我們也難以因應。或許像中國這樣大量獲益於海外投資與科技的國家，風險相對較高。未來企業在本地生產產品與提供服務會變得更為簡單，成本也會降低，而中國卻是在大部分仍停留在勞力密集的製造業與農業的勞動大軍伴隨下，快步進入自動化。

勞動年齡人口成長停滯或是萎縮，也會導致稅收減少，因為領取退休金與要照護的老年人口會越來越多。這對個人財務與國家保健體系的壓力也會大為加重。我們已開始體驗到這樣的現象，我在幾年前的一部著作中曾探討這些，[2]在總體經濟與其他方面所造成的結果，對我們現今討論有關中國老年化的議題頗有幫助。

在經濟發展中有一常見的生育模式。當人們的生活水準提升，尤其是女性的文化修養與教育水準提高與更加都市化，他們大都傾向減少生育子女。如果他們又受惠於國家提供的社會保險與所得支持制度，這樣的趨勢會更為強大。

生育率降低代表扶幼比下降，扶幼比是年紀在零到十四歲的孩童人數，相對於勞動年齡人口的比率。如果勞動年齡人口因之前的生育高峰而大幅擴張，扶幼率就會加速下降。有時生育率降低會與勞動年齡人口快速增加的情況並存，而為經濟帶來所謂的「甜蜜點」。所得、消費、儲蓄與投資都會呈現成長，這樣的趨勢會持續一段時間，直到扶老率上升。扶老率是六十五歲以上人口，相對於勞動年齡人口的比率。這就是所謂的人口紅利。所有的國家都可利用人口紅利，然而並不是每個國家都享受得到。例如中國就是善加利用人口紅利的最佳範例。但是你若回想二〇一〇年的阿拉伯之春，你看到的是一些國家儘管有人口紅利，卻是政局動盪與社會失序。要成功利用人口紅利的關鍵是就業。勞動年齡人口增加確實有助經濟，不過是在人們有效就業並且酬勞適當的情況下。

最終勞動年齡人口中較年長的成員，到了退休與可以領取退休俸的年紀，於是開始撤出勞動力。他們有的能夠逐步退出而分階段性的退休，但是也有的卻是呈斷崖式的離開，就是在工作日的時候。扶老率於是上升。

在大部分的先進國家，生育率都已降低到二．〇七個孩童此一「魔術數字」之下，這是維持人口規模穩定的人口替換率。勞動年齡人口只會成長益趨減緩或是萎縮，扶老率則會上升，人口紅利消逝。隨著時間的過去，我們支持每位老年人的勞動年齡人口會越來越少，對經濟與金融的不利影響也會益趨明顯。

人口年齡結構這樣的改變會對公共支出帶來沉重壓力，尤其是在退休金、保健與長期居家照護。我們不知道如何為這些支出籌措資金，不過考慮到未來三到四十年的相關支出，不論你是在北京還是柏林，都有必要重新思考人民與政府的權利與義務。就個人來說，大部分人都沒有足夠的儲蓄、退休金，或其他資產來支應二、三十年的退休生活，尤其若是還需要昂貴的居家照護。因此，邁入老年對個人財務造成的影響，包括尋求政府的幫助，對於老年化的社會也是意義重大。如果你認為這是先進國家面對的問題，你就更該想想這些問題對中國的挑戰有多嚴重，尤其是在中國經濟相對落後的鄉村地區。

應對機制

我們如何因應快速老化對經濟的衝擊？只有三種主要的方法來應對老化的經濟問題。我們可以將其視為三P：人們、參與和生產力（people, participation, productivity）。第一，解決勞工或技術短缺最簡單的方法就是進口勞動力，也就是移民。一般而言，只有少數一些國家的移民率對於勞動年齡人口的持續具有或接近具有實質效果，最後國家包括美國、加拿大、澳洲、法國與脫歐公投前的英國。不過現今有關移民的政治氣氛變得較具敵意，包括中國在內的許多國家，長久以來就有反對移民的歷史，而其他的應對機制或許較具潛力。

第二，我們可以透過鼓勵人數不足的族群來填補勞動年齡人口的缺口，這些人通常是婦女與較年長的人。在中國，毛澤東有一句名言：「婦女能撐半邊天」，婦女過去的勞動力參與率遠高於現在。讓更多的女性參與勞動有其可能性，但是問題不只是單純地對婦女增加提供孕婦與兒童保育的福利，中國政府在這些方面已相當慷慨。政府需要著眼於養育兒童的其他障礙，例如教育成本過高、保健與住屋。我們也可以提升年長勞工的參與率，不過中國首先必須處理退休年齡太低的問題，男性官方的退休年齡是六十歲，女性則是五十五歲，同時需要快速邁入服務導向的經濟，讓年長勞工能夠找到有助於繼續工作的機會。

第三，彌補勞動年齡人口短缺的最佳但同時也是最艱難的辨法，是讓未來的勞工更具生產力，也就是少即是多的概念。我們都知道要提升生產力，並不是簡單地有如扭開一個開關而已，但此一方法對中國而言尤其重要。隨著勞動年齡人口下降，中國必須專注於擴展高等教育與促進技術的升級。再平衡、金融與經濟的去槓桿化，代表同時需要找尋經濟成長動力的新來源，而對於中國與其他任何一處地方，生產力就是仙丹妙藥。

中國的嬰兒潮

中國有關人口方面，也許最有名的就是在一九七九年開始實施的一胎化政策。此一政策可說是國家干預人民生育習慣最惡名昭彰的例子。該政策在二〇一五年正式撤除，而此前多年來相關的限制已多所鬆綁。我們反思此一政策，不禁懷疑當初設計與實施此一政策的人腦中到底在想什麼。此一政策成果有限，然而卻使得中國陷入尚未成熟的人口老化環境之中，扭曲中國的社會人口結構，而可能永遠無法自其中恢復。

在大躍進時代的一九六〇到六二年發生的大飢荒，重創中國人口與生育率。這場大飢荒奪走四千萬到四千五百萬條人命，並且造成人民長期飢餓與營養不良，尤其是在母親與他們的孩子之間。中國的生育率在一九五七年平均每一位母親養育六．四個孩子，到了一九六一年前降至三．三個。翌年大飢荒減退，中國生育率逐漸恢復，在一九六三到七〇年代初出現一波嬰兒潮。此一時期中國的生育率回復到五．八個孩子。

一九七三年，由於對高生產率的馬爾薩斯人口關切（Malthusian concerns），中國推出一套新的家庭計畫政策，要求人民晚婚、兩胎之間的間隔拉長與小家庭。到了一胎化政策推出時，生育率已下降一半至二．三個孩子，只較人口替換率稍高。在一胎化政策實施期間，中國的生育率持續下降。一九九〇年代，生育率降至一．四五個孩子，直到二〇〇〇年代才略微回升至一．五到一．六個孩子。

在城市地區，一胎化政策是以社會控管的形式嚴格實施，有關當局對於服從命令的居民會透過他們工作單位的退休金給以補償。但鄉村居民就沒有這麼幸運了，儘管他們的工作與生活模式都需要較多的孩子來幫忙。在一九八〇年代，國家允許第一胎是女孩的家庭可以再生一個。到了二〇一三年，由於意識到中國人口未來的弱點，准許夫妻若都是獨生子女，可以有第二胎。

一胎化政策是否在降低生育率上相對其他因素扮演更重要的角色，就該政策在實施前已有的公共政策來看，直到現在仍是一個爭議不決的議題。[3]不過無論如何，生活水準提升仍是最佳的節育方式之一。事實上，有許多地區從來沒有實施一胎化政策，但是生育率卻還低於中國。這些地區包括香港、新加坡、台灣、南韓、德國、西班牙、希臘、葡萄牙、義大利、俄羅斯，與大部分的東歐國家以及伊朗。

不過一胎化政策確實達成一項成就，就是性別嚴重失衡。相較於全球出生平均數，每一百位女孩有一〇七到一〇八位男孩，中國的性別失衡在一九九〇年代達到每一百位女孩有一一六位男孩，二〇〇四年更達到一二一位男孩以上。第二胎與第三胎，失衡的情況更嚴重，達到一三〇位男孩。自此之後性別比率下降至一一六到一一七位男孩，而在二〇一五年降至一一三・五位男孩。[4]

中國當局在二〇一三年底的三中全會宣布結束一胎化政策，並於二〇一五年全面消除。此一宣布所產生的效果是立即的，卻也十分短暫。根據國家衛生計畫生育委員會的統計，二〇一六年的新生寶寶共有一六六〇萬名，較一年前增加百分一一・五，生育率也推升至一・七個孩子。國家統計局根據不同的資料所做統計顯示，二〇一六年的新生寶寶增加百分之八，達到一七九〇萬名，其中近一半都是第二胎。這是自二〇〇〇年以來的最高水準，也是三十年來的最大年增幅。不過到了二〇一七年，新生兒的數量就回落至一七二〇萬名。

中國政府期待放棄一胎化政策，會帶動新一波嬰兒潮的希望是過度誇大了。中國的人口特徵並不適合維持生育率的持續上升。根據聯合國人口司的一項統計，中國年齡在二十到二十九歲的女性人數，估計在二〇二五年前會減少百分之三七至七一〇〇萬人，至二〇五〇年前還會減少一半。年齡在三十到三十四歲的年紀稍長女性人數，預期未來幾年將持穩在四八〇〇萬至五千萬人，但是在二〇五〇年前會減少四分之一至三六〇〇萬人左右。不過最終中國生育率低落的原因就和其他地方一樣，包括所得增加、社會福利改善、女性文化與教育水準提升與都市化。

未來最有可能的是，中國的生育率維持在目前一．六到一．七個孩子的水準，或是持續下降。根據威斯康辛大學麥迪遜分校的易富賢指出，中國官員可能多年來一直高估新生兒的數目，在一九九〇到二〇一六年可能高估九千萬名。他舉例指出，雖然官方的生育率在二〇一五年是一．六個孩子，但是實際上可能只有一．〇五個。[5]如果這樣的說法是正確的，中國未來二、三十年的勞動年齡人口與總人口會比原先預期的要少得多。這也代表中國老化的速度超過我們目前所認為的水準，而扶老率將會進一步快速增加，對經濟造成的衝擊也會更嚴重。

中國人口紅利衰退

在二〇一二年，中國的勞動年齡人口首次下降，減少三四五萬人，預期在二〇二〇年之後還會加速減少，其中最大的年降幅（大約一年七百萬人）是發生在二〇二五到三五年。中國勞動年齡人口目前估計逾十億人，預測在二〇五〇年前會減少二．一三億人。這等於是平均每年減少百分之〇．七，而直接拉低GDP的趨勢成長率，使其最高也只有百分之三或百分之四。

在勞動年齡人口下降的同時，老年人的人口則是持續上升。在二〇一五年，年紀在六十歲以上的老年人數量為二．〇九億人（佔總人口的比率略高於百分之一五），在二〇二五年前預料會增至二．九四億人（佔總人口比率是百分之二一），至二〇五〇年前達到四．九億人（佔總人口比率為百分之三六．五）。到那時候，老年人口約是兒童的三倍。

至於扶老率，即是六十五歲以上人口佔勞動年齡人口的比率，預期將由目前的百分之一三於二〇二五年升至百分之二〇，而在二〇五〇年前進一步升至百分之四七。換句話說，現在是每七．七名勞工支持一名老人，而到二〇五〇年前將只有二．一名勞工。屆時中國的扶老率儘管仍將低於日本與南韓的水準，但是會明顯高於美國的水準（百分之三七），更別提印度了（百分之二〇）。

這是一個有趣的問題：為什麼中國的人口老化如此快速，尤其是與其他的新興與開發中國家比較？事實上，一九七〇年代的家庭計畫政策與一胎化政策使得人口紅利提前來到中國。他們的扶幼率較早下降，相較之下，如今也是讓國家提早進入人口老化。反觀印度的人口紅利目前才剛開始，該國有三分之一的人口都是在十五歲以下，然而中國的人口紅利是起於一九七〇年代初期，在約二〇一二年的四分之一世紀達到高峰。

我們比較中國與其亞洲鄰國多年前在中國現今人均所得水準的情況，可以判斷中國的老年化是處於一種未成熟的狀態。例如中國的年齡結構，或是六十歲以上人口和零至十四歲人口間的比率，是台灣與南韓的兩到三倍。同時，中國今天的勞動年齡人口規模遠大於這些國家，這意味他們能夠期待未來幾年可以進一步享受到人口紅利。然而在相較之下，中國未來成長潛能卻是小得多，這是因為年輕勞工在經濟中所佔比率明顯較低，而中國的勞動年齡人口現在也在下降之中。[6]

另一項顯示中國人口紅利已經衰退的指標，是其現今可能已在上升之中的失業模式。不過要統計中國的失業有其困難，因為就像其他的新興國家，中國也缺少一套能夠確實紀錄就業，還有特別是失業的系統。這些數字都不是經濟計畫與管理的目標，因此自然會被其他的量化目標所掩蓋，這些目標往往都具有政治性。直到二〇一八年，中國才有失業率的紀錄，為百分之四，上下有小幅誤差，而在此之前的十六年，都沒有這項資料。此一失業率當然是政治產物，不過其統計本身也有錯誤，主要是因為嚴重低估了勞動力本身。他們也沒有把沒有登記戶口的都市勞工包含在內，[7]這些勞工都沒有資格在當地的就業服務單位進行登記，而且也不允許登記領取微薄的失業津貼。

不過也有一些情況證明中國的失業率在一九九〇年代中期之後出現顯著變化，在此之前中國的勞動市場受到嚴格控管。根據一項研究顯示，從一九八〇到九〇年代中期，也就是在人口紅利浮現的同時，失業率平均為百分之三・九。自一九九〇年代中期至二〇〇九年，國有企業改革、私有化與勞動市場彈性增加，形成了一個完全不同的環境，而在這樣的環境下失業率自然是呈上升之勢，最初是緩緩上升，不過在二〇〇二至〇九年金融危機結束期間，失業率達到百分之一〇・九左右。[8]

在接下來的十年，失業情況有所緩和，不過這也很有可能隱藏若干資訊。煤礦、鋼鐵與其他因產能過剩而遭到整頓的部門，就業機會大量流失。同時，鄉村地區的失業率長期以來都可能是兩位數。此外，我們也知道投資轉趨下降。根據一項在二〇一二年的調查顯示，失業率可能是在百分之八左右。[9] 一項自二〇一八年展開的求職者調查，則是估計失業率只是略高於百分之五。

未來，隨著勞動力與技術勞工短缺，人口老化將會大量吸收失業。不過整體情勢並不一定如其表面看來那單純。例如我們根據現今勞動力的人口情況，預期進入就業市場的年輕人將會減少。同時，儘管新的就業機會不時出現，尤其是在服務部門，但是大部分的新工作待遇都很低，也不穩定，還需要員工在不利的環境下長時間工作。[10]

在另一方面，機器人革命會威脅到工作的創造，甚至會導致新的勞動年齡人口的工作機會減少。例如在二〇一一年，為蘋果、三星與索尼供應商的台灣企業富士康因為一項宣布而上了新聞頭條，該公司宣布將在未來三到五年設置一百萬具機器人來取代大部分員工，雖然該公司的工作進度並沒有如其所宣布的那麼快，但是在二〇一六年時也表示已以機器人取代六萬個工作。[11]

這只是冰山一角。過去五年中國所買進的工業機器人數量超過所有國家，包括德國、日本與南韓，而二〇一五年全球賣出的工業機器人有逾四分之一都是為中國買走。不過到了二〇一六年，中國每一萬名製造業勞工也只有三十六台機器人，反觀德國是二九二具，日本是三一四具，南韓是四七八具，但是中國前進的方向是無庸置疑的。[12] 中國的工業政策「中國製造二〇二五」其實包含中國決策者的一項賭博，即是來自機械智慧對工作的威脅會被其他因素所抵消。

未來幾年將是一個考驗，屆時即可證明此一賭博能否獲勝。老年化可能會導致勞工與技術性工短缺。新科技則可能會把短缺的情況限制在擁有高技能與教育程度相對較高的勞工部門，而結果是使得在鄉村的人與在城鎮的低技能勞工難以找到工作。

中國缺少勞工嗎？

中國人口紅利的結束，鄉村過剩勞動力逐漸消耗，正在改變中國勞動市場的動力，緩慢但是持續不斷。在這樣的過程中，中國必須把其焦點放在長期有利經濟成長與生活水平的唯一要件：生產力的成長。

幾十年來，流動勞工不斷流向城鎮與都市，在相對較具有生產力的工廠與建築工地工作，為都市勞動力注入新血。不過到了某一程度，勞工的流動就趨於緩慢，然後陷入停滯，這就是以諾貝爾經濟獎得主發展經濟學家路易斯（Arthur Lewis）命名的路易斯轉折點（Lewis turning point）。

在一個經濟體中，農村生產力低落但具有的豐富勞動力，這些勞動力會移往生產力與薪資都較高的工廠。隨著勞動力的移入，投資與就業也會提高，帶動獲利與薪資水漲船高。然而路易斯也觀察到，儘管農村過剩勞動力消逝，但工業界的薪資卻仍是快速上漲，結果導致獲利與投資減弱，進而使得整體的經濟成長率下降。由此也產生一個關鍵性的人口問題，中國是否已到達路易斯轉折點？換句話說，中國薪資快速成長與經濟成長減緩，是否意味中國已開始出現勞工短缺的情況？

乍看之下，中國鄉村的勞動力供給看來並沒有耗盡。目前仍有六億人口被歸類為鄉村人口，而根據聯合國人口司的估計，隨著城市化的進程，此一數字在二〇二五年前會降至五億人，而在二〇五〇年前進一步降至三．三五億人左右。因此，若是看得較深一些，中國其實較表面看來更接近短缺具有生產力的勞工。

大城市放寬戶口登記的進度緩慢，降低了鄉村流動勞工前往的意願是一個原因。政府當局的土地改革與其他措施，無法對離開鄉村的農民與流動勞工提供較高的財務安全感，是另一個原因。此外，人口因素也需要注意。根據國際貨幣基金的資料，勞動年齡人口的核心是二十到三十九歲的男人與女人，然而中國已開始萎縮，很有可能很快就使得中國在此類低成本勞工的供應上捉襟見肘，也許是在二〇二〇與二〇二五年。[13]

此外，鄉村的勞動市場因為人口主要特性的改變也產生變化。人們的年紀變老了，如今農民的平均年齡是五十七、八歲，在一個需要體力活的環境下活動力都已減弱。由於年紀與家庭責任的緣故，他們變得不願移動，在工作上也變得更勉強，而且也因年紀、能力與病痛的關係而無法勝任工作。戶口制度也限制勞動力的移動，尤其是女性，她們往往會回家照顧老小。根據估計，大約有八千萬名老人，約佔中國老人的百分之六〇是住在城市以外的地區，享受不到較為優質的保健待遇。其中又有五分之一的所得是在官方貧窮線下，此一現象往往與保健與醫院支出相關。[14]

這些情況突顯中國的社會與政治改革，需要朝向帶動其經濟運作模式改變、促進生產力，與勞動力參與成長的目標前進的必要性與急迫性。進入中國的移民數量很少，根本無法指望移民人數或是政治上的接納程度。二〇一六年，中國當局破天荒地考慮設立移民局來吸引外國人才，以提高目前在中國大約有六十萬名外僑的數量。中國有十四億人口，反觀日本有人口一．二七億人，所接納的外僑人口就有二一七萬，相較之下，日本的外僑人數是夠多了。[15]由此也看出中國對外來移民所抱持的謹慎態度，儘管迄今沒有做出任何正式的宣布。

中國有關勞動力參與率的資料很少。世界銀行曾經指出，中國的勞動力參與率已由一九九〇年代的百分之七五降至六五左右的水準，[16]而在減少的部分中有三分之一是因為高等教育的擴展，大學生人數自一九九〇年以來已增加七倍。因為如此，參與率降幅最大的是年紀在十五到二十四歲與二十一到三十四歲。就其本質來看，這並非壞事，只要這些高技能與受過高等教育的年輕人稍晚能夠投入工作，有機會做出更多的貢獻。

至於其他的部分，參與率下降有大部分是來自女性早早就退出勞動力，尤其是在城市地區。特別是年齡在二十五到三十四歲的女性最容易撤出勞動力，原因則有許多，包括國有企業改革與接踵而來的結構再造，往往對男性職工較為有利，由政府出資的公共托兒待遇減少，薪資在性別上的差異，以及性別歧視。

當女性到達五十五歲的退休年齡，或是從事藍領工作的女性到達五十歲，仍在繼續工作的只有百分之二〇。這樣的退出比率遠高於南韓、印尼、美國，或英國的水準。不過很難確定其中原因只是在於退休年齡低，還是只因為提早退休很容易，或是兩性間顯著的薪資差距，或者單純只是文化上的因素。反觀男性，在六十歲的退休年齡後仍能維持相當高的參與率。

中國的退休年限自一九五〇年代以來就未曾改變，儘管人民的平均壽命穩定增加，而且退休年限早該改變了。政府已在計畫自二〇二二年開始調高退休年限，儘管並沒有說明何時調高與調高多少。不過看來政府當局應是分階段性調高，而逐步調高至六十五歲左右，有人猜測這可能需要三十年時間，而且其中利益可能要待很長一段時間才能實現。原則上，調高退休年齡可以減緩，但無法逆轉勞動年齡人口的下降，不過對於年紀轉變的管理仍有助益。

年齡相關的支出、退休金與保健照護

我們到現在都還在思考，年紀老化如何對經濟的金融面帶來影響。不過，扶老率增加近四倍無疑會對中國的財政帶來重擔。因應機制的發展可以幫助減輕這些壓力，但是中國也必須做出與稅務或支出相關的艱難決策，以維持公共債務的穩定。

經濟學家萊因哈特（Carmen Reinhart）與羅格夫（Kenneth Rogoff）根據他們在金融危機後頗具創見的研究，主張一旦公共債務佔GDP比率突破百分之九〇，[17]經濟成長就會大幅減緩，甚至下降。儘管此一主張仍具爭議，而且在一個由國家帶動的經濟體中是否會出現這樣的情況也難確定，不過經濟學家有一看法卻是正確無誤，即是公共債務佔GDP比不可能持續上升，而不會對經濟帶來任何重大衝擊，即使仍難明確定義其中風險。未來二十到四十年間與年齡相關的支出，勢必會帶來影響。中國廣義定義公共債務，並未包括預算外或有債務，而國有企業債務佔GDP比率已達百分之六〇左右。因此，雖說中國政府的債務仍有空間吸收與年齡相關的若干支出，可是也不多了。

中國在退休金與保健方面的支出約是GDP的百分之七到八，或者分別是百分之三・五與四左右。如果中國因為其人口結構正快速轉變得與先進國家類似，而希望能夠提供與先進國家水準一樣的退休金與保健服務，其退休金與保健支出對GDP的比率毫無疑問會大幅上升。或者中國只是錯誤地採取保守的態度，結果是造成保健計畫資金不足、保健效果低落，以及領取退休金的老人越來越多陷入貧窮。

富有的經濟合作暨發展組織（OECD）國家，退休金的支出約是GDP的百分之八左右，不過其中差別很大，從墨西哥的百分之二到義大利的百分之一六都有。他們同時支出百分之七到八的GDP在保健方面，不過其中差別也很大，例如美國的支出比率僅及一半。平均來說，OECD國家在退休金與保健方面的支出約是GDP的百分之一六，根據國際貨幣基金、OECD與歐盟執委會所做的一項長期研究顯示，此一比率在本世紀中葉將會上升百分之三到一二之間。

根據另外一項涵蓋逾百國，針對現行法律下與年齡相關支出的更長期研究，包括居家照護在內，較富有國家的相關支出佔GDP比率在本世紀末將由百分之一六增至二五左右。美國的支出會升至GDP的百分之三二，歐盟與日本則會分別升至百分之二四與二八。增加的部分主要都是與保健有關，因為近幾年來的退休金改革已把此一部分控制在預期水準之內。[18]中國的退休金與保健支出佔GDP比率，預期將由百分之七升到約百分之二〇的水準。不過這些預測偏低，而且對出生率與死亡率高度敏感。此一預測是假設出生率穩定在一・八五個小孩，如果實際出生率低於此一水準，或是平均壽命進一步提高，或是兩者兼有，這樣的估計就偏高了。

要了解這些數字的含意，可以看他們的淨現值，這是去除未來所有已知債務，還原至根據現值能夠理解的數量的一種計算方式。根據國際貨幣基金指出，中國退休金與保健支出的淨現值在二〇五〇年將分別達到GDP的百分之八三・七與四七・一，或者總共為現今GDP的百分之一三二。[19]此一估計與另一項經過精算的預測一致，即是中國現今的社會安全制度有財政缺口人民幣八十六兆元，相當於二〇一七年GDP的百分之一二二左右。[20]

中國年紀老化對財政造成的衝擊令人望而生畏，儘管過去十五年來中國政府一直在努力改善與年齡相關的支出。雖然在這一方面中國的情況並不特殊，不過中國特有的結構性障礙，使其難以對所有人民提供綜合性的福利與退休金待遇，尤其是在鄉村居民，這部分是因為城市與鄉村之間長期性制度化的分隔，部分則是家庭扮演提供福利與其他支援角色的固有傳統。

邏輯上，發展社會安全網與建立發展的基礎，中央政府是責無旁貸。健康與教育是促進生產力與改善人力資本的重要推手。現代的社會安全與保健系統必須予以重視，而在保健上的負擔由傳染性疾病轉移到非傳染性疾病的趨勢下，人們對於更新與更好的保健系統的需求也大增。

強大的社會與健康保險，也有助減少家庭過高的儲蓄。例如在中國方面，國際貨幣基金估計，在保健上的公共支出每增加人民幣一元，可以帶動都市家庭增加消費二元，保健、教育與退休金支出佔GDP比率每提高百分之一，就可帶動消費佔GDP比率增加百分之一・二五。[21]由此可知，強大的社會安全系統有助推動中國經濟的再平衡。

中國政府在一九九〇與二〇〇〇年代陸續取消鐵飯碗制度，這是由國有企業對員工提供從生到死照顧的制度。之後政府推出一套新的社會安全制度，主要是以個人的雇用合約為基礎。在此一制度下，雇員與雇主成為退休金、失業救濟、醫療、殘疾，與生育保險的主要提供者。前國家主席胡錦濤一再強調年齡老化是其優先政策之一，他將之前許多相關法律與規定納入二〇一一年的社會保險法，以擴大中國的社會保險範圍，尤其是在退休金權利方面，納入原本排除在外的人，包括農民、流動勞工，與迄今沒有資格的城市居民。

中國現行的地方性退休金制度頗為複雜，不但對政府員工、企業部門領取固定薪資與沒有固定薪資的流動勞工提供福利，也幾乎是一視同仁地對老年人提供養老金。他們大部分手頭上都沒有現成的資金，要不就是採取由雇員與雇主做為資金提供者的現收現付制度。他們有的有退休金盈餘，有的則是虧損，這些往往與各省在人口上的操作有關。十三五規劃（第十三個五年規劃綱要）計畫把這些地方性的制度整合成為統一的國家制度，不過遭到一些地方政府的反對，他們有的擔心可能要對其他資金較不足的地區進行補貼，有的則是擔心無法像過去那樣利用退休基金來資助其他的計畫。

從人口的角度來看，中國退休金制度最大的問題是在於可以領取退休金的年齡過低、勞工的貢獻率太高，他們必須為從未做出貢獻的老年人買單，以及津貼太少。同時儘管退休金制度現今已能覆蓋百分之八〇的都市勞工，但是在流動勞工方面只覆蓋了百分之二五左右。

在其他的社會保險制度方面，雇主與雇員要對住屋、失業與醫療保險基金做出各種不同程度的貢獻，而只有雇主要對殘疾與生育保險基金提供資金。但是總部設於香港的非政府組織中國勞工通訊指出，「社會保險法的實施，即使是最基本的法規都非常鬆散，大部分勞工儘管具有享受社會安全福利的合法資格，卻都被排除在外。」[22]為化解紛爭，有關當局寧願以新的規劃或是強制性的命令來取代使用法律。

一套強大又公平合理的保健制度是人民幸福感的必要條件，也有助推動勞動力參與率升高與促進經濟成長。中國在擴大健保覆蓋率與推廣保健制度上卓有成就。其健保覆蓋率已由二〇〇四年的二億人，在二〇一四年達到等同覆蓋全部人口的水準。在鄉村方面，其覆蓋率在十年前只有百分之二〇左右，不過到二〇一七年幾乎已達全覆蓋。中國在此一時期的政策所帶來的健康保險覆蓋人數增幅可能創下自有紀錄以來的最高點。[23]

但是儘管相關支出大增，國際貨幣基金在前幾年卻是批評中國的保健部門效率低落、零亂散漫，而且不足以對所有人口提供保障，也不公平。只有百分之一八的流動勞工在其工作與生活的都市據點享有健康保險。許多人都必須回到老家透過農村合作醫療計畫才能申請健保，雖然政府在二〇一六年底曾宣布人民可以在其接受治療的地方申請退費。相較於OECD國家，中國的全科醫師太少。國際貨幣基金指出，OECD國家的全科醫師佔具有執照醫師的比率從百分之一〇到四〇不等，然而中國卻只有百分之三・五。[24]中國人民的醫療費用十分昂貴，儘管由於政府補貼，近幾年來人民自掏腰包的醫療費用已有降低，但是在二〇一五年仍佔健康支出的百分之三〇左右。

中國的保健制度也因疾病的改變而偏離正軌。中國現今有關年紀老化最關鍵的議題是在流行病上由與婦科、兒科和傳染病相關的疾病，轉至非傳染性疾病。根據世界衛生組織的資料，二〇一三年，在中國二・〇二億名老人中有逾一億人至少患有一種非傳染性疾病。該組織也指出，二〇一二年，在年紀六十歲以上的死者之中，有百分之八〇都是死這類疾病，而且預料在二〇三〇年以前，患有這類非傳染性疾病的人會增加百分之四〇。屆時至少患有一種非傳染性疾病的人數會增加三倍。[25]

中國很快就必須積極大力推動退休金與保健制度的擴張與改善，因為在歷史傳統與文化上都居於重要地位的中國家庭照顧體系已變得益趨複雜。中國的家庭結構正在改變。中國原本傳統的家庭是多代同堂，然而現在卻是「豆桿家族」（beanpole families），即是儘管是多代，但是人口簡單，或是分居，或是沒有兄弟姐妹與表（堂親）的家庭。在都市的年輕一代多是白領，個人主義強烈，而且活動力充沛。此一現象導致家族成員間實體與文化上的差距拉大。相反地，住在鄉村的家庭仍是較為傳統，但是照顧老小的責任都落在少數幾位成員肩上，大部分都是女性，尤其是只有一個小孩的家庭。

政府必須正視所有家庭在一個快速老化的社會中都會面臨的地理上與經濟上的限制，尤其是當父母或祖父母生病或無法行動時。比較好的法子也許是花錢來雇看護，或是付錢拜託親戚居家照顧，但是大部分人都會需要更為周全與更好的社會安全網。

如果中國要化解人口老化陷阱，需要投下大筆經費、增加公共債務，以及重新思考如何架構、提供與資助一個更現代化與慷慨的福利系統。中國必須考慮如何設計一套符合自己在勞動參與和組織運作需求的應對機制。最終中國會和其他人口老化的經濟體一樣，必須尋求生產力的成長。這也帶領我們直接進入第四個危險訊號：中等所得陷阱。

第七章

RED FLAGS

中等所得陷阱

在《國家為什麼會失敗》（*Why Nations Fail*）這部有關經濟發展的知名著作中，作者阿西莫格魯（Daron Acemoglu）與羅賓遜（James Robinson）為我們介紹諾加利斯市（Nogales）。[1]在美墨邊境圍牆北邊的是美國亞歷桑納州的諾加利斯市，在南邊的則是墨西哥索諾拉州的諾加利斯市。這兩座城市的地勢與氣候完全相同。人口的組成是同一種族，家族間的關係可以追溯到許久以前。然而在美國這一邊，生活水準、平均壽命，以及生活品質指標如犯罪率、貪汙腐敗、公共設施與服務，都遠高於墨西哥這一邊。作者書中闡述這兩座城市之所以不同的原因，與國家為什麼失敗的終極原因，是在於大自然的差異性與政治和經濟制度的包容性。

制度是社會賴以形成的法律、競爭、監管組織與規章，用以治理與約束人民的行為與互動。他們包括政府與立法機構、工會、商會、媒體、教育與保健、非政府組織，以及遊說與壓力團體。制度所扮的角色直指經濟發展的核心。此一議題與中國息息相關，不論是過去、現在與未來。

長期以來的一項爭議重心是，為什麼工業革命的發源地是位於全球體系邊緣地帶的英格蘭北部什羅普郡（Shropshire）一座默默無聞的小村落：柯爾布克戴爾（Coalbrookdale），而不是中國當時人口最多與最繁華的地區中心：長江三角洲？著名的劍橋科學家、歷史學家與漢學家李約瑟（Joseph Needham）有一個以他命名的問題「李約瑟難題」，為什麼是歐洲，而不是中國發展出現代與創新的科學研究與應用，畢竟中國早就具有技術與專業技能了。李約瑟並沒有充分解答此一問題，儘管他列舉出許多原因，包括疊床架屋的官僚體系的掣肘、缺少促進商業競爭的工商階層、中國的極權專制與僵硬的制度，反觀歐洲各國則是在技術上相互對抗與競爭。

制度也是中國自一九八〇年代直到最近的經濟大轉型的原因重心，同時也是中國經濟未來如何演進的辯論中心所在，尤其是在習近平掌權的共產黨加強控制經濟與社會的情況下。我們不得不問中國是否面臨制度逆差的風險，而陷入發展經濟學家所謂的中等所得陷阱。國務院總理李克強，在二〇一六年的全國人民代表大會的演說就特別對此提出警告，不過他最近已少有關於中國未來的言論。[2]

此一問題的答案懸而未決，因為中國晉升為中等所得國家的時間還不夠久。就一方面來說，中國野心勃勃要在人工智慧與其他先進科技爭取領導地位的計畫，也許是其促進生產力成長的關鍵。不過在另一方面，我們並不知道中國的數位威權主義，是否適合充分利用可能是全球最新的多用途科技。在二〇二〇年代之前，我們應該知道中國是否在正確的方向。或者，中國是否朝著其佔全球GDP比率與人均所得增加的方向前進，還是陷入中等所得陷阱。

陷阱的定義

「中等所得陷阱」此一名詞是由世界銀行的兩位經濟學家：吉爾（Indermit Gill）與卡拉斯（Homi Kharas）所創造，他們以此來形容遭到兩面夾殺的經濟體，一邊是低所得與較貧窮的競爭對手，一邊則是高所得，較富有的創新者。中等所得陷阱指的是經濟發展的一個階段，通常是以人均所得，或是相對於美國人均所得比率來做衡量標準，而其相關的經濟發展減緩或是陷入停滯。

經濟學家並不全都同意有這樣的陷阱存在。有的認為此一論述所強調的經濟發展重點錯誤，並不是在於「促使」經濟發展從一個階段進入另一個階段，而是在於各國必須不斷學習與組織和經濟生產活動相關，而且日趨複雜的工作。由此形成的結果是經濟有如雲霄飛車，在減緩與加速之間交替循環，其中的速度與時間各異，端視當時環境而定。

此一名詞的兩位創造者在十年後重新檢討其研究指出，他們主要的目的不是在說中等所得國家一定會跌入陷阱，而是強調這樣的陷阱確實可能會捕獲到中等所得國家，如果該國決策者缺少邁上正道的警覺心，而（錯誤地）把過去的經濟成就當作未來也會成功的保證。他們在世界銀行的同僚最近指出，中等所得陷阱其實是一迷思，決策者不只要了解一個中等所得國家，要轉型成為高所得國家需要一段長期過程，而且也應了解他們只能期待持續採行促進生產力的安穩政策來達到目的。[3]所有的經濟學家都會同意此一說法，而追求中國生產力的提升正是本章的重心所在。

根據中等所得陷阱的情況顯示，中等所得國家在人均所得達到一萬至一・一萬美元的水準後，初期會出現經濟成長減緩，然後在人均所得達到一・五萬到一・六萬美元（根據二〇〇五年對美元的購買力平價來計算）的水準後，會再度出現減緩的情況。[4]真是如此，自一九五〇年起的任何十年間，只有約三分之一的新興國家每年成長率在百分之五以上，不到四分之一的國家能夠維持二十年的高成長，十分之一能夠維持三十年的高成長，只有少數一些國家：馬來西亞、新加坡、南韓、香港、台灣與泰國，能夠維持四十年的高成長。[5]不過最終所有的國家成長都會減緩。

中國在二〇〇三到一〇年設法維持七年的兩位數成長，並且設立一個僅比此水準稍低的障礙，創下連續二十三年維持百分之七以上成長率的耀眼成績。不過中國經濟成長現在有所減緩。官方資料顯示仍有約百分之六到百分之七的水準，但是如我在前言中所解釋的，這些並非全是我們所謂的「好成長」，因為其中大部分是來自不良投資，遲早會出現惡果。中國經濟成長未來幾年的前景會趨於疲弱。根據我們之前使用的衡量標準，中國的人均所得可能會在二〇一八年達到一・五萬到一・六萬美元區間，正是我們預期經濟會在中、長期減緩的水準。

我們知道，低所得經濟體要脫離貧窮與中等所得國家要躋身富國，兩者之間所需要的政策大為不同。在發展初期，國家需要利用與組織勞力與資本，生產勞力密集的低成本產品，並且尋求國外已發展的技術與科技協助。之後隨著勞力與資本多多少少已充分利用，經濟模式必須改變，必須透過勞動力品質的提升與資本投入來增加生產力。在此一階段需要強調創新、教育的提高與技能的形成、進步的基礎建設與制度的確立，例如財產權與法律治理。

比較愛爾蘭、以色列、南韓與西班牙等曾是中等所得，後來變得富有的國家，與仍是中等所得的國家，例如阿根廷、巴西，如今可能還包括土耳其、泰國與南非，可知相互間的經濟環境差異頗大。以巴西與南韓為例，經濟與人口情況在一九六〇年代相類似，平均每年經濟成長率都在百分之五．五至六．五左右，直至一九八〇年代。南韓經濟之後有二十年的時間出現輕微減緩的情況，在此期間發展出以創新為基礎的工業部門，但是巴西卻是兩者都沒有。南韓現在是高所得國家，但是巴西的人均所得在經過通膨與匯率的調整後，仍與五十年前相同。[6]

回首第二次世界大戰結束的時候，經濟發展的情況足以證明世界銀行最近的另一個觀點是正確的：「與許多成長理論預測恰恰相反，低所得與中所得國家並沒有向高所得國家趨近的傾向。」[7]不過也許應該說是「普遍傾向」與「完全趨近」。根據一項針對一二四國自一九五〇至二〇一〇年經濟發展歷程的調查顯示，在五十二個中等所得國家中有三十五國被陷阱所困。[8]我們再看世界銀行一六七個會員國，在二〇一六年的情況（不包括四十八個產油國與低人口、高所得的島國），其中有三十一個低得國家（人均所得低於一〇四五美元），五十一個低中所得國家（一〇四六到四一二五美元），五十三個高中所得國家（四一二六到一二七三五美元）

與三十二個高所得國家，都是OECD的會員國。

根據世界銀行與中國國務院發展研究中心所做，廣為引用的「中國二〇三〇」研究報告顯示，上述的結構並沒有什麼改變。該研究指出，在一九六〇年被列為中等所得的一〇一國與地區，只有十三個成為高所得國家，他們大部分都在邁向成熟的同時成功改變他們的經濟發展模式與制度。此一集團包括香港、日本、新加坡、南韓與台灣，還有赤道幾內亞、希臘、愛爾蘭、以色列、毛里求斯、葡萄牙、波多黎各與西班牙。不過發展經濟學家現今提出的重大問題不僅是如巴西、阿根廷、委內瑞拉與俄羅斯等國需要怎麼做才能脫離陷阱，同時還有被困住的名單現在是否可能已擴大到智利等國。

那麼中國呢？這個在二〇〇一年才成為低中所得國家，而在二〇一〇年躋身高中所得的國家該怎麼辦？

全要素生產率是關鍵

中國的確具有一個經濟體面臨結構性成長減緩的所有成分。中國曾經歷一段長得非比尋常的高成長期，而現今已經結束了。近幾年，債務成為推動中國經濟成長力之一，然而這樣的情況不可能永遠持續下去。此外，中國過去的成就有許多都無法複製，因為都是一次性的。例如中國只能加入世界貿易組織一次。中國也只能帶動一次大規模的房屋購買與投資熱潮。中國只能讓所有的學童進入初中一次。中國享受人口紅利、自鄉村到城鎮的勞工流獲利，以及促成工業與製造業的就業達到頂峰，都是只會出現一次的成就。搭上一九九〇與二〇〇〇年代全球化的順風車則是紅利，但是我們不知道這樣的盛況能否再度上演，假如還有機會的話。

簡單地說，如中國這樣複雜的高中所得國家，為了追求成長，積極利用物質資本與勞力，就算沒有耗盡，也耗費許多潛力。然而再平衡需要轉換焦點，將政策與資源由投資與信貸轉移到效率、創新、人力資本與生產力，以及因應年齡老化與新科技的應對機制。

一言以蔽之，中國就和其他許多國家一樣，面臨增進全要素生產率（TFP）的挑戰。我們在此先對TFP做一簡單的解釋，因為這是不可測量的。TFP是GDP成長率計算中有關勞動力與投入資本，可以測量的貢獻之外的殘差。基本上這是一個有關效率的名詞，用來捕捉技術進步與制度安排對GDP成長率的影響，使其成長率實際超越勞動力與資本的總量。例如試想，相對於資訊的知識與專業技術的變化；有關新產品與新製程的新技術影響；競爭法則；法律的執行；合約的保證；工廠或辦公室的構建；商業經營管理之道，以及貿易與商業整合的效應等等。這些都是納入在TFP之下的經濟計算體系內。

諾貝爾經濟獎得主克魯曼（Paul Krugman），在其一九九四年討論東南亞成長動力的著名文章〈亞洲奇蹟的迷思〉（The Myth of Asia's Miracle）中強調TFP的概念。[9]克魯曼認為亞洲的經濟成就只有透過對勞工的改善、資本與科技的區分，才能正確評估與了解。或者可以說，是把汗水與靈感分離。克魯曼的觀點是當時並沒有證據顯示，亞洲的成長是來自一個強力有效的因素，西方也不必擔心有關亞洲在科技上會超前的言論，或是亞洲會藉此展現其較具專制色彩的經濟制度比較優越。要知道當時是一九九四年，中國仍在努力自天安門事件與鄧小平南巡的衝擊中站起。也就差不多是那時候，從克魯曼發表此一觀點的三年後，亞洲爆發危機。

克魯曼的觀點在當時引發爭論，現在更是如此，部分是因為西方的經濟模式已經信譽受損，而更重要的是中國的異軍突起。他對成長來源的觀點在當時是正確的，現在也是如此。亞洲許多國家都是向外發展、金融穩定，以及著重貿易、創新、基礎建設與科技。但是與此同時，他們也須面對年齡老化、未充分使用女性勞動力、社會安全網不足等挑戰。他們的企業文化意識薄弱，往往缺乏破產機制。其他的缺點還包括人力資本形成、貿易與國有企業政策扭曲，以及欠缺法治精神。[10]以上這些缺點，中國就算不是全部都有，也是有許多。中國絕對已到了需要增加TFP，為成長注入新活力的時候，以避免在未來陷入停滯。

過去中國的TFP有時會出現十分強勁的情況。第一次出現這樣的情況是在鄧小平改革開放的時期，即是一九八〇年代初期，TFP成長率達到一年近百分之五的水準，幾乎貢獻一半的中國成長。在此之後，TFP轉趨不振直至天安門事件，但是在一九九一到九五年又恢復揚升，在國有企業改革與農村人口加速向都市流動的環下，TFP平均每年成長率超過百分之七。在此一時期，中國的成長有五分之三是來自TFP。之後，隨著加入世界貿易組織，TFP成長率降緩至每年百分之四左右（約是經濟成長的五分之二），直至二〇一〇年。自此之後，成長趨疲，至二〇一五年的期間每年僅成長百分之二左右，而且之後繼續小幅下降。[11]

重點是，TFP快速成長都是在經濟改革大步向前的時候，而TFP成長趨疲則是在改革腳步停滯不前的時候。[12]另一件有趣的事是，ＴＦＰ成長的起伏與資本使用效率高低息息相關，資本使用效率是以我在第三章討論的「增量資本產出率」（ICOR）來衡量。舉例來說，在一九八〇年代初期與一九九〇年代，ＴＦＰ成長強勁，資產效率也顯著上升。在這些階段，ＩＣＯＲ由四分別降至三與一．五。換句話說，即是只需較少的資本來產生額外的投入單位。在加入世界貿易組織後，ＴＦＰ成長穩健，ＩＣＯＲ由六降至三。不過在另一段時期，自二〇一〇年起，ＴＦＰ成長疲軟與資本低效並肩而行。例如在二〇一四年，根據國家統計局的資料，ＩＣＯＲ升至九，而且儘管在二〇一七年與之後的時間有所下降，但是仍在相當高的水準。

未來的關鍵性挑戰是加強ＴＦＰ的成長，這意味需要有效改善資源與資本的分配，為經濟改革注入新活力。中國的領導人常常談論改革，但是如我之前解釋的，習近平執政的中國所談論的改革，其意義並非西方的意義，當然也不是市場導向的自由化改革。

限制金融過度與避免金融不穩，都有助減緩經濟不良衝擊的風險，但是無助於增進ＴＦＰ。增加法規甚至有可能扼殺它。固執地長期限制煤炭與鋼鐵的過剩產能，儘管可以幫助從事重工業的國有企業存活，但是並不能促成中國經濟的轉型。緩解所得失衡與加強環保都是好事，但是要轉化成生產力，需要做得更多。

比較樂觀的看法是，習近平在可見的未來還會繼續執政，中國充分聚焦於包括人工智慧在內的新科技，其經濟會容許未來經歷一些上下波動，而生產力的利益也會由此而帶動ＴＦＰ增加。然而比較悲觀的看法是，在習近平治理之下的政治環境與之前在一九八〇與九〇年代，以及成為世界貿易組織會員國之後的轉型期大不相同。國家領導人的個人權力大增，共產黨強化其控制的角色與機能，以及社會與政治上嚴厲的打壓，都使得成功的門檻提高。

不難看出中國的專制經濟在一些新工業上的成就，但是我們無法得知這些成就能否帶動生產力持續增長。以前蘇聯為例，在科學、太空、工程與研發方面，絕非等閒之輩。古代的中國也不是。但是這樣仍然不夠。因此，我們至少應該考慮充滿活力的制度與治理，在促進生產力持續增長上所扮演的角色有多麼重要。同時，所謂的通用科技與一般性的創新與發明之間有何差別，他們能否在國家與目標驅動的模式中發揮潛力。

治理、制度與習近平的新權勢

中國正面臨重大的治理挑戰。有人認為此一挑戰是在於中國共產黨制度是否足夠強大，能夠繼續生存與維持其正統性。不過至少在可預見的未來，其地位與威望都不是問題。國家主席習近平同時也是中國共產黨總書記與中央軍事委員會主席，其權勢與地位甚至在二〇一八年修憲放棄國家主席任期限制之前就已鞏固。

政治學家會密切關注習近平有如帝王的權勢可能帶來的結果，包括來自政敵的風險與有關他接班人的情勢。不過本書比較著重有關治理的另一個層面，即是中國能否具有足夠充沛的活力與彈性，來滿足中上所得經濟體日趨複雜的需求。

良好的治理是經濟成功發展與建立一個穩定繁榮社會的中心。高水平的治理來自制度與官僚體系，能夠孕育良好政策的法則與機制，從而推動社會整體的利益，並且政策的實施公平、有效與透明。

例如投資人與企業，都有經濟上的長期承諾，如果體系中的財產權確立，他們會對該體系的投資與成長更具信心。本章之前所述，我們看到財產權對於中國有多麼重要，在毛澤東的時代是如此，之後更是如此。中國官員常把依法治國掛在嘴邊，儘管他們確實有一套法治制度，而法治即是合約與權利獲得保障的中心，也是官司獨立審判的依據。在一個實施法律制度與保護財產權和合約安排的社會，儲蓄者與投資人也會更加願意將錢投入公司與長期計畫，金融市場也將因此更加熱絡。

隨著經濟持續發展，國家的治理也益趨複雜，良好的治理是因應挑戰與補強弱點的關鍵。就中國而言，其挑戰與弱點包括過度依賴舉債、經濟和私人與國家間財富的分配失衡、所得與地域的不均、教育與保健、環境與水資源缺乏。有鑒於此，治理的項目遍及農業、教育、金融、勞動市場與社會防護，甚至還包括統計資料的收集、智慧財產權的保護、銀行與稅賦。治理的架構涵蓋國家的角色，與地方和省政府、國有企業之間的關係，以及在國家與黨導向和市場導向間維持分配資源的平衡。

有關中國官僚體系具有高效的言論，很少遭到質疑。一個不受民主制度與程序約束的官僚與行政體系，應能有效地制定決策與實施政策，例如我們在第二章所述，中國將鄉鎮企業發展成促進投資與經濟成長的中介，而不顧他們其實是為地方與省政府所擁有。他們為公共所有，但是此一事實卻為他們與私有企業在實際的財產權約定下建立夥伴關係所掩蓋，而財產權的約定使其財產遭到徵收的威脅大減。[13]

過去二十五年左右，中國官僚體系不斷透過修正、試驗，與測試來摸索「資本主義生產模式」的方方面面。它推出許多新法，儘管是有利於黨與國家的控制。它建立與推動許多市場定價機制與自由化計畫，並且逐步去除許多量化經濟控制目標。它也將許多國有企業民營化，同時保留與振興其他一些在經濟系統核心的國有企業。它也推動國內金融系統的現代化與自由化，並且加強與外國金融系統的互動，儘管在最後幾年由於自由化的作用難以吸收與接受而走了一些回頭路。中國這套官僚體系頗具效率，面對二〇〇七與〇八年金融危機所採取的準備與因應措施就是一例。

在不同的時間點，中國就像其他許多國家一樣，必須評估其結構性與制度性的障礙會在經濟發展過程中的哪個階段出現與該如何應對。在鄧小平掌權之前，進步的主要障礙是缺乏以市場為基礎的系統來分配資源與促進生產。在江澤民時代，是國有企業的控制與對民營企業造成的窒息效應。在經濟成長快速的二〇〇〇年代，胡錦濤的焦點大部分是在家庭部門與社會安全網的重建。

習近平主席則是面臨完全不同的挑戰與環境，而就許多層面來看都十分嚴酷，在政治上也極為棘手。他的工作是繼續修正中國的成長模式，與激勵機制接受長期性的成長走低、經濟再平衡，以及與不斷增加且深諳科技的中等階級間重建一套新的經濟、社會與政治合約。習近平深諳馬克思辯證法，顯然也已看出中國在經濟發展上主要的矛盾，是該議題與本質正在改變並且一心尋求幸福的中產階級間的緊張關係。習近平認為答案是在於強調意識形態。然而以意識形態取代實用主義，以黨強大的權勢來取代國家制度的治理，反而造成治理是否有效與敏感度的重大問題。

甚至在二〇一八年修憲之前，中國根據一些指標的評估在治理上的排名就不高。世界銀行的年報「治理指標」（Governance Indicators），是根據治理的六個層面來評估多個數據點，這六個層面分別是公眾話語權與政府問責、政治穩定與社會暴動、政府效能、管制質量、法治，以及控制貪汙腐化。百分位數越高就代表該國的治理標準越高。在二〇一六年時，中國在治理效能的百分位數是第六十八位，在控制貪汙腐化上是第四十九位。這兩個層面在過去十年都有大幅改善，但是在其他層面的排位就有降低甚至顯著降低，沒有絲毫改善或者只是原地踏步。

根據國際透明組織涵蓋一八〇國的全球清廉指數（Corruption Perception Index），中國在二〇一七年是排名七十七，在零（非常腐敗）到滿分一百分（非常清廉）的評分中得分四十分，而所有國家的平均得分是四十三分。排名最高的國家是丹麥、紐西蘭、芬蘭、瑞典與瑞士，這些國家在新聞自由、公共支出透明化、政府官員的誠信標準，與司法體系的獨立等方面都得分很高。然而這些正是中國最不可能改善排名的領域。中國的打貪反腐的確值得注意，但是由於缺乏透明度與監察的獨立性，因此其效能不無疑問。

費瑟研究所（Fraser Institute）的人類自由指數（Human Freedom Index）乃是根據七十九

項有關法制、安全、多項自由（行動、宗教、結社、意見表達與資訊、身分與關係）與政府規模等方面的指標，針對一五九國來進行衡量。該指標可以顯示一國在利用政治手段來分配資源、商品與服務、財產權的法律結構與保障、貨幣政策的安全性、國際貿易自由化、信貸與勞動市場的法規環境與商業等方面的標準。相對於二〇〇八年，中國的排名從一二〇名降至一三〇名，儘管後者排名較前一年稍有上升，而且在經濟自由的排名上升至一一二名。整體而言，中國的排名在越南與俄羅斯之後，更是明顯低於印度的一〇二名。

就中國的觀點來看，這些治理指標當然是無足輕重，而其本身的治理模式迄今做得都還不錯。「迄今」一詞本身就是一種資格的肯定。中國現今的治理或可形容為堅定有序，但是同時也是更加控制、干預、黨的主導性更強，與列寧主義更加抬頭，尤其是在二〇一八年修憲之後。

修憲的一大改變是放棄國家主席一任五年，只得連任一次的限制，原來的連任限制是在一九八二年寫入憲法之中，主要是為防範獨裁專制的出現與將接班人的原則制度化。此一修憲動作相當大膽，代表在一個世代之內一人獨掌大權的治理方式重回中國。同樣地，將新成立的國家監察委員會納入憲法之中也是在治理上的一大改變，一反四十年來共產黨與國家的司法體系，至少在表面上分別而立的情況。然而，現今原本在黨與司法體系之上的獨斷專行之權，交到黨的手中。

連任限制的取消，意味習近平主席不僅在其原來於二〇二二年屆滿的任期之後還可繼續在位，他事實上可以成為終身的國家主席。如此一來，習近平可以在未來幾年制定嚴苛的經濟政策而不需要擔心繼任人的問題，但是實在難以假裝這項改變有益於中國治理。由一人獨掌大權會使得中國政治體系與經濟更容易受到不穩定的衝擊。沒有制度或者是個人能夠來反制強勢的領導人，可能會出現無可避免的錯誤或失策。最終他可能就會和其他許多長期在位的領袖一樣，越來越疏離。此外，沒有接班人制度，習近平的風險也將加劇，他的政敵現在儘管雌伏，但是可能會重新思考他們的選擇。他們可能不會甘願永遠等下去。

另一項重大改變，建立國家監察委員會而正式接掌從部會到省分、城市、縣城各層級官僚體系的打貪行動。該委員會的權力及於所有的公務人員，而不僅只是共產黨員。過去共產黨員是受中央紀律檢查委員會的管轄。身為黨的機構，不受國家權力的約束，國家監察委員會不受任何行政機構、法院、公共組織，與個人的干預。

讓共產黨重掌各層級的控制權與決策權的工作，在習近平的第一任內就已展開，他當時特別強調領導小組的重要性，這是一個可以回溯至革命時期的政策單位。這一組織在一九八〇年代大都解散或重組，許多成為討論政策或建立政策指導原則的論壇。

在習近平的統治下，領導小組獲得新生，成為決策單位。習近平把領導小組的數量增加三分之一，成為八十三個。[14]其中有二十六個是屬於黨的領導小組，其他的則是國務院的單位。這些單位牽涉到官僚體系中不同，但有時也相互競爭的部門，執掌範圍遍及經濟、社會與其他政策領域。然而就多方面來看，他們是抽走原本屬於技術官僚與各部會的權力與責任。不論他們是如何制定決策與運作，就改革的進程來看，他們顯然使得改革加重負擔，窒礙難行。總體經濟、金融、工業與其他的決策並不一定都有後續的行動與落實，也不一定都是相互協調與相容。例如金融部門的市場導向改革，有時雜亂無章，遠超過實體經濟改革。在實體經濟改革方面，尤其是在二〇一三年廣為宣揚的國有企業改革，大部分都被閒置。

至於其他在政府制度結構上主要的變革，都是在二〇一八年的全國人民大會上所發表的。除了國家監察委員會與銀行、保險監督管理委員會在第四章所提及的合併外，有關網路安全、改革、經濟、金融，與對外事務的領導小組都升級為委員會，在在顯示將政府部會的權力抽離。新成立的市場監督管理局將執掌有關商業法規與競爭政策的事務，經過重新命名與改組的農業與農村事務部將負責農村的發展與促進生產力的增加，環境保護部則是負責防治汙染與氣候變遷的衝擊，新成立的資源部將監管土地的使用與城市規劃，地方與稅務單位將合併以重組財務責任，以及我們聽說已久的可能推出房地產稅。共產黨的宣傳部則將接掌電影、新聞媒體與國家刊物。

儘管這些變革頗具魄力，也有助行政管理，但是我們不應認為組織變革本身能帶動生產力的提升。中國對於大刀闊斧地組織改革從來不曾退縮。此一做法的重點在於建立包羅萬象的機制來鼓勵人們感覺參與其中，以不同的方式行事與思考，進而提高執行的效率。然而全能與掌控一切的共產黨是否擅長這一招，尚未定論。

中國最大的既得利益者是其本身

一個專斷獨行的政府並不必然缺少合法性，尤其是實施德政受到人民愛戴的時候。就此觀之，即使是習近平掌權的專制中國，如果能夠行事公正、改善環境、重新分配所得、提高保健與教育品質等等，自然也可以改善其治理模式。換句話說，公共物品的提供，能夠換取仁慈的獨裁者繼續執政與受到愛戴。這樣的例子並不多，但是人們有時會提到二十世紀土耳其的凱末爾（Mustafa Kemal Atatürk）與較為現代的新加坡李光耀。不過，他們當然都是特例。

習近平的個人與政治權勢，應可讓他推動改革而不致受到干擾或後退。經濟改革所著重的不是自由化與市場改革，而是價格與關稅、管理，與組織上的改變以及法規。這些改革將允許需求與供應的互動，以決定由誰來參與市場與其位置，產品與服務的組成與物流，以及對買方與賣方提供的誘因。這些改革同時也可能是為促進金融的穩定、加強當地企業的效率與競爭，以及為在關鍵與新科技部門居頂尖地位的國內企業，提供更有利的環境。然而這一切都是為配合共產黨的政治目標與目的。

在推動生產力增長的一路上，不可能沒有經歷痛苦的鬥爭，而其結果造成贏家與輸家，征服懷有敵意的既得利益者或是損失若干利益。美國經濟學家奧森（Mancur Olson）在其論文中強調，為什麼在追求工業領袖的路途上要注意既得利益者，例如軍方、鋼鐵巨擘、鐵路大亨、銀行家等等，阻礙經濟與社會中的結構性變革。[15] 他把這些既得利益者稱為「分利聯盟」

（distributional coalitions），並且指出他們大都有不同的意見，難以及時達成有效的決議，依賴益趨複雜的法規，以及為政府結構疊床架屋。這些特殊的利益形成制度性的僵化症，阻礙變革與拖累長期的經濟表現。

中國反對破壞性基本改革的最大既得利益者，就是共產黨本身。這樣的情況在過去並非經常如此，但是在習近平治理的中國卻是有所增加。例如撇開在國家與政府部門的經濟與商業相關決策不談，國有企業的決定都必須先經過公司內黨委員會的同意。此外，根據國務院在二〇一七年發布的文件顯示，共產黨同時也在尋求加強對包括外商在內的私有企業的決策影響力，主要是透過在公司的經營管理層內設立黨的單位。許多大型私有企業儘管在法律上屬於私有，但是其背後複雜所有權結構卻是有國有企業的成分，或者它們是所謂的「政治圈內」企業，它們的老闆與高級主管都與黨有關係，與黨的高層有政治與商業上的關係。

既得利益此一難題的關鍵是在於黨的結構性利益衝突。令人感到奇怪的是，二〇一五年國務院的發展研究中心與世界銀行合作發表一份有關金融部門的研究報告，揭露此一問題與對經濟的衝擊。[16]該報告是在網上發表，但是其結論與敏感的第三節在一周後卻被移除。官方的解釋是由於移除的程序，但是當時大家強烈認為文章內容的移除，是因其具有高度的政治敏感性。[17]

第三節主要是關於中國在治理與制度結構上阻礙持續成長、經濟再平衡，與減少浮濫投資和過度舉債等工作的缺失。[18]該文強調國家在其中所扮演改革推動者的中心角色，因其同時又具有所有人與監管人的角色，而有所偏差。換句話說，國家本身就處於利益衝突的核心。在改革推動者的角色上，國家對經濟直接而密集的干預，但國家同時扮演一個無所不在並具有高度衝突性的所有人角色，而在地方政府的層級，衝突尤其尖銳，因為許多地方與省政府，不僅同時扮演所有人與監管人的角色，而且也是最惡劣的債務人。

該報告如此勁爆的結論，絕對無法為北京當局接受，第三節遭到移除也就不足為奇。該報告認為中國需要放下或減輕做為制度上所有人的角色——這表示必須將國有資產私有化——與主要監管人的角色。國家做為推動者的角色可以繼續干預許多領域，但是應維持在培植、鼓勵與幫助變革上，而不是把責任一肩挑。該報告指出，只有這樣，國家做為監管者的角色才能脫離利益衝突。

共產黨顯然不會接受這樣的結論。正好相反，它是反其道而行。第三節奇妙的故事突顯中國重大的治理缺失，即是國家為多種利益糾葛的角色。我們將仔細審視能夠幫助中國促進生產力與擺脫中等所得陷阱的部門，藉此觀察這些治理問題之間的關係，此一令人興奮的部門即是科技。

全力爭取科技領導地位

二〇一六年三月，南韓圍棋大師李世石遭到谷歌開發的圍棋電腦程式阿爾法狗（AlphaGo）擊敗。兩個月後，阿爾法狗來到中國挑戰世界第一棋手柯潔，再度獲勝。此一事件對中國的科學家與政治人物的思想造成重大影響，他們因美國所展示的人工智能（AI）強大威力而大受震撼。

在二〇一七年的十九大代表大會，習近平說道：「我們必須加快建設中國成為製造強國，加快發展先進製造業，推動互聯網、大數據、人工智能，與實體經濟深度融合。」二〇一八年四月，習近平在全國網絡安全工會議上發表一段現今已廣為流傳的談話。他指出中國錯失工業革命，遭到外國統治，如今中國必須把握科技革命此一千載難逢的機遇來實現中國夢。

任何人都不應懷疑中國對此的誠意，或者中國現今的創新大部分只是以更低的成本來抄襲西方的創意。中國與西方都想成為科技領袖，最終可能必須分享榮耀。這並非一般的科技競賽，其中最大差別是在於最終的獎賞，是得以充分利用與商業化我們最新的多用途科技（general-purpose technology, GPT）。就像之前的蒸汽、鐵路、電力、內燃機與網際網路，最新的GPT能夠在許多不同領域、產品與進程，促成數以百計的創新與改變，而並非只是單一的大數據或人工智能。簡而言之，新科技能夠促進許多且無從預測的應用，有助消費者、提升競爭與生產力，引領法規的改變。

中國的挑戰不僅是要成為人工智能、機器人或無人車的領袖，同時也是在於鼓勵GPT所帶動的創造性破壞與利用由此形成的生產力。最基本的問題是一個中央集權與專制的政治制度是否正是指引創新、破壞與創造性產業所需要的，或者是在其對立面的制度才能扮演這樣的角色。也許有人會認為兩種都可以，但是到頭來最重要的不只是科學與工業專業技能，還有人力資本的品質與創新企業從頭到尾的獨創性。當然，此一疑問仍有待時間的證明，但是當高階主管、政治與國家官僚體系的利益相互糾葛時，可以合理假設政治將會凌駕於能夠創造獲利的創新的商業化與籌資之上。

中國聚焦於新科技可以回溯到多年前。二〇〇六年推出的「國家中長期科學技術發展規劃」（二〇〇六至二〇二〇年）是其發展科技的藍圖。當局希望藉此帶來中華民族的偉大復興，與幫助中國在二〇二〇年前成為科技強權，並在二〇五〇年前成為全球領袖。此一長期規劃的作者群感嘆，中國做為經濟強權的短缺之處在於「我們疲弱的創新能力」，因此擬定一項新政策，並為其冠上一個現已十分通用的名詞：「自主創新」。

此一政策看來平淡無奇，甚至因其鼓勵中國企業與研發人員發展本土科技而值得稱讚。然而隨著時間的過去，尤其是對外國企業，自主創新總是伴隨著各種形式的保護主義，並且明顯偏袒本土企業、不公平的貿易與商業慣例，或是透過自外國買來的進口科技，以及從在中國營運的外國企業引進的科技，來發展自己的技術。根據美國商會的報告，許多國際科技企業把自主創新視為「以舉世前所未見的規模進行竊取科技的藍圖」。[19]

二〇一二年習近平上台，當時的共產黨顯得焦躁不安，而隨之而來的金融危機使得中國移開了在創新與科技上的注意力，不過時間極為短暫。十三五規劃（二〇一六至二〇二〇年）制定多項野心勃勃的計畫，以發展現代製造與新科技。其目標是在創新帶動的發展上獲得豐盛成果、促進新創企業的興盛，以及提升全要素生產率。十三五規劃強調科學與科技應與經濟更加深入融合，幫助中國成為人才濟濟的「創新之國」。[20]

國務院在二〇一五年推出產業政策「中國製造二〇二五」，該政策與後續宣布的相關措施進一步推動科技的發展。他們的焦點是集中在一些關鍵部門，包括先進軌道、船舶、航空航天裝備、農業裝備與技術、節能與新能源汽車、新材料、機器人、生物醫藥與高端醫療器械、積體電路、第五代移動通信（五G）。

受到阿爾法狗戰勝人腦的刺激，中國加速推動一項極具野心的全國性策略，之前該策略已在地方政府層級實施。在阿爾法狗與柯潔對決的一年後，國務院推出下一代人工智能發展規劃，旨在提升中國的AI地位，在二〇二〇年達到與世界先進水平同步，在二〇二五年達到領先全球的地位，在二〇三〇年成為世界主要來源。在此一時期，產業規模應由人民幣一兆元增至十兆元，相當於由一五〇〇億美元增至一．五兆美元。緊接在該計畫之後，國家自然科學基金會發表一份報告，題目為「人工智能基礎研究緊急管理項目指導」；國家發展改革委員會宣布人工智能創新發展重大工程；工業和信息技術部也提出一項三年行動規劃。

估量科技的斤兩

由各項聲明、計畫與報告來看，中國似乎是為了實現野心，要將所有的科技一網打盡。然而你也許會質疑真有這麼簡單嗎？在某些領域，中國確實具有興風作浪的實力，並且仗著其市場與人口規模享有強大的競爭優勢，尤其是在大數據的收集與處理上，主要是因為至少相對於西方國家而言，沒有隱私法或保密法的限制。同時，中國擁有超過十億名的行動電話用戶與七·三億名的網際網路用戶。中國二〇一六年的行動支付金額達到五兆美元左右，而且還在成長之中，是美國的好幾倍。然而即使如此，仍有許多缺失，不能就此認定中國對於新科技具有點石成金的法力。

高速鐵路是大家公認由仰賴外國技術轉變為中國製造的範例之一。在通信方面，華為已是國際的頂尖企業。其他一些公司也在國際享有名氣，例如也是在通信領域的中興通訊，與在頻寬與通訊方面的中國電信、中國聯通和中國移動。小米則是設計與銷售智慧型手機、行動應用程式與膝上型電腦，是全球五大智慧型手機廠商之一。阿里巴巴是電子商務巨擘，擁有雲端子公司，發展智慧型城市。騰訊與百度則是線上服務公司，目前分別發展醫療影像、臉部識別與自動車等科技。聯想電腦、中國國際航空與酒廠茅台，都是在國內發家致富而將注意力轉向海外市場的例子。聚焦國外與規模龐大的國內市場，確實有助這些企業與其他公司發展，而且毫無問題他們都擅長提升生產效率，並且根據國內消費者的口味調整自國外引進的技術與產品。

二〇一七年中國第一架商用客機，中國商用飛機有限責任公司的C九一九完成首飛，中國希望此一客機不僅能滿足國內飛行交通日益增加的需求，同時也能在國際市場與空中巴士、波音競爭。不過到目前為止，此一機型由國內企業製造的主要部分只有機翼與尾部。儘管如此，中國仍是期望C九二九遠程客機能夠造成更大的聲勢，此型飛機是與俄羅斯合作製造，預定在二〇二五與二八年進行首航。但是估計該型飛機仍需要由外國公司供應關鍵的零件。

中國正持續不斷地邁向科技價值鏈的頂端，包括ＡＩ、大數據與機器人、三Ｄ列印與奈米科技、替代性能源與無人車、生物科技與生物醫學，以及航太科技。中國也要在二〇二〇年前建立遍及全國的五Ｇ網路，並且發展自己的航太計畫，包括載人太空任務、貨運太空船、航空站，以及多顆人造衛星與測量、觀察系統。中國也在一些更精密的科技方面居於主要的地位，包括量子計算、網絡防禦、ＤＮＡ序列排定與基因編輯醫療。

儘管這些成就令人印象深刻，但是仍不足以帶動生產力成長率顯著提升。那麼，弱點到底在哪裡，能不能獲得解決？

在中國追求科技領袖的路途上，外國科技扮演重要角色，但是與美國間貿易與科技摩擦的加劇，無可避免地會使得中國加速其減少或擺脫對國外科技的依賴。事實上，現在要是再稱中國為「模仿創新者」，或是缺少自己動手的技能已不合適。[21]有大筆資金已投往新興與小型企業，估計投入小型科技公司的風險資本，已由二〇一一到一三年的一二〇億美元增至二〇一四至一六年的七七〇億美元。[22]不過在另一方面，中國仍是需要外國科技來帶動其許多創新、高科技出口與重大現代部門的進步。例如在二〇一四年，儘管有自主創新的政策，上海近百分之九〇的高科技產業的產出，都可以追溯到外國企業，而在重慶，全球有逾三分之一的個人電腦都是在此製造，其產業幾乎完全與外國投資有關。[23]

在ＡＩ方面，有人認為中國仍落後美國，例如在一些重要指標上，包括先進大學的ＡＩ計畫、合格的講師與課程、ＡＩ公司的數量，以及能夠生產應用於ＡＩ的高階半導體業者。

其實中國的領導人都清楚，他們的國家在發展具有轉型潛力的科技上仍然落後。[24]

中國自一九六〇年代就開始發展半導體產業，然而一直不得要領，迄今都未厚植該領域的實力。二〇〇〇年代相關政策有所轉變，由中央計畫轉向股權投資，雖然獲得一些進展，但是其結果卻是在低端產品生產過剩，在高端部門卻是普遍薄弱。中國在大學主導的研發上落後美國，也嚴重短缺ＡＩ工程師與科學家。中國欠缺沒有面對業務的軟體能力，或是科技與產業部門之間的高階整合能力。

中國企業的數位化程度相對較低，在科技海外商業化與建立全球標準上仍難以競爭。最近一項有關中國ＡＩ潛力的調查顯示，根據ＡＩ能力指數，中國僅及美國的一半，該指數乃是評估推動ＡＩ整體發展的關鍵能力。中國有一項是居於領先地位，即是資訊的取得。[25]這樣的情勢未來可能會出現改變，但是別以為美國或其他西方企業會坐視他們的競爭優勢被蠶食鯨吞。

另外一項值得注意的是人力資本，也就是教育品質與研究開發方面，仍是相對薄弱。人力資本改善是經濟發展的重要條件。雖說上海聰明的學童的國際學生能力評估計畫（PISA）分數都很高，頗受矚目，尤其是西方國家，然而很少人指出這些分數並不能代表實際的情況。這些分數是對一些經過挑選的學童樣本的精準評估，但也是處於鄉村和城市教育鴻溝的極端，對於避開中等所得陷阱具有巨大的社會意義。

自一九四五年來所有躋身高所得之列的國家（產油國與難以比較的島國除外），都有一套完整的全國性教育標準，主要是看具有中等教育學歷的適齡工作人員比率。然而中國在此一方面仍有很大的努力空間。雖然中國的中學入學率很高，但是退學率也很高，只有百分之二四的適齡工作人員完成他們的教育。

這是一個相當令人震驚的事實，羅思高（Scott Rozelle）根據他對中國鄉村教育的研究指出，此一完成率低於中等所得國家百分之三二的平均水準，也不及巴西與阿根廷的百分之四一到百分之四二、墨西哥的百分之三六、土耳其的百分之三一與南非的百分之二八。[26]雖然中國逾百分之九〇的城市學童都完成中學學業，但是只有約四分之一的學童是在繁華的大城市長大。有逾三分之一的鄉村學童甚至連初中的學業都沒有完成。

羅思高估計中國還會有四億的適齡工作人員處在成為認知障礙的危險之中。此一問題的核心是低品質的兒童健康、貧血、腸內寄生蟲、未矯正近視、貧窮教養與嬰兒刺激，都導致學習能力不足與教育程度低落。儘管原則上這是一個可以解決的問題，但是羅思高擔心雖然相關支出與覆蓋率都已提高，兒童健康水準依然低落。戶口制度仍然是縮短城鄉差距的重大阻礙，而且不論是教育體系還是地方政府，都沒有以制度化的方案來解決這些問題。

隨著時間過去，中央政府可以增加資源的提供，與通過立法來提升兒童健康的水準與教育程度。這樣可使中國在提高教育程度的深度與廣度上居於有利的位置，以避免陷入中等所得陷阱。這應是習近平政府主要的優先考量。

此外，雖然中國希望其大學努力爭取世界排名，但是我們也不要忘記中國現在期待其教育系統增加馬克思與毛澤東思想的課程，而其研究生的教育水平，尤其是博士學位，遠不及已開發國家。[27]中國只有九位諾貝爾獎得主，其中三位持有外國護照，有兩位是和平獎與文學獎。甚至連遠較中國貧窮的印度，都比中國多一位諾貝爾獎得主。

根據紐約經濟諮商理事會（Conference Board）的資料，中國受過高等教育的勞工比率在二〇一五年是百分之一七左右，而在製造部門的高技能工人比率在二〇一三年僅百分之一〇，遠不及美國的百分之四七。[28]OECD則是估計，中國年紀在二十五至六十四歲的成年人具有高等教育程度的比率僅百分之一〇，比OECD國家低了三分之一。[29]此一高技能工人的缺口，可能是中國強調機器人與中國製造二〇二五的一個主要原因，雖然不太可能解決此一教育程度低落的問題。

再看企業界，中國企業只有百分之五左右會對研發投入經費，而研發的總支出儘管已自二〇〇五年為GDP的百分之一．三有所增加，但是近幾年來也一直未脫離為GDP百分之二的水準。相較之下，在二〇一六年時，美國為GDP的百分之二．七，德國為百分之二．九，日本為百分之三．五，南韓則為百分之四．二。同時，中國創新體系中有關產品品質與過程也經常遭到質疑，通常都是來自外國的觀察家與國際組織。

例如有人指出，中國三十三年前才開始實施第一套專利法，如今就已成為全球專利登記的大國。久而久之，中國各級政府都成為專利登記最熱心的支持者，在傳統上明顯偏向國有企業的制度下為成功登記專利的企業提共資金與目標。然而有關抄襲與剽竊的指控也未曾停歇。不過儘管如此，中國一九九九年登記有五萬件專利，相當於全球的百分之四，到二〇一六年更是增至一三〇萬件，反觀全球也不過三一〇萬件。中國登記的大部分都是所謂的實用專利，是用來保護新的或經過改良的產品或流程。相對於實用專利的是設計專利，是保護產品與流程的應用方式。[30]根據了解，近年來中國的設計專利有所增多。

國外專利登記是一重要，但卻往往遭到忽視的專利數據資產。它代表智慧財產權保護的制度化，同時也反映在海外市場將科技商業化的企圖心與能力。由於這類專利的價值較高，因此各企業都盡可能在國外專利登記，大部分都是設計與發明專利。二〇一六年，美國企業有一半的專利都在國外登記，然而中國企業只有百分之四，[31]中國企業僅有五萬件國外登記專利，僅及美國企業的百分之二五。

專利登記通常被視為中國創新潛力與智慧財產權保護進程的體現，因此雖然不是最好的，但也是唯一顯示中國科技能力的指標。中國企業專利與智慧財產組合的商業價值低落，主要是在於智慧財產的濫用與盜用，智慧財產權的行使品質低落。

專利登記的類別與地點，只是世界智財權組織（COR）用以比較一二七國創新能力的八十項衡量項目中的兩項而已。在二〇一七年的全球創新指數中，中國排名二十二，在亞洲名次超越澳洲，成為第六，但是在全球排名上，僅在捷克共和國與愛沙尼亞之前，而落後挪威、奧地利與紐西蘭。[32]在某些領域，例如商業成熟度、知識技術輸出方面，中國的排名無疑在前十名之中。但是在另外一些領域，例如人力資本與研發、市場成熟度、創意與基礎建設，中國的排名與ＯＥＣＤ排在下半部的國家一致。此外，全球創新指數強調工程學位、基礎建設，與專利登記有利中國的排名。

不過正如本章的觀點，中國最差的排名是在制度這一方面。在政治、環境與法規的制度上，中國整體的排名是七十八，由此也突顯制度是中國發揮創新潛能的最大阻礙。此外，在全球創新指數中，中國在工程學系學生的創新能力，或是連接基礎建設與科技的制度方面表現都不好。

這將我們又帶回之前討論的治理與制度議題，因為ＡＩ與機器學習可說是可能自資訊與通信科技以來最重要的ＧＰＴ核心。ＧＰＴ的各部門為經濟、商業，與將其登記專利的人直接做出貢獻。不過ＧＰＴ的間接貢獻更為廣泛與普遍，即是成為一個能夠促成在其他產業與部門數以百計創新與新產品的機制，這些成就足以改變工廠與辦公室的架構與運作，例如無人車就會改變整個交通結構、商業流程與企業治理、技術結構與教育程度、預防與社會照護的組織，製造地點與其他許多方面。

這些相輔相成的改變有一特點，他們都屬破壞性創造、難以預測與不斷地經歷測試、試驗與錯誤的過程。然而這些也正是來自從上到下，專制治理結構的官僚體系所難以接受的，其中的弱點我們已在前面討論，反觀較為開放、彈性與從下而上的體系，則是鼓勵破壞性與由研發推動的創意。

鑒於所追求的是全新的ＧＰＴ，因此我們也不應固守陳規，而整體來說尋找ＧＰＴ需要經歷承擔風險、破壞與混亂等情況。但是中國的治理制度，評估和鼓勵科學家與工程師的體系，計畫與指導、研發的方法，都難以和這些情況相容。如今中國能否打破常規，證明專制與壓迫能與帶動轉型的創新共存？

假如是這樣，習近平治理的中國不會以促進自由化與西方的改革方式為之。我在本章所提到的改革與治理的改變較符合西方擺脫中等所得陷阱的思維，但是中國不可能會擁抱它們。中國會制定自己的計畫，把共產黨置於領頭的位置。中國將以自己的方式進行改革，著重於管理與官僚措施來增加企業的經營效率，調整組織來改善各層級政府的運作。

中國能否以其自己的方式來避免衰退，與發展促成轉型與商業化的科技，並且制定世界標準，我們不應驟下結論。我的看法是終歸失敗。我知道此一懷疑論調可能在任何地方都得不到支持，因此，我們或許可以換一種大家都能同意的說法，如果中國能夠成功避免中等所得陷阱，將是第一個辦到的專制或獨裁國家。

第八章

RED FLAGS

中美貿易戰

凱撒（Julius Caesar）被暗殺後，安東尼（Mark Antony）說道：「讓戰爭的導火線溜走吧。」他指的是，在文明社會中應避免發動戰爭的因素。長久以來，中國與美國之間時而有貿易紛爭或匯率問題，不過從來不會威脅到雙方的關係。但是在二〇一八年整個情勢出現改變了，主要是因為貿易摩擦加劇，尤其是在新科技與其自國防到商業無所不在的應用等敏感議題。在此時此刻以「讓戰爭的導火線溜走吧」來形容貿易，特別是中國與美國和西方的貿易關係是再貼切不過。

雖然世界上最大的兩個經濟體在經濟、商業，與金融享有高度的依存關係，但是雙方之間在貿易與投資上出現的最新緊張情勢卻是不容忽視。此一緊張情勢正是政治學家路特瓦克（Edward Luttwak）在其地緣經濟理論中所主張的，貿易是「商業語法中的衝突邏輯」。[1]

此一主張不言可喻，儘管他在一九九〇年提出時指的是積極以出口來帶動成長的日本與亞洲四小龍，以及歐洲經濟共同體的形成所帶來的影響，但是他所闡述的商業衝突在今日依然適用。基本上，這是有關中國的經濟實力轉換為地域與政治影響力，而美國身為當前的主導地位有所鬆動的情勢發展。

二〇一七年底，美國一份新的國家安全策略檢討報告，毫不掩飾地把中國視為其對手。該報告指出，中國是美國的經濟競爭對手，並且強調對貿易違規行為會更加嚴格，這是要實施制裁的外交辭令。中國並不是美國白宮所瞄準的唯一目標，但卻是最主要的，而且美國與中國之間有巨大的貿易逆差。美國總統川普視貿易為零合遊戲，只能有一個贏家。中國對貿易的看法，表面上是與其他先進經濟體和國際組織一致，但是對於兩國間的貿易緊張情勢達到沸點，習近平治理的中國也不是沒有責任。

我們其他人對於川普政府與中國，如何應對此一情勢既好奇又關切。美國一方面表示原則上支持多邊貿易體系，然而同時卻是自長期以來對亞洲與全球的承諾撤退。中國則是對全球聲稱大力支持全球化，維持一個自由開放的貿易體系，但是其政策卻是反其道而行。這正是路特瓦克所說的情況。

川普給中國的禮物

一九四四年，正值美國在太平洋戰爭轉居上風之時，斯皮克曼（Nicholas John Spykman）生前所著《和平地理學》（*The Geography of the Peace*）一書問世。他在書中強調，美國在與它所謂邊緣地帶（中心地帶邊緣）間戰略與海權的重要性，邊緣地帶指的是在美國、歐洲與蘇聯等大陸強權邊緣的國家。邊緣地帶的地理位置是從南歐與馬格利布，東經波斯灣到印度洋，橫越南中國海至日本與中國西北部。斯皮克曼表示，鑒於亞太平洋地區特別是人口的優勢，還有資源與工業發展潛力等有利條件，誰能控制此一邊緣地帶，誰就能掌握歐亞大陸與全球的命運。

此一理論不僅反映美國在第二次世界大戰擊敗日本的決心，至今仍深植在美國軍方、外交與國際經濟政策的核心，尤其是中國已經崛起成為地區與全球強權。二〇一一年，時任美國總統歐巴馬的參謀長聯席會主席鄧普西（Martin Dempsey）將軍指出：「所有的趨勢，人口趨勢、地緣政治趨勢、經濟趨勢與軍事趨勢，都已轉向太平洋。因此我們的策略挑戰，大部分也將來自太平洋地區與印度洋周邊。」[2]

歐巴馬當時則是巡迴亞洲，向盟友保證美國的地緣政治承諾與強化貿易關係的決心。他的策略主軸——被人稱為重返亞洲（Pivot to Asia）——是促成亞太平洋國家簽署跨太平洋夥伴關係協定（TPP），此一自由貿易區最終獲得澳洲、汶萊、加拿大、智利、日本、馬來西亞、墨西哥、紐西蘭、祕魯、新加坡、越南與美國的簽署。這些國家約佔全球百分之四〇的GDP。TPP是一種新型態的自由貿易協定，層面涵蓋服務業的相關法規、智慧財產權、網際網路與資訊的移動與取得、環保與勞工標準與投資（包括國有企業的投資）。此外，TPP也包括自由議價與工會的條件、禁止人口與野生動物的走私，以及管理外勞的相關法規。

就策略而言，TPP的設計是為鞏固美國在亞洲的經濟、政治與軍事的影響，儘管並未把中國納入其中，但是希望能夠刺激中國具改革思想的政治領袖，繼續推動自由化與經濟改革。畢竟開放就是中國當初加入世界貿易組織的先決條件與結果，而ＴＰＰ也許可以繼續推動此一趨勢。但是習近平的上台與政治風向的改變，使得此一希望最終成為一廂情願的想法。與此同時，川普之前也曾警告，他反正要退出ＴＰＰ。

他在二〇一七年上任的第一天就這麼幹了。他同時表示要與加拿大、墨西哥重新談判北美自由貿易協定（NAFTA）。在放棄ＴＰＰ與美國第一的口號下，川普顛覆斯皮克曼的理論。更準確地說，他放棄美國盟友對其日益依賴的經濟與商業連繫與信任，他也拋棄一項寶貴的工具，即是用以形塑太平洋地區與對中國施加壓力，促使其改變進口、產業，與海外直接投資制度的地緣經濟武器。川普堅稱，ＴＰＰ是另一無用的多邊協定，只會使美國輸給別人，他也無法看到ＴＰＰ是促成主要國家聯手對中國施壓的機會，這是此一災難性錢幣的一體兩面。

對於不知情的人來說，川普宣揚美國第一眼看來就是傳統的愛國主義，然而在美國盟友與中國眼中，卻是與一九三〇年代孤立主義份子所使用的口號完全相同，當時全球到處都是激烈的貿易衝突。川普的前任們或許一再高喊公平貿易，並在一九八〇年代因為日本強大的商業優勢而大感頭痛，但是他們從來沒有質疑美國對自由公平貿易體系的支持。川普是美國自一九四五年來先是威脅並且繼之行動帶領美國退出此一體制的首位民選總統。他暗示美國的工作遭到「強姦」，保護主義會帶來繁榮與力量，並且迫不及待地想打一場貿易戰，好像美國贏定了。川普感興趣的只是美國做為一小部分產品的供應國，而不是美國整體的經濟，更遑論全球貿易體系。

在這樣的情勢下，習近平幾天之後在世界經濟論壇（World Economic Forum）達沃斯年會上，對來自全球的決策者與商業領袖精英發表一篇令人嘆為觀止的演說，現在看來也就不足為奇了。他告訴大家，中國在加入世界貿易組織之前是多麼猶豫遲疑，但是依然鼓起勇氣向前邁進，大力支持自由貿易。習近平展現出中國要接掌全球化捍衛者的角色的意願。他說道：「世界經濟的大海，你要還是不要，都在那兒，是迴避不了的。想人為切斷各國經濟的資金流、技術流、產品流、產業流、人員流。讓世界經濟的大海退回到一個一個孤立的小湖泊、小河流，是不可能的，也是不符合歷史潮流的。」[3]在場人士與報導此一論壇的人員都大受感動，聲稱世界已出現擁護全球化的一位新領袖。

沒有人能夠否認過去二、三十年來中國是全球化的主要，也許是最大的受益者，但是就此認為中國是全力支持全球化與自由貿易就顯得幼稚了，甚至是諂媚。川普也許幫了中國一個大忙，但是他對中國的看法並不完全錯誤，包括其貿易方式，或是在全球商業與投資上所玩的把戲。他的觀點格局小也遭到誤導，而且其焦點只集中在中國對美出口，忽略了中美關係。不過他在多項議題上指責中國卻是正確無誤，包括中國進口障礙、對內投資相關法規、對本地商業與企業的保護，還有最近的國家領導創新策略，這些都置外國企業於不利的地位。

全球貿易體系下的中國

中國外部順差早在二〇〇七年就達到頂峰。中國貿易順差自二〇一一年來就一直是在GDP的百分之二・五到三・五之間游移，包括服務與移轉在內的經常帳順差，則是銳減至GDP的百分之一到二。後者下降的主要原因也許是來自旅遊觀光與變相資本外流。[4]雖說中國在二〇一八年初出現小幅逆差，但是整體上應會繼續呈現外部順差，除非家庭與公司儲蓄降幅超過投資以致國家儲蓄實質減少。不過當前的全球環境，並不利於中國投資與儲蓄的大幅度調整。

中國面對的世界貿易環境，已不再像過去那麼友善。過去幾十年，全球貿易成長腳步多多少少與全球GDP同步，而一九八五至二〇〇七年全球貿易成長加倍。但是二〇〇八年之後，全球貿易成長腳步僅勉強趕上GDP。在二〇一二至一六年，全球貿易平均一年成長百分之二・五左右，不及過去三十年的一半，也比全球經濟成長率低了百分之一。過去五十年也曾出現過類似不振的情況，但是沒有一次低迷疲弱的時間竟延續如此之久。

植基於二〇一七年的全球經濟復甦是與全球貿易成長轉強相偕而行，當時全球貿易成長率回升到百分之四，較經濟成長略高。此一轉變無疑有利中國，出口在連續兩年下降後終於回升。不過儘管這是一個令人欣喜的發展，全球貿易環境依然充滿風險，而迄二〇二〇年與之後的前景平淡。

全球貿易自由化已沉寂多時。多回合談判是全球最後一次認真推動貿易自由化的行動，然而在啟動十四年後的二〇一五年宣告死亡，其實該談判自二〇〇五年就已陷入昏迷。如今多邊貿易自由化的氛圍已經轉變，不如以前友善。

貿易保護手段方興未艾。獨立觀察組織全球貿易預警組織（Global Trade Alert）指出，自該組織於二〇〇八年開始運作以來，二十國集團（G二〇）的成員國共實施逾六千項保護措施。[5]它用來限制貿易的主要工具不是關稅，而是各種不同的非關稅障礙，例如國家補貼、對本土企業的金錢協助、對出口商的稅賦優惠、紓困，以及貿易防禦措施，如反傾銷關稅，這是判定某國的進口產品低於其市場價格，或是低於出口國在其本國售價的一項懲罰性措施。

自由貿易協定（FTA）也在減少之中。根據貿易協定數據庫計畫（Design of Trade Agreements Database）的資料，在一九九〇年代平均一年有約三十項自由貿易協定，但是之後到二〇〇八年全球金融危機期間降至一年二十六項，而自二〇一〇年後更是進一步降至只有十項。[6]美國退出TPP，美歐之間的跨大西洋貿易與投資夥伴關係協定談判停滯，澆熄了大型自由貿易協定可能復甦的希望，儘管TPP的非美國簽約國，包括日本與加拿大在內，達成一項格局較小的跨太平洋夥伴關係全面漸進協定。

與此同時，中國則在發展自己的自由貿易協定。到目前為止，中國已達成十九項雙邊協定，其中有十四項已經簽署，包括與澳洲、南韓與紐西蘭的協定，不過最重要的是與東南亞國協（ASEAN）國家的協定。二〇一八年是中國談判新的區域協定的第五年，該協定名為：區域全面經濟夥伴關係協定（RCEP），涵蓋十六個國家：中國、東協的汶萊、柬埔寨、印尼、寮國、馬來西亞、緬甸、菲律賓、新加坡、泰國與越南，再加上澳洲、印度、日本、紐西蘭與南韓。RCEP不是TPP，所涵蓋的國家人口約佔全球的一半，經濟佔全球GDP的百分之三〇與全球貿易的百分之二八。RCEP在商品自由化與關稅減免的野心都不如TPP，在勞務貿易上的限制較多，在爭議性相對較大的議題則是多有保留，包括資訊與隱私權、國有企業、對勞工的保護、人權與環保。

中美貿易關係緊張

儘管全球貿易前景低迷不利中國，但是有助中國成為一個更著重消費與服務的國家。如果中國與美國貿易衝突加劇或是爆發貿易戰，就太糟糕了。雖說雙方在貿易衝突上針鋒相對，而且越說越大聲，但是沒有人會在貿易戰中獲勝。貿易戰的策略就是使對方的損失更重，就此觀之，有貿易順差國可能會較逆差國損失更多。

根據美國人口普查局的資料顯示，二〇一七年美國來自中國的進口額是在五千億美元以上，美國對中國出口則是一三〇〇億美元。不過美國與中國間此一為三七〇〇億美元的貿易逆差並非所有都是雙邊貿易造成的，因為中國是亞洲主要的供應鏈中心，有許多產品都是由其他國家運到這兒再完成的，例如日本與南韓。根據OECD的附加價值貿易資料，如果考慮到這類的效應，二〇一七年美國與中國的貿易逆差只有一五〇〇億美元，如果再考慮美國在服務部門對中國的貿易順差，包括旅遊與商業服務，所有的逆差大約是在一一〇〇億美元到一二〇〇億美元。這不代表美國對中國貿易與投資的操作是不對的，但是我們觀察中美貿易政策也不能忽視這一點。

關於逆差國的損失會比順差國少的觀點，是在於中國的順差是與其經濟成長、工作與社福相加，美國的逆差則是自其經濟成長扣減。因此，如果逆差縮減，就算術而言，對其ＧＤＰ具有正向作用，不過美國仍將付出許多代價，包括經濟成長的損失、成本與物價上漲與失業增加。但是中國的損失更多。換一個角度來看，美國進出口總共佔ＧＤＰ的百分之二八左右，反觀中國則是佔百分之四〇。因此，相較之下，中國的經濟對全球貿易與主要貿易夥伴的作為也就更敏感。重點是，美國對中國的出口僅佔其ＧＤＰ的百分之一，也僅佔其出口總額的百分之八，然而中國對美國出口佔其ＧＤＰ的百分之四，佔其出口總額的比率更是達到五分之一。

美國外銷到中國的產品主要是飛機與零件、黃豆與其他農產品、汽車、半導體、工業與電氣設備，以及石油與塑膠。中國對美國出口主要是行動電話與家用產品、電腦與配件、通信設備、玩具與遊戲、家具與寢具、運動器材、鞋類與成衣。在服務部門，美國的優勢明顯，對中國輸出約五百億美元，主要是旅遊、智慧財產權與運輸服務，反觀中國對美國出口的服務是一六〇億美元。美國與中國的服務貿易成長快速，超過商品。相較於二〇〇一年中國加入世界貿易組織的時候，美國對中國的服務出口成長九倍，中國的出口也成長四倍。隨著中國經濟轉型，如果再平衡獲得成功，中國對服務的胃口與美國提供服務的專業將是完美的搭配。只要有政治與法規的許可，這是一個值得尋求合作的領域。

貿易戰沒有贏家，然而現在卻是戰鼓頻催。其中有一些我們可以歸因於政治姿態，主要是給國內看的。這些都是貿易外交辭令。不過也有一些是真的，反映川普已選中中國科技、貿易與投資操作來大作文章，這些都是他的前任們未曾選中的。鑒於川普是仿照獨裁者的做法，習近平更是箇中高手，我們能做的就是壁上觀了。

當川普在二〇一七年入主白宮時，許多人根據白宮與總統高級顧問有關貿易的談話認為，美國與中國間的貿易戰可能已迫在眉睫。不過情勢的發展並未如大家所擔心的那樣。事實上，當習近平於二〇一七年四月在海湖莊園與川普會面時，中國同意了一項擱置多時的議題，即是恢復對美國牛肉的進口（在經過十四年的禁止之後），同時也同意提高天然氣的進口，並對美國的支付系統供應商、資產經理人與信用評等機構開放金融服務市場。該年稍晚川普訪問中國，美國又取得二五〇〇億美元的貿易協定。

儘管雙方都宣稱有突破性的進展，但是實質性的成果卻很少。其實早在歐巴馬政府就已同意恢復牛肉進口。中國對天然氣的胃口有限，因為從煤炭到化學公司的垂直整合使其寧願使用煤炭。雖然中國表面上歡迎美國信用卡公司與債信評等業者的進入，並且放寬對外國擁有金融服務公司的限制，但是表現出來的熱忱與容忍卻遠不及貿易外交辭令。總而言之，就算是有，短期內也不會有幾家企業在中國金融公司持有大部分股權。同時，對外公布的大筆訂單貿易協議大部分都不具約束力，而且確實有可能發生的還需要經年累月的談判。

中美關係，儘管年頭年尾都有高層會談，但是卻趨於冷淡。美國開始恢復對台灣軍售，並且派遣戰艦到南中國海的爭議性島嶼附近巡弋。經過重新命名的中美全面經濟對話（Comprehensive Economic Dialogue）沒有任何實質結果，甚至沒有例行性的聯合政策聲明與記者會。中國掌管經濟與金融事務的新任副總理劉鶴二〇一八年初訪問華盛頓，重啟雙邊對話，然而卻是空手而返。

在對中國的大範圍貿易調查之後，美國政府在二〇一八年開始採取行動。第一項是宣布對來自全球的太陽能板與洗衣機加徵關稅，美國貿易代表署並且指出中國的貿易行為尤其令人關切。中國的反應是對來自美國的高粱展開反傾銷調查。高粱是美國第三大穀類作物，中國佔美國出口的百分之八〇。

接著，美國決定根據一九六二年貿易擴展法第二三二條對進口鋼材與鋁品分別加徵百分之二五與百分之一〇的關稅。一般而言，都是由美國勞工、企業或產業界提起訴願，要求美國當局展開貿易調查，由美國政府自行採取行動的情況十分罕見。[7]上一次出現這樣的情況是在二〇〇一年，目標也是鋼鐵。援引國家安全為由來實施懲罰性關稅，風險頗大，可能會引發不只是中國，還包括美國盟友，對其他的貿易糾紛進行報復。

鋼鐵長久以來一直是美國、中國與其他國家之間的敏感議題，比如光看美國鋼鐵業就業人口在二〇〇〇到一六年減少三分之一至八．七萬人，這就已成了美國的政治問題。但是其實鋼鐵業僅佔美國非農業就業人口的一小部分，只有百分之〇．一。鋼鐵同時也僅佔美國進口的百分之一．四左右，而中國甚至不是主要的來源，因為美國進口的鋼鐵有一半是來自加拿大、巴西、南韓與墨西哥。中國有一些鋼鐵公司是把其產品先運至越南再輸往美國，約佔美國進口鋼鐵的百分之三，而直接來自中國的僅有百分之一．五而已。

就中美貿易而言，這些措施雷聲大雨點小。二〇一八年三月，美國政府加大力度，根據一九七四年貿易法的三〇一條款對中國的智慧財產權展開調查。美國政府揚言要對中國在「中國製造二〇二五」計畫中的十大重點產業，價值五百億美元的相關進口產品課徵百分之二五的新關稅。這些部門是資訊科技、數控機床與機器人、航太設備、海洋工程設備與高科技船舶、先進軌道設備、節能與新能源車、發電設備、新材料、醫藥與醫療設備，以及農機設備。此一措施的意義並不在於短期的經濟效益，因為其中許多從中國的出口，包括輸往美國的其實都很少，甚至不存在。美國的目的是向中國強調，會透過貿易手段長期盯著中國的重點產業與科技業。

二〇一八年美國一個高階代表團前去北京，它的要求明確，然而就中國的產業策略來說，都是中國不可能接受的。這些要求包括在二〇二〇年前將雙邊貿易逆差削減二千億美元；中國停止對中國製造二〇二五的重點產業提供扭曲市場的補貼；撤銷或改變多項關於智慧財產權、網路安全入侵與資訊盜取、合資企業科技移轉規定，以及中國根據世界貿易組織規定進行申訴尋求報復等方面的政策。毫不意外，除了雙方同意繼續協商的意願外，美國代表團一無所得地返回華盛頓。隨著時間過去，如果信任加深，中國或許會增加購買美國的產品與服務來幫助縮減逆差，而且也會放寬美國企業在中國營業的條件。但是期望中國依照美國的要求將其產業策略降級是不現實的，尤其是這些要求有許多違反全球貿易投資治理機構的原則與法規。

二〇一八年七月，川普變本加厲，在宣布針對來自中國的進口產品加徵五百億美元的關稅之後，又採取兩項行動擴大加徵規模，每項行動的規模都達二千億美元。中國誓言要全力進行報復。中國必須小心行事，不要反應過度，尤其是因為其DNA中含有避免不穩的分子。二〇一五到一六年的金融打擊導致資本大量外逃仍是記憶猶新。如今仍被困在中國的資本，還有民營企業與家庭，已因政治趨緊的政府而感受到壓力，而貿易戰造成的動盪可能會導致他們尋求出走。這並不表示中國不能打貿易戰，重點是控制與降低貿易戰的風險當然才是符合利益的上上策。

美國關稅策略的最大問題是不會成功。此一策略會導致國內物價上漲，喪失的工作機會可能會比保留的還多。同時，由於川普政府與國會已同意在二〇一八與一九年大幅減稅，財政赤字也會大幅擴增。這等於美國儲蓄下降，鑒於外部逆差是來自儲蓄與投資之間的關係，財政赤字擴大也會導致外部或貿易逆差增加。加徵關稅不但一事無成，而且只會觸怒美國的盟友與對手。同時，美國政府若是做得太過火了，毫無疑問會導致國內共和黨議員與企業界的反對聲浪更為擴大。

此外，如果中國覺得受到欺負或是羞辱，可能不再只限於以牙還牙的報復手段，因為其來自美國的進口遠不及其對美國的出口，而將目標瞄準在中國營運的美國企業。在此一方面，中國是有一套模式的。例如二〇一七年三月，中國限制國人赴南韓旅遊，以抗議首爾政府同意裝設具有爭議性的美國飛彈防禦系統。在二〇一六年十一月，由於不滿達賴喇嘛訪問蒙古共和國，中國對該國出口商品加徵懲罰性費用。二〇一二年，由於釣魚台引發緊張情勢，中國政府鼓勵反日抗議與針對日本企業的行動，另外也因黃岩島的糾紛而限制菲律賓的香蕉進口。二〇一〇年，中國禁止挪威鮭魚進口，因為對中國異議份子劉曉波頒發諾貝爾獎，並且也對日本與其他西方國家停止出口稀土，部分原因仍是在於之前的釣魚台爭議。看來自川普上台以來，北京當局也不是閒著不做事，而是就一些可能成為報復行動目標的公司與產品發展出一套策略。

中國可以針對在國內影響為零或是微不足道的企業，或是已有替代性外國供應商的企業。例如中國可以取消對波音的飛機訂單，而由空中巴士來取代。在二〇一五年時波音在中國銷售約佔其全球銷售的百分之一二。中國也可以針對半導體業者如高通（Qualcomm）與博通（Broadcom），他們大部分的營收都是來自中國。中國也可以懲罰在中國擁有龐大業務的企業，例如蘋果、通用汽車、沃爾瑪與星巴克，他們在中國業務龐大，而且都在尋求擴張。但是這種針對美國企業的策略對中國也潛藏高度風險，不僅威脅到中國人的工作與生活，同時還有美國與其企業和中國間僅存的信任。這是中國可能不願承擔的代價，除非是情勢緊迫。

雖然美國聚焦中國的貿易操作並非沒有正當理由，但是其不分青紅皂白地片面採取全面性的加徵關稅與相同的懲罰性措施，不但會造成誤導，也會輕易引發反彈。美國應該說服中國對美國出口產品擴大開放市場，包括汽車在內。中國已同意降低現行偏高，為百分之二五的汽車關稅。在中國出售的汽車中有百分之九〇都是國產的，而中國汽車製造商二〇一七年頭八個月的市佔率達百分之四三左右。

美國應該尋求與中國對話，了解後者會在什麼情況下才會根據其自身利益來修改政策，例如允許金融之外的不具政治敏感性商業與服務部門改善其市場管道。美國有充分理由指稱中國的政策有差別待遇，對國內企業友善，卻歧視外國企業。這樣的情況涵蓋多個部門，包括智慧財產權、資訊自由流通、網路安全規定、科技移轉條件、科技業者自由營運的能力，以及服務業的相關規定與保護。這些議題多年來一直是中美協商的主要部分，但是迄今依然是中美雙方長期維持貿易關係與達成縮減雙邊貿易逆差的關鍵。

全面經濟對話是一相當合適的論壇，雙方可以藉此認清中美間的依存關係並非如其表面所顯現的是單向的。換句話說，美國可以不需擺出好戰的姿態來展現其實力。中國需要美國經濟欣欣向榮，才能向其出售產品。中國需要取得前景看好的美國企業與專業技術。中國十分倚重科技移轉，這是美國企業所能做到的，也是美國企業在中國設立據點時所需要提供的。更重要的是，中國十分珍惜其在國際貿易與投資體系中的地位。

中國也希望能夠獲得「市場經濟地位」（Market Economy Status, MES），據信，之前已得到在其加入世界貿易組織十五周年時獲得此一地位的承諾，也就是在二〇一六年，但是遭到美國與歐盟的反對。中國已向世界貿易組織投訴，該組織將做出最終裁決。擁有ＭＥＳ的國家代表其貿易夥伴接受其國內價格，例如鋼鐵，是由市場競爭，不是由政府或命令來決定。不具ＭＥＳ的國家比較可能遭到操縱市場的指控，使其相對容易受到反傾銷與其他反補貼稅的懲罰性措施。

中國不具ＭＥＳ，使其在鋼鐵與其他生產過剩的部門，還有被指利用非市場手段出口全球的部門，經常成為遭到打擊的目標。根據美國一九三〇年關稅法的反傾銷條款，商務部負責決定一國是否為市場經濟，由此判斷是否要進行反傾銷調查，以及ＭＥＳ是否適用整個國家或者只是某個部門或企業。美國可以對中國承諾幫助其爭取ＭＥＳ，以交換中國在其貿易與投資政策上原本想要保留的部分進行重大修改。

習近平治理的中國不太可能因為貿易戰而陷入混亂，除非雙方的政治關係已經瓦解。不過無論如何，如我之前指出的，貿易僅是表徵而已，真正的利益衝突是在於科技與中美企業在對方國家進行投資或營運的相關條件。其中一些利益對雙方而言都是最基本的——所牽涉的從國防與國家安全，一直延伸至經濟實力與商業化——相形之下，同意在貿易安排上有所改變看來近乎容易。因此，我們也需要檢視投資上的緊張關係。

投資緊張關係

除了貿易本身，投資關係也引發爭議。中國是希望能夠多多投資美國，只要可以獲得允許的話。根據美國官方統計，在二〇一五年時，中國在美國投資達一四八億美元（這是保有紀錄的最近一年），僅佔美國外國直接投資的五分之一。[8]但是根據研究與分析智庫榮鼎集團（Rhodium Group）的資料卻是大相逕庭，二〇一五年中國對美國投資接近六四〇億美元，二〇一六年又增加四五〇億美元，而美國對中國投資則是二二八〇億美元。[9]

不過中國對美國投資已顯著減緩，部分是因為北京當局壓制對外投資，不過同時也是因為美國外資投資委員會（CFIUS）對中國在美投資限制趨嚴所致。

例如根據榮鼎集團的報告，二〇一七年中國對美國完成的直接投資交易金額減少百分之三五至二九〇億美元，主要是因為來自中國的限制。此一數字仍在歷史高點，但是包含之前所宣布的交易。光以新的投資活動來說，降幅頗大，銳減百分之九〇而至九十億美元左右。[10]

CFIUS是美國財政部支持的一個授權單位，主要是以國家安全的立場來審核可能導致美國企業受到控制的外國投資交易，但是不會揭露交易細節以保護交易各方。該委員會直到最近為止的三十年間只否決兩項交易，然而自二〇一六年起就否決四項：中國所擁有的大芯片有限公司提議收購在加州設有子公司的德國愛思強公司（Aixtron SE）；中國私募基金凱永布迪吉資本夥伴（Canyon Bridge Capital Partners）以十三億美元收購萊迪斯半導體公司（Lattice Semiconductor Corporation）；阿里巴巴旗下的螞蟻金服，以十二億美元收購轉帳公司Monogram，以及中國IC基金旗下單位收購半導體測試業者Xcerra，中國IC基金是由國家成立來發展積體電路與電子科技的單位。在美國對中國高科技企業的行動益趨關切下，其他中國企業的計畫也受到阻礙。華為與中興通訊都受到美國商務部的調查，同時還限制美國企業與他們的生意往來。

CFIUS擔心的不僅是中國投資的增加，尤其是在策略性與高科技公司方面，同時也關切中國益趨濃厚的重商主義，這一點由中國的產業政策與策略即可看出來，例如「中國製造二〇二五」，新設與人工智能相關的策略目標，以及對在中國營運的外國企業實施的限制日趨嚴苛。若干美國政治人士已在考慮賦予CFIUS更大的權力，尤其是在食品安全、經濟安全與國家安全的相關領域。隨著中國的海外投資越來越多可能是受國家追求高科技所推動，可以預見CFIUS會益發忙碌。歐盟執委會的情況也是如此，該委員會已提出一套新的審查法案，以審查中國對歐盟的海外直接投資，主要是因為擔心中國的國有企業在企業策略、企劃與籌資方面欠缺自主權。

美國貿易逆差與中國信任逆差

在貿易與投資關係趨於緊張下，全球經濟是否有可能不再需要美國的領導？我們能否指望中國填補美國在其美國第一的旗幟下後撤而遺留的空缺？

除了習近平二〇一七年在達沃斯對全球精英發表的演說之外，中國也展現更加積極參與全球事務的意願，同時更為強勢地規劃其利益。這些是我在本書倒數第二章所要談的主題，不過在此若是不談中國正尋求以區域性的協定來取代其在亞洲的雙邊貿易協議，顯然並不合適。這些區域性的協定包括RCEP、成立亞洲基礎設施投資銀行與新開發銀行（金磚國家新開發銀行），以及一帶一路。中國的目的是藉由展現自己是值得信任的經濟與貿易安全夥伴，來吸引與拉攏亞洲國家，同時也把自己建立為卓然不群的歐亞強權。

在經濟上取代美國是一項重大挑戰，即使美國現在也願意參與其中。要像美國之前那樣成為全球化的領袖，你必須要有心悅誠服的追隨者，他們對你推崇備至，尊重與信任你的治國與外交策略，視你為慷慨與願意分享的提供者。其中或許有些例外，但是對大部分的國家來說，儘管中國是商業大咖，中國仍欠缺這些條件。

皮尤研究中心（Pew Research Center）指出，雖然在三十八國的受訪民眾中有約百分之三二表示，中國是全球領先的經濟體，但是有百分之四二認為美國才是。有趣的是，亞洲大部分國家、撒哈拉以南非洲國家，以及拉丁美洲國家的看法都屬後者。儘管中國與美國的距離已有所縮短，大部分國家的大部分民眾對於習近平都持負面觀感，雖然其程度較川普的略輕，而且大家都對中國人權方面強烈不滿。[11]

例如信任，是法治與我們在第七章談到的制度的根本，也是經濟、商業、國際協議與條約，以及軟實力的血脈。中國的專制與國家資本主義政權模式在經濟發展、高價值產品、科學與科技上成就卓著，獲得許多國家的稱許，盛況前所未見。這些都贏得尊敬，但未必是信任。

的確，中國與西方贏得信任的方式有所不同。西方文化比較崇尚個人主義，人們必須發展技能來建立聯盟與網絡，以給予與贏得信任為基礎來完成工作。中國的文化則是在既有網絡內現存的關係為基礎，而在此一網絡內具有信任關係，但是在這些網路之外就未必有信任關係。

只有在新關係繼續維持並且不會對這些網絡構成威脅時，才會獲得信任。

要成為全球化與推動自由貿易的領袖，你必須能夠給予與贏得信任，而且履行一個相當複雜的角色，即是自身利益可能與全球利益並不相聯，只能自其中選擇最好的。二〇一七年在達沃斯的全球精英，有許多都對中國國家主席捍衛全球化的演說鼓掌叫好，這可能是因為他們聽到他們所要聽的，但是他們也不會接受一位世界領袖有不同的說法。

習近平應該承認，在全球貿易體系與經濟中面臨可能遭到壓迫的新環境，包括美國打算縮減其逆差，中國必須說明其貿易順差的結構性原因，以及承諾削減順差，以幫助自己與全球。否則全球貿易可能再度走低，甚至可能導致全球經濟陷入無法避免地衰退。原因很簡單，如果全球要視中國為貿易的新領袖，各國會要求中國無限制增加提供資本，或是增加進口產品與服務。換句話說，他們要中國放棄資本管制或是貿易順差轉為逆差。

我們來做個比較，對於這兩個角色，美國都做到了。從第一次世界大戰到大約一九六〇年代，美國透過貿易順差大致滿足全球對儲蓄與投資的需求，而與其相伴的是持續輸出資本與美元流動性。從一九五二年的十年順差尤其顯著，之後持續出現順差有所縮減或是收支平衡的情況直到一九七〇年代。美國在後二次大戰時期的政策重心是重建戰後經濟，尤其是歐洲，還有貿易自由化與推動布列敦森林（Bretton Woods）協議下的機制。在此一時期，儘管大部分國家都對資本流動實施管制，但是美國持續輸出資本。這對美國與慘遭戰爭荼毒的歐洲大有助益，後者迫切美元來資助更多的貿易。

隨著時間過去，歐洲與日本重建經濟，雙雙採取成果豐碩的出口導向成長策略，美國的貿易逆差開始擴增。世人對美元短缺的關切逐漸轉為對其供過於求的憂慮。除美國之外的全球各地大力囤積美元，令人擔心美國的黃金儲備是否足夠支撐美元的供應，可以將其維持在當時為一盎司三十五美元固定價位。布列敦森林協議的固定匯率制最終倒閉，隨之而來的全球資本流動自由化也改變美國的國際收支地位。自一九八〇年代以來，美國出現巨額貿易逆差已是稀鬆平常的事，而新興市場的出口導向經濟模式使得這一情況自一九九〇年代以來更加穩固。

美國在全球體系的功能隨著需要而改變。在戰後早期，美國透過資本外流來提供美元的流動性。在浮動匯率制出現後，美國則是主要以貿易逆差來提供美元流動性，而相隨的是來自其他國家的資本淨流入，包括中國在內。不過，重點在於美國的進口在促進全球對美元需求，與維持全球經濟成長上扮演關鍵性的角色。[12]

美元無庸置疑是最主要的全球貨幣——與一些一再重覆的警告恰恰相反——以穩定、安全與流動性大致無損，但並非全部而著稱。一套穩定的全球貨幣體系的挑戰在於如何將貿易順差與逆差的水準，控制在可接受的範圍內來維持穩定的經濟成長；如何應付在全球大量流竄的資金對貿易的阻礙，以及降低全球對單一貨幣的依賴，在這裡指的就是美元。

沒有人會真的認為美元未來在全球貨幣與貿易體系中不再扮演關鍵性的角色，但是中國與人民幣就算不能取而代之，能夠當作候補嗎？

全球無法輕易取得中國資本是因為中國對資本出口實施管制。這樣的情況看來不會改變。

中國並不稀罕海外大量持有人民幣或是開放的資本市場，而對自己居於管制中國人民行動的地位感到滿意。無論如何，全球資本氾濫，並不需要中國的資本與增加進口以擴增全球的需求。

中國若要增加進口，必須允許其國際收支由順差轉變為持續但是可以管理的逆差。如我們在第三章討論的，這表示儲蓄減少，消費與進口則告增加。隨著消費佔ＧＤＰ比率增加，儲蓄與投資比率少，中國也會成為推動全球經濟成長的新引擎，在全球治理體系中扮演一個更為有力的角色。

中國願意在總體經濟政策與管理，做出這樣重大轉變的機率渺茫。但是坦白說，不論喜歡與否，美國與美元都會繼續成為全球貿易與投資體系的關鍵。貿易戰也許已是迫在眉睫，但是儘管川普政府也許已將若干政治優勢讓給習近平執政的中國，美國仍是全球體系的中心。美國與中國相互合作現在可能更加困難，但是這並非表示雙方注定要走向相互毀滅的對立之路。他們仍有空間與潛力來發展一種緊繃的關係，在此關係下雙方相互競爭，以爭取世人支持他們的構想與政治理念，並且透過發展與新科技的商業化，向世人展現他們民主制度與專制制度的優點。不過，不論中國與美國是如何解決雙方的歧見與商業利益衝突，他們都須面對如何因應中國一帶一路策略的挑戰，這也是我們接著要談的主題。

第九章
RED FLAGS

東風壓倒西風[1]

二〇一七年一月，一列名為「東風列車」的貨車拖著三十四個滿載成衣與其他消費者產品的貨櫃，自上海以南兩百八十公里左右的浙江省義烏出發，首次前往倫敦泰晤士河口的蓋特威終點站。此趟行程達一．二萬公里，經過十個國家，包括哈薩克、俄羅斯、白俄羅斯、波蘭、德國、比利時與法國，總共花了十七天。當列車抵達時受到盛大歡迎，英國廣播公司（BBC）就指出：「全球對消費者產品需求繼續成長，鐵路已成為幫助全球經濟在二〇一七年與之後前行的引擎。」[2]

幾個星期後，列車返回義烏，貨櫃滿載不同的產品，包括藥品、維他命丸、嬰兒奶粉與威士忌。這趟從中國到英國的行程其實並不特別，中國與歐洲之間的貨運列車交通已有四年之久。在二〇一八年前，中國大約有三十多座城市與歐洲大致相同數量的城市相聯。

這些發展都是在一帶一路的計畫下產生，一帶一路的正式名稱是絲綢之路經濟帶和二十一世紀海上絲綢之路，是習近平二〇一三年在印尼與哈薩克發表演說時宣布的，這兩國都是中國的親蜜盟友。當時習近平表示，維持中國鄰居的穩定是中國外交的關鍵性目標，「我們必須鼓勵與參與區域經濟整合，加速建設基礎設施與連接。我們必須建立絲綢之路經濟帶和二十一世紀海上絲綢之路，創造新的區域經濟秩序。」[3]這裡所指的鄰居一詞意義頗有意思，而習近平的倡議也引發爭議，尤其是在主要國家之間，例如美國、日本與印度。

此一貨運列車的長程旅途的確與中國絲路相互輝映，也讓人勾起了長途火車旅行浪漫情懷。但是貨運列車貫穿半個世界對鐵道迷的意義可能更甚於全球經濟與商業。利用火車把貨物運往歐洲要比海運與路運快捷，但是成本也是高兩倍，而且留下的碳足跡也比較大。貨運列車要比空運便宜許多，而且空運對貨物的限制也比較多。

但是儘管中國與歐洲之間的貨運交通是從無到有，規模卻很小，僅及雙方貿易量的百分之一左右。火車一路上必須停靠多次，以更換火車頭與車廂來符合不同的鐵路軌道與信號系統。在載運貨櫃的數量上，火車無法與貨船相比，而且中國已經表示自二〇二〇年起將不再對貨運網絡的擴張提供補貼。

這些火車主要是在於其象徵意義。他們是中國企圖心強烈、展現經濟實力，與爭取領導地位的一項計畫中的一環，所反映的是中國尋求擴大其在歐亞大陸影響力的積極外交政策。歐亞大陸約佔全球三分之一的貿易與GDP，全球五分之三的人口，以及大量的能源資源。

當毛澤東四十年前表示東風壓倒西風時，他是向他的聽眾保證風向已從帝國主義轉向重新奪回或是爭取到獨立，以及他所謂中立傾向的資本主義國家。習近平的談話或許不同，但是毫無疑問他是具有相同的想法。在習近平所謂的鄰國，中國將掌控亞洲，並在別的地方表現傑出，做為其他國家的榜樣。

就此言之，一帶一路的確值得重視。中國正在利用一些重要的優勢，透過其強大的經濟實力與亞洲相關的經濟動能來擴大影響力。中國也趁著川普以美國第一的理念自盟友與國際退出之際爭取優勢。此外，許多較貧窮的小國也希望能自中國資助與興建港口、鐵路、道路等等而獲利。他們也許並不贊同中國的政治，但是也不會拒絕中國的金援或是幫助發展基礎建設。

不過我們也不應只看一帶一路表面上的炒作。我在之前就已強調，中國其他一些政策表面與事實或是執行上有明顯差距。例如上海自由貿易區如今更像是一項房產開發計畫，而不是國際貿易中心，還有人民幣加入國際貨幣基金的特別提款權，象徵意義更大於實質的儲備貨幣地位。

同時，習近平所謂的鄰居在地理上並不連貫，原本是在烏拉爾山脈與白令海峽之間的六十五個國家，在大高加索山脈以南、博斯普魯斯海峽與蘇伊士運河以東的大部分歐亞大陸。但是一帶一路的概念有所擴張，至少在商業上是如此，而延伸至西歐、非洲與拉丁美洲，中國甚至還提出一項在北極的「冰上絲綢之路」計畫，企圖進入俄羅斯的後院，利用北極冰帽的融化，到鹿特丹的行程將縮減一半，同時開發當地的碳氫化合物與礦藏。

一帶一路是一項龐大的構想，但是觀念複雜且定義含混，可能難以配合其在國內外所宣稱的恢宏格局。實際上，該計畫可能會為中國的金融機構帶來新的財務問題，也可能會為信用評等偏低與償債能力不足的國家造成新的債務問題。在地緣政治，該計畫可能成為「傲慢的過度伸展」的樣板。[4]

橡膠遇上一帶一路

那麼，一帶一路到底是什麼？簡而言之，是一項巨大的連接計畫，涵蓋貿易、政策的協調、金融連繫、人與人的連接，不過最重要的是基礎建設網絡，包括運輸系統的興建，例如鐵路、高速公路、橋樑、機場，還有能源設施，例如發電廠、輸油管，以及電信設施。

已經展開或同意的工程計畫，包括連接雅加達與爪哇中部紡織中心萬隆的高速鐵路，可將行程從三小時縮減至四十分鐘；從中國到寮國，有一項計畫連接中國昆明與萬象，然後經過泰國、馬來西亞到新加坡；[5]一項連接亞的斯亞巴貝到吉布提的計畫，可讓被陸地困住的衣索比亞可以直通非洲之角；一項將塞爾維亞與匈牙利兩國首都貝爾格萊德與布達佩斯相聯的計畫。還有多項開發港口的計畫，例如巴基斯坦的瓜達爾港、斯里蘭卡的科倫坡港與比雷埃佛斯的希臘港；還有在巴基斯坦的中巴經濟走廊、越南與蒙古興建發電廠。此外，還有連接中國東部太平洋港口，與俄羅斯遠東到歐洲的鐵路網絡系統，名為新亞歐大陸橋。

不過，請記住，一帶一路已是一個涵蓋性名詞，包含各式各樣的興建工程與對外直接投資計畫，其中有許多都是在一帶一路宣布前就已存在，納入其中只是為了增添正在進行的計畫數量與規模。例如沿著中巴經濟走廊連接中國邊界與巴基斯坦，在阿拉伯海深水港的計畫早在數十年前就已存在。連接新疆西部城市喀什與瓜達爾港的計畫，在二〇〇二年就有了。連接孟加拉西南部與北部、東部的帕德馬大橋長達六公里，該計畫早在二〇一〇年就已提出，當初是預定二〇一三年完工。

這是沒有人知道一帶一路的規模到底有多大的原因之一，不過毫無疑問其中所牽涉的金額數量龐大。有許多分析或是評論不時會透露出一些事實與數字，不過都只是為了取悅聽閱眾。還有無數的預估，其中有的估計高達五兆美元，在在突顯一帶一路的重要性。一帶一路的規模已經超越在二次戰後重建歐洲的馬歇爾計畫。馬爾計畫的規模以今天的價值計算是在一三〇〇億美元左右，大約是中國一帶一路二〇一六與一七年各項計畫與貸款的總合。中國官員對一帶一路的預估相對溫和，估計在數年間為一兆美元。

亞洲開發銀行也為一帶一路的前景錦上添花，該行在二〇一七年預估亞洲的四十五國在二〇三〇年前所需要興建的基礎建設規模達二十六兆美元，相當於平均一年支出約一・七兆美元，是現行水準的一倍多。[6]即使是以現今的出資水準來看，中國的貢獻也將巨大。

中國目前的一帶一路投資大約是一年一二〇〇億美元，在二〇二〇年前可望升至一七〇〇億與一八〇〇億美元。[7]這些數字看來並不離譜。中國的商業銀行：中國銀行、中國工商銀行與中國建設銀行，是一帶一路的大金主，融資大部分的計畫與對外投資。他們對一帶一路的貸款僅佔他們國內信貸的百分之五，此一數字有助看清此一問題。自二〇一六年以來，他們提供一帶一路投資的五分之三融資。[8]

一帶一路未來的融資情況目前不得而知。現在對中國銀行融資的估計，並不能保證未來對某一特定貸款人或計畫貸款的品質，貸款人償還貸款本息的能力，以及政治紛擾或是一些國家對來自中國投資的態度與歧見。此外，中國對資本外流的限制，包括對外投資與放款的企業，可能也會限制一帶一路活動的成長。一般而言，相較於一些無足輕重的投資，例如房地產、旅館、奢侈品、娛樂事業與運動隊伍，一帶一路的基礎建設與興建計畫能夠優先獲得批准，但是如果在經濟成長減緩之際，中國銀行的國內貸款組合或是壞債惡化，相信他們針對體質較弱的貸款提供大型海外投資計畫融資的熱情也會消逝。

就目前而言，中國大部分海外投資（不包括香港）的接受國，都不是或者永遠都不會是參與一帶一路的國家。在一帶一路下海外投資的接受國只有俄羅斯、印尼與哈薩克。至於中國海外投資其他主要的接受國，都是市場龐大與擁有成熟科技的ＯＥＣＤ國家，例如美國、新加坡、澳洲、荷蘭、英國與加拿大，以及做為金融與財務中轉地的加勒比海海外金融中心。除此之外，中國有許多海外直接投資是至委內瑞拉、安哥拉與剛果進行原料的開發。二〇一六年初，一帶一路國家佔了中國投資的百分之一七，然而在二〇一六年中國宣布僅有百分之八．五的投資是前往這些國家。[9]

同樣地，中國政策銀行的海外貸款大部分也都是非一帶一路國家。在二〇一六年底中國開發銀行與中國進出口銀行表示，總共有六七五〇億元的海外貸款，其中百分之一五是貸給一帶一路國家，主要是拉丁美洲與非洲國家。

評估一帶一路的規模是一項永生不息的挑戰。二〇一七年五月的一帶一路論壇，習近平表示，自二〇一三年以來對一帶一路的投資已超過五百億美元。[10]此一數字幾乎可以確定，指的只是中國企業的海外直接投資，包括合併與收購在內，不過如我所說，這只是佔中國海外投資的一小部分，也許一年不會超過百分之九到百分之一〇，而且若是就金額更大的海外直接投資，也就是對各項計畫的資助來看，所佔比率更小。

在這類資助下，先是由中國國有企業（通常都是如此）競標某一計畫項目，如果競標成功，就可獲得中國的融資完成該計畫，負責經營與取得經過同意金額的營收。這類投資的總額自二〇一三年來大約在四千億美元左右，但是包括已經宣布與完成的項目。[11]其中半數也許是完成的，半數可能只是宣布的。這點很重要，因為後者儘管可能需要多年才能完成，但是可以抬高整體的金額。

我們也很難掌握一帶一路的支出與籌資的規模，因為這是一項格局龐大的計畫，需要持久經營，而且往往也牽涉到各級政府與行政單位的高層協調。這些包括中國三十二個省政府的大部分列出他們較為適合的項目與產業。二〇一四年一帶一路又被納入國家經濟發展策略中。國家發展與改革委員會是領銜單位，同時也是最有權勢的中央機構，但是國務院、國家安全委員會、商務、財政、外交部，與全面深化改革領導小組也都參與其中。此外，國務院還有一個一帶一路領導小組，由國務院副總理暨政治局常委張高麗主持，並由四位資深黨員擔任副手

（譯按：二〇一八年五月，一帶一路領導小組組長已由國務院另一位副總理韓正接替張高麗擔任）。[12]

除此之外，還有十五個部會與單位也在尋求能夠發揮影響，但往往在財務上造成衝突，雖說省長與國有企業首長在黨內的層級在部長之上，也需要推動他們中意的計畫。如果這樣的官僚體系還不夠麻煩，一帶一路現在不單是十三五計畫的一環，而且也列入黨章。

一帶一路同時帶來商業與對立

就政治與策略面而言，一帶一路造成重大問題。例如有些人認為這主要是一項歐亞大陸的發展計畫，中國就和往常一樣扮演領導者的角色，提供公共財與改善此一世界大片土地的經濟。其他人同意這樣的說法，但是也認為這是中國的經濟外交政策與國際關係計畫，其目的主要是讓中國獲利。

兩者的區別相當重要。歐亞大陸發展計畫意味中國擔負起領導人的角色，追求區域與全球的目標，必要時會將自身立即的國家利益擺在次位。然而就歷史來看，並不能確定會出現這樣的情形。中國的確加入亞洲基礎設施投資銀行，並且是最大股東，擁有有效否決權，不過也須同意一套由國際接受的治理架構。然而就中國國際關係的核心理念來看，如果一帶一路並非中國第一的策略就真的有些奇怪了。

除了亞洲基礎設施投資銀行外，還有多個機構與一帶一路相結合。中國絲路基金對政策發展銀行提供資本。上海合作組織（SCO）、有二十一位成員的亞太經濟合作組織、區域全面經濟夥伴關係，還有多項雙邊貿易、換匯與貿易協定的組織架構中，許多重要的部分都是以中國為主。不過這些都不是專門針對一帶一路。SCO是一政治、經濟與安全集團，二〇〇一年由中國倡議與四個中亞共和國成立，不過現在包含印度、俄羅斯與巴基斯坦。

美國二次戰後的金融與全球政策理念是反映在馬歇爾計畫，但是一帶一路並非如此，他並沒有提出新的國際架構。一帶一路並沒與其成員設立正式的機構，也沒有為參與其中的國家成立祕書處。一帶一路沒有為計畫的實施與運作，設立一定的標準、設計規範、籌資原則與保全措施。一帶一路在貪腐、人權、勞工與環境標準等方面都很少著墨，也沒有所謂的透明化與責任制。這種沒有組織架構的情況，並不影響基礎建設的商業與財務決策，但是對於中國與其較大的鄰國，還有其他強權之間的關係，卻可能是一大缺失。

經濟與地緣政治：驅動者與分裂者

二〇一八初，中國戰艦進入印度洋，有一些駛向美麗的馬爾地夫，當時該國正陷入一場憲法危機之中。該國總統亞明（Abdulla Yameen）之前對中國的港口與其他基礎設施的融資和興建，敞開大門、交出主要的港口、簽署自由貿易協定，與加入一帶一路。印度大為不悅，尤其是因為該國一直視馬爾地夫是在其勢力範圍之內。中國派遣戰艦是為嚇阻印度干涉，儘管印度是應馬爾地夫主要反對黨邀請而來。此一發生在一帶一路初期的事件，可說是一帶一路未來在政治與商業上可能面對的衝突縮影。

也許這樣的情況並不意外，因為兩者之間關係緊密，都是來自於中國在亞洲與全球經濟中經濟實力的崛起。我們首先來看一帶一路的主要經濟驅動力量。

中國是區域與全球生產體系的重鎮，類似一次大戰與二次大戰之間，一九六〇與七〇年代的日本。中國是全球最大的出口國——佔全球出口近百分之一五——因此其國內經濟與政治需求，與優先目標在世界的重要性也與日俱增。不過儘管如此，中國需要積極參與全球事務，以保護與促進其商業與貿易能夠得以運作的環境。

中國依賴進口能源、原料與食品來供應國內經濟與人民需求，而其貿易也依賴進口供應鏈。中國大量投資海外，有數以百萬計的人民在海外工作、求學與旅遊。儘管資料有些過時，不過據統計在海外建立的企業超過二萬家，而在海外的中國人民超過一億人。[13]中國迅猛的經濟發展不僅造成貧富不均，同時也在鄉村與城市之間，貧窮的西部與中部省分與富有的沿海各省之間形成嚴重失衡。

西部省分的人均所得僅及沿海省分的一半。二〇一六年上海的人均所得，是中國西北省分甘肅的四倍。中國西部省分與城市是北京當局與銀行財務支援的主要對象，也是國有企業密度最高的地區。南端在瓜達爾港的中巴經濟走廊，主要就是為了發展新疆省的部分地區，該省距離東海岸達五千公里，住有大批土耳其語系的穆斯林人口，是中國主要的安全與分離主義威脅。

一帶一路也要幫助重振中國的製造業與促進新產業的發展，例如先進製造、高速鐵路、電信、綠能，以及經濟相對落後的省分。十三五計畫、中國製造二〇二五產業策略，以及最近推出要在二〇三〇年前成為人工智能世界領袖的計畫，都是在推動中國發展「具有中國特色」的先進資訊與數位系統，而不是繼續自美國與其他西方企業與國家的貨架上購買相關科技。

中國也要利用其在全球擴張的足跡，建立自己的科技與產品標準，爭取海外的認可與接受，從而成就其商業與名聲。中國的高速鐵路或許不能做為現代工業與技術的代表，不過卻能體現中國追求的目標。如果中國能讓海外接受其產品與技術標準，就可使其市場定位更加寬廣與穩固，不僅是為其高速鐵路工業，比如說，與日本的競爭帶來助益，同時也對相關的製造業者與供應商大有幫助。中國工業和信息化部門認為，高速鐵路的成功可以帶動東南亞、中亞與西亞，對其高端產業出口的需求。例如印尼已選擇中國，而不是日本，來建造連接萬隆與雅加達的鐵路系統，事實上就等於接受中國的科技、設備、興建與管理。

毫無疑問，中國會在其具有差別性待遇的產業政策下推動發展。這並非中國獨有的現象，因為其他的亞洲國家，例如日本與南韓早年都是在保護主義的屏障後發展工業。但是時代不同，當時他們有受到美國的保護與鼓勵。現在的中國卻沒有，而中國的操作，例如工業採購、產品標準、資訊安全、稅務與競爭法規，以及智慧財產權，都日益受到美國與其他國家的關切。

國有企業過去的主要工作是尋找與開發天然資源與貿易機會，不過現在要他們做的比以前更多。他們現在仍需要支持城市化、基礎設施、能源與其他興建工程，這些都需要來自非洲與拉丁美洲的鐵礦砂、鋁土、銅與其他金屬。不過國有企業現在也是中國對外投資與相關計畫的重心，站在國與國間基礎設施與貿易協議的最前端，同時也需從事財政支援安排與貸款、教育與訓練機會。

一帶一路預期可以釋放因產能過剩而陷入低迷的重工業的壓力，主要是煤炭與鋼鐵。這些公司可以在海外傾銷煤炭與鋼鐵而直接把過剩產出出口到一帶一路國家，或者是將產能轉移至其他國家。後者看來比較可能。例如中國計畫把河北省二千萬噸的鋼鐵過剩產能（以及水泥與褶皺玻璃）在二〇二三年前移往東南亞、非洲與西亞。[14]這樣的對直接投資策略或許可以舒緩中國產能過剩的情況，但是卻在其他地方造成困擾。就全球的觀點來看，出口並不能解決問題。

符合中國經濟利益的不一定符合其他國家的經濟利益。雖然大部分人可能認為較小的國家，尤其是較貧窮的國家，都會歡迎中國的援助與基礎建設施，不過也有重大限制與條件。有些國家可能在經濟上無法，或是沒有政治意願，來吸收中國規模龐大的過剩產能，或是整合新的大型興建計畫。他們也可能缺乏政治彈性或預防貪腐的機制。債信評等在投資級以下的貧窮國家都被限制無法取得重要的融資管道，例如與官方的開發機構聯合籌資。由於大型的基礎建設計畫往往也伴隨著貪腐與劣質治理，限制融資管道所造成的傷害特別嚴重。

接受一帶一路資助與相關計畫的國家，可能不需要對其借貸能力提供擔保，就可充分利用其計畫。不過，他們可能需要提供一些檯面下的輔助服務。例如主要兩個地點的交通不如預期，儘管沒有獲得中國的資助，當地政府也設法改善或興建道路與鐵路，或者是提供海關與行政上的方便、裝卸貨物的法律結構，以及倉儲與配送設施。

雖然有關一帶一路的報導通常是又簽了新合約與工程計畫的進度，但是值得注意的是也有一些糾紛、取消合約或進度延遲的報導。二〇一七年底，巴基斯坦撤銷原本要讓其北部阿莫—巴沙大壩納入一帶一路計畫的要求，表面上是因為融資條件，但也是因為對中國有關所有權的條件不滿。與此同時，中國興建與收購斯里蘭卡的漢班托特港與港口城市科倫坡計畫，也引發中國威脅到斯里蘭卡國家主權的指責，造成一座新機場大而無當與舉債過多。在非洲，隨著中國涉入加深與越來越多的企業、勞工與資金到來，殖民主義的指責也隨之而來。[15]在二〇一七年開始營運的奈洛比至蒙巴薩島的鐵路，還有之前完成連接亞的斯亞巴貝與吉布提的鐵路，這是一項將印度洋港口與天然資源蘊藏區相聯的計畫，都使得參與其中的政府面臨沉重的財政壓力。這些計畫與包括坦桑尼亞與納米比亞在內的其他國家，都是允許中國擁有金融、房地產，與天然資源相關企業的股權。雖然非洲得到中國的基礎設施融資、興建與營運等協助，但是其條件也讓一些非洲國家想到當年遭到殖民主義剝削的情況。

在巴基斯坦，中國出資六百億美元協助興建基礎設施的中巴經濟走廊，須經過部落地區與衝突不斷以及恐怖主義的地區。尼泊爾、緬甸、泰國與斯里蘭卡也都有政治與商業糾紛。在馬來西亞，二〇一八年當選的新政府，上台不久就暫停四項由中國資助的大型鐵路與輸油管計畫，主要是因為其中牽涉貪腐問題與過度支出。

就經濟層面來看，一帶一路更像是中國的中心策略，小國或許可以自其中獲利，然而如前所述，包括舉債能力虛弱的一些國家可能會發現需要付出財政壓力加重，與面對政治敏感爭議的代價。根據一項針對一帶一路融資的研究顯示，過度依賴向中國舉債與中國反對國際機構提供融資的行徑，使得參與一帶一路的二十三國都面臨財政壓力的威脅，其中有八國甚至出現債務難以延續的問題。[16]

一帶一路不僅是古代絲路的浪漫情懷與迷思，更重要的是做為地緣政治的驅動者。一帶一路代表的是中國向世界提出一個可供選擇的專制模式，並且尋求影響周邊的政治環境有利於自身的發展。中國已經是許多國家最大或是主要的貿易夥伴，中國也和多國進行密切的文化與教育交流活動，尤其是在亞洲。早期是殖民帝國，之後是美國，都是尋求藉由他們的商業影響力來建立政治影響力，如今中國也是如此。

但是歐亞大陸涵蓋了一些國家與地區，老早以來就對來自中國的控制與支配充滿不信任與害怕。我們不必刨根究底就能發現，可能引發衝突與對立的地方。

南中國海佔全球海上貿易的百分之三〇左右，擁有無數的漁場，一年魚獲量是全球的百分之一二。[17]同時，中國十大港口有六座是在東中國海。這些商業利益都必須受到保護，而中國自然不會滿足於不單單只擁有一支海軍，而是渴望成為一個海上強權。中國建造戰艦與潛水艇來裝備其海軍，而且擴張海軍的速度遠超過其他國家。不過中國同時也想要擁有廣大的軍事用地、海域，甚至太空領域、一支海岸巡邏隊、密集的港口設施、商船與漁船船隊，以及造船工業。中國的航運公司現今所裝運的貨物遠超過任何一國，全球十大貨櫃港中國就佔五座，而且還有全球最大的海上執法艦隊，與二十萬艘以上的漁船。[18]

然而在追求這些目標的同時，與其他國家發生摩擦也是難以避免，有許多國家都認為中國太過份了。美國與日本都因海上與島嶼的利益主張而與中國槓上。中國希望美國太平洋艦隊離中國越遠越好，而直接聚焦於第一島鏈，這是從俄羅斯堪察加半島的島嶼南下經過日本而抵台灣，然後再至菲律賓與馬來半島。我們可以想像，最終中國會將其海軍的觸角延伸至印尼，甚至澳洲。中國已和日本在一些無人居住但具戰略意義的島嶼上引發衝突，這些島嶼名叫釣魚台列嶼，日本則稱之為尖閣諸島。

中國同時也主張，在其所謂九段線（Nine-Dash Line）內海域、島嶼、礁石擁有主權，九段線是中國對南中國海海域權益邊界的一種地圖畫法，但引發爭議。中國主張在此一線後的整個區域擁有歷史主權，九段線像是一個巨大的U型，起自越南海岸，一路抵達馬來西亞，然後向北經過汶萊，直抵菲律賓的最北端。自二〇一四年中國就在此一區域進行大型疏浚與填海造陸的工程，收回六、七座島礁，建設為以大海為基礎的跑道、港口，以及防空與反導彈電池組。

二〇一六年，海牙的一個國際仲裁庭針對一項菲律賓對中國的仲裁案做出有利前者的裁決，裁決對前者有利，裁定後者不能就露出海面的岩層做為主張主權的依據，而且中國在這些水域從事捕魚、探勘石油與興建人造島的行為，已侵犯菲律賓的主權。中國拒絕承認與接受此一裁決。例如新華社就攻擊此一毫無根據的裁決無效與子虛烏有，黨報《人民日報》則是指出，該國際仲裁庭枉顧「基本事實」，並且「踐踏」國際法與相關準則。19

不久之後，菲律賓變天，杜特蒂上台擔任總統，採取與中國恢復友好的政策，後來並與中國站同一邊，表示中國在南中國海的活動並不是針對該區域的國家，而是美國。但是其他國家就不這麼容易就範。中國在阿拉伯海與印度洋興建與取得港口，主要是在巴基斯坦俾路支省的瓜達爾港，讓中國的商業與艦隊可以延伸到只有三八〇公里遠的阿曼與波斯灣附近。這表示，中國的石油運輸不再需要大老遠繞過印度，橫越印度洋，穿過東南亞的麻六甲海峽，北向駛至東部各省。麻六甲海峽長八八〇公里，最狹窄的地方間距只有二・五公里，中國自海運進口的石油有百分之八〇須經過這裡，是自波斯灣到上海一・二萬公里行程的潛在阻塞點。但是瓜達爾港則是提供中國印度洋艦隊一個位置完美的海軍基地，包括潛水艇與航空母艦在內的軍艦可以在此停靠修理補給，中國海軍行動將因此大獲支持。

中亞，包括俄羅斯與許多前蘇聯共和國，構成中國的地理位置。此一區域的地勢崎嶇不平，擁有豐富的原油蘊藏，是中國西部、歐洲與中東之間的策略性通道。不過該地區人口稀少，發展落後。

從經濟的角度，中國主要視俄羅斯為次要的夥伴。雙方的依賴關係嚴重傾向中國。俄羅斯總統普丁曾對一帶一路表示歡迎，俄羅斯與中國並且在上海合作組織與其他歐亞論壇密切合作。普丁關注的是一帶一路與他的歐亞經濟聯盟（Eurasian Economic Union）建立連接，該聯盟的成員包括俄羅斯、哈薩克、白俄羅斯、亞美尼亞與吉爾吉斯等前蘇聯共和國。鑒於中亞能源蘊藏豐富，需要輸油管與鐵路運輸，與其商業合作總比對立要好。中國與俄羅斯的關係看來並沒有特別不穩。

儘管東南亞已高度發展，不過一帶一路在印尼、馬來西亞、菲律賓與泰國的鐵路運輸項目仍獲得商機。但是中國在亞洲此一地區的計畫，大都是與在如柬埔寨、緬甸、尼泊爾與越南等較貧窮的國家。要再次說明，這裡不是沒有大型的未報導事件。二〇一七年底，尼泊爾撤銷一項二十五億美元的水力電廠計畫，並且指責中國企業有金融違規行為。緬甸在二〇一四年曾叫停中國資助的三六億美元水壩計畫，後來又撤出一項大型水力發電計畫。

中國對非洲的興趣是自東非，尤其是肯亞、衣索比亞與吉布提的海軍設施，到埃及、剛果、摩洛哥、南非、喀麥隆與東加。但是商機有限，這是因為當地的開發水準與舉債能力都十分低落，而且私營部門活動也相當疲弱。

歐洲是一帶一路的潛在大獎，不過中國一帶一路的活動主要是在波蘭、匈牙利、保加利亞、斯洛文尼亞、波羅的海、巴爾幹半島國家與希臘。歐盟對中國投資的看法好壞參半。歐盟已對中國的公開招標違規行為展開調查，而中國的公開採購、互惠原則、市場管道與隱私權保護，還有其他一些商業與投資事務，都是歐盟根深柢固的議題。

中國一帶一路的潛在明珠是在南亞，其中巴基斯坦是中國的老盟友，另外還有斯里蘭卡與孟加拉。當然，印度不在此列。印度是與較大、較富有與人口較多的日本、美國、澳洲一夥，開始聯手對抗中國，此一發展可能會產生重大影響。如果這四國能夠密切合作，可對東南亞國協的國家發出一個重大訊息，這些國家與中國已具有緊密的商業關係。二〇一七年他們與中國的貿易額達到五千億美元，幾乎是中國與歐盟的水準，但是這些國家有許多都是政治中立或是美國的軍事盟友。如果印度、日本、美國與澳洲四國，能夠加強與東協的關係，可以幫助東協國家擺脫現在艱難的策略困境。

日本地位重要，特別是因為其與中國的歷史，與雙方長期不信任。在一九四五年之後的大部分時期，日本在亞洲都是扮演在美國身邊的配角。然而就川普的美國政策觀點，日本首相安倍正領導日本重新思考同盟與其在亞洲以及其他地區的國家利益，而最重要的是從日本的角度來看國防預算與戰略。日本對一帶一路的態度是模稜兩可，一方面是對中國表示觀迎並且願意合作的熱情表態，但是另一方面卻是提出其他的政策與方案予以平衡，並且藉此主張自己在亞洲更為自信的新角色。

二〇一六年，安倍為亞洲提出一項新的發展與安全計畫，做為對中國的反制，其中包括在該地區推廣「高品質」的基礎設施。他強調這對基礎設施的商業化十分重要，尤其是對設施所在的國家，可以開放給所有人使用，而且這些設施可以透過透明與公平的採購來推廣。這些條件看來是為區隔日本的方式與日本眼中的中國方式。日本同時也在美國撤出原先的協議之後，擁抱與簽署跨太平洋夥伴全面進步協定（CPTPP）。

日本的基礎設施策略是與外務省二〇一七年宣布的官方發展援助相聯貫，外務省指出，此項援助將用來推動一項印度—太平洋自由開放策略。根據有關此一政策的文件顯示，日本會

「加強亞洲與非洲之間的連繫，以促進該區域的穩定與繁榮。」[20]不論日本是否會與其他國家合作，或是透過亞洲開發銀行與亞洲基礎設施投資銀行來進行此一策略，這一政策都被視為是針對一帶一路。日本也許是一個老齡化的國家，人口在逐漸減少之中，但也不致於不會動用自身的經濟與商業實力來對抗迄今仍心懷歷史仇恨的中國。

印度是唯一受到中國二〇一七年北京一帶一路論壇邀請，卻沒有出席的國家，而且印度從來沒有掩飾其對一帶一路不滿的看法。儘管印度總理莫迪（Narendra Modi）二〇一八年與習近平會面被視為中印關係恢復友好，雙方都有理由避免強調緊張的關係，但是卻徒勞無功。印度的根本問題是對中國有著根深柢固的不信任感，還有一九六二年與中國爆發軍事衝突遭到擊敗的歷史包袱，以及中國與巴基斯坦的友好關係，尤其是在克什米爾與吉爾吉特—巴爾蒂斯坦（Gilgit-Baltistan）具有糾紛的地區。印度前國家安全顧問梅農（Shivshankar Menon）支持莫迪對中國的看法，他在二年前訪問北京時就曾告訴習近平，他在二〇一七年表示：中巴經濟走廊「是我們無法接受的」。[21]

同時，印度也視中國侵犯其勢力影響範圍，包括斯里蘭卡、尼泊爾與孟加拉，在喜馬拉雅山區擁有共同邊界的土地與水源，以及以所謂的「珍珠鏈」——海軍與港口設施包圍印度與聯接緬甸、孟加拉、斯里蘭卡、巴基斯坦與吉布提。儘管相較於中國，欠缺經濟實力與興建基礎設施的名聲，不過印度依然發動反擊，不僅是與區域內的盟友、印度洋的國家與島嶼，甚至還與美國與日本加強合作。印度與日本合作在斯里蘭卡、孟加拉與緬甸，興建能源、電力、港口與運輸等基礎設施。印度同時也與美國、日本、澳洲建立四邊對話，尋求能夠吸引亞洲的替代性方案，以反制一帶一路。

歐亞大陸的對決

一帶一路在中國意義重大，中國甚至為其製作一系列以一個孩子床邊故事為主線的英文影片。其中一部影片是一位美國父親告訴他五歲的孩子：「這是中國的主意，但是屬於全世界。」[22] 此一阿諛恭維的一帶一路版本還附有一段中文敘述，語調愉快地回顧古代的絲路，並且重述這是習近平為全球福祉的創見。

二〇一七年五月一帶一路論壇在北京揭幕，習近平提醒二十九位國家領袖與來自逾一三〇國與七十個國際組織的代表，二千多年前，「我們的先輩篳路襤褸，穿越草原沙漠，開闢出聯通亞歐非的陸上絲綢之路。」他接著指出連接東西方的海上絲綢之路，並且強調「古絲綢之路打開了各國友好交往的新窗口，書寫了人類發展進步的新篇章……積澱了以和平合作、開放包容、互學互鑒、互利共贏為核心的絲路精神。」[23]

毫不意外，西方人士對於這一番話的解讀卻是有所不同。沒有人會爭論中國曾經是一個富有、相對成熟，而且在商人與工匠的帶動下民間貿易十分發達。然而「和平合作、開放包容」的概念雖沒有押韻，卻是饒富詩意。中國從來沒有與其他國家，或是成熟程度與其相當，甚至僅是接近的文化交流。這部分是因為中國的地理位置，往南受限於喜馬拉雅山脈與西藏高原，西邊又是浩瀚荒蕪的中亞沙漠，而且與波斯、巴比倫王國以及最終的羅馬帝國距離遙遠。更重要的是，中國從來沒有政府或國家支持的外貿與外交政策，在這樣的情況下，中國對於世界帶給他們的東西，所擺出的都是一副鄙夷與拒人千里之外的態度。季辛吉就曾表示：「與中國貿易彌足珍貴，因此中國精英並不認為是經濟交流，而是對至高無上的中國的上貢，其實並非全然是誇大之辭。」[24]

一帶一路史無前例，除了一些華麗的詞藻之外，其中要以陸地與海洋包圍印度的野心就是全新的概念。為中亞、中東歐洲部分地區，與非洲的電力、運輸和基礎設施發展建立一套金融與資源交換系統，建立貿易與安全關係以防止美國接近亞洲，或者至少是阻止其前進，也都是新構想。

中國今天走向全球的方式與前任領袖過去六十年來的做法有所不同。鄧小平一直是要求中國保持低姿態，甚至在一九八九年蘇聯瓦解之後，他還勸告他的同志與國人，要「冷靜觀察、穩住陣腳、沉著應付、韜光養晦、善於守拙、決不當頭、有所作為。」[25]鄧小平處理國際關係的方式主宰中國二十年左右，如今因為中國經濟的崛起而有所轉變。的確，中國現今的經濟無論在地位、實力與企圖心都不可同日而語，甚至獲得其他國家的尊重。此一時刻終於在二〇〇七到〇八年金融危機時期來到中國。中國崛起無可避免地引起美國的緊張。

二十年前，美國前總統詹森（Lyndon Johnson）的顧問與卡特（Jimmy Carter）時期的國家安全顧問布熱津斯基（Zbigniew Brzezinski）主張，歷史上所有想爭奪世界霸權的人都是來自歐亞大陸，他稱之為軸心超大陸（axial supercontinent）。他寫道，誰能控制歐亞大陸，誰就能在世界經濟最興盛的三大地區，對其中兩個擁有絕對的影響力。他當時擔心的是政局不穩的俄羅斯、中亞的種族衝突，與勢力強大的對手。他警告：「美國沒有歐亞大陸策略，除非先培養出中美的政治共識。」[26]

在大部分時間，儘管有時會出現摩擦，美國與中國都在尋求建立政治共識。在柯林頓時期，美國視中國為策略夥伴。在小布希時期，中國成為策略性競爭對手，不過他的副國務卿佐立克（Robert Zoellick）則是鼓勵中國做一個在「國際體系負責任的利益相關者」。在歐巴馬的第一任內，國務卿希拉蕊（Hillary Clinton）表示，儘管有人認為中國崛起成為一位對手，「我們相信美國與中國可以自雙方的成功中獲利，我們在共同關切的領域與機會分享的基礎上，加強合作符合我們的利益。」[27]同一年，歐巴馬與中國國家主席胡錦濤建立高層中美戰略與經濟對話，雙方官員利用此一平台定期會面討論關於經濟、金融，與商業等方面有關共同利益的議題。

但是在金融危機的衝擊下，美國經濟趨疲，政治也走向妥協，然而所面對的中國，經濟依然充滿自信，美國只有改變對策。二〇一三年美國提出新政策：「重返亞洲」，此一政策有部分是受到一項討論的啟發，即是以北京共識（Beijing consensus），或是中國的發展模式來做為取代既有的華盛頓共識（Washington consensus）的一個選項。不過美國的政策一向是絕不容許北京共識深植亞洲。根據美國前國家安全官員格林（Michael Green）指出：「美國在遠東的政策長期以來是不能容忍其他勢力，在亞洲或太平洋建立獨大的霸權。」[28]

到了川普政府上台，美國先是尋求中國能在北韓糾紛中擔任調停人的角色，但是後來美國政府又逐漸回到較為對立的立場。二〇一七年底，美國國家安全戰略報告，將中國描繪成首要威脅，並且在侵犯別國主權上益趨強勢。該報告指責中國以前所未有的規模從事貿易，尋求散播集權主義，大力擴張軍力與侵入美國創新的經濟。

多年來中美之間的互動儘管表面上是對手，但在私底下卻是夥伴關係，然而現今雙方這樣的政治共識卻是有些動搖。暫時來看，東風顯然佔有優勢，但是沒有什麼是確定的。

我們必須期待未來的美國政府能與中國繼續交往，最好是在與亞洲和其他地方的盟友重新連繫之後，透過重建貨幣、經濟、網路安全與資訊相關論壇的合作機制，公平公正地與中國發展關係。儘管經濟實力領先全球，但是中國仍然缺乏奈伊（Joseph Nye）著名的「軟實力」，即是「一國讓別國服從你的目標，從而使你得到你要的東西」。其中的關連性並不是在於較小與較貧窮的國家，而是在於較大與較有權勢的同輩。中國以交易導向方式形成的商業行為引起爭議，例如對委內瑞拉提供資金，或是將勞工隨同資金輸往原本就有許多失業勞工與就業環境惡劣的國家。西方價值，儘管在中國受到嘲笑，不過在亞洲許多地區與全球經濟舞台仍有一席之地，即使有人對其自由市場經濟思想感到失望或是幻想破滅。

據信，福特（Henry Ford）曾經說過：「當一切都對你不利時，請記住，飛機是逆風起飛，不是順風。」共產黨與其他人表示，一帶一路將改變世界秩序與全球經濟，並不意味真的會如此，或是我們能夠預測受其影響的國家反應，或是他們的既得利益。

第十章
RED FLAGS

習近平執政的中國

上海地標東方明珠電視塔以西六公里左右，座落於黃浦區興業路七十六號的一棟看來並不起眼的建築物，現在是一座紀念館，是一九二一年十幾位作家與政治活躍份子集會，召開共產黨第一次大會的場所。當年的共產黨員大約只有數百位，現今該黨已擁有約八五〇〇萬名黨員，大家都在期待於二〇二一年慶祝其成立一世紀。

該年也是共產黨執政七十二年，正是蘇聯共產黨自一九一七年至八九年的執政壽命。想來習近平與其他政治大老最大的夢魘一定就是中國共產黨跟隨蘇聯共產黨遭人遺忘，因此不斷地以蘇聯共產黨的滅亡來警惕中國共產黨員與軍隊，一定要永遠嚴守紀律、服從與忠誠。

接著他們可以攜手慶祝另一個重大的百年紀念，即是二〇四九年的中華人民共和國建國一世紀，而共產黨為其設立目標，屆時中國要成為一個強國。在這兩個百年紀念的中間，共產黨也為中國設立了一個中程目標，全面成為一個「小康社會」。習近平在黨內的地位與影響都已穩固，如果他的健康情況允許，又沒有出現任何重大惡性事件，而他的政敵也甘願雌服。二〇一八年已六十五歲的習近平，在此一時期的大部分時間將繼續擔任國家領導人。

對中國、亞洲與西方，習近平的行止影響深遠。我們未來必定會面對三個基本議題，這正是我在本書所要強調的。

政治重新掛帥

首先，雖然習近平並不是中國集權主義的始作俑者，但是中央集權與以他為中心的控制權已為中國的現代史創造了「獨裁政權」的新篇章。有人將他比做毛澤東，姑且不論這樣的比喻是否正確，他的確是借用毛澤東在文化大革命的用詞「政治掛帥」來追憶毛澤東的時代。習近平的政治就是黨的政治，而國內政策與國際關係也只有黨說了算，不是集體機構或是技術官僚能夠置喙。黨其實就是帶有中國特色的現代社會主義的定義性特徵，不只是在經濟與商業，在教育、體與文化等各層面都是無所不在。

我以「回響」做為第一章的標題，是有意提醒儘管中國已有上千年的發展，有些事情仍是沒有改變，就像過去的回響，以此言之，習近平是新皇帝的說法就引起共鳴。由此也產生困擾中國已有千年之久的兩個治理問題：缺少層層負責的機制與所謂「壞皇帝」的問題，無法進行有序繼承。由於缺乏制度上的限制與共識，難以預測習近平執政的中國的行為，尤其是在其犯錯、失策與失算的時候。如今已沒有問責機制來移除壞皇帝，而至少可以讓習近平在二〇二二年交出政權的任期制也已撤除。

我們知道，中國領先全球建立一套植基於道德高標準的高效率官僚體系，然而在過去並不能解救因皇帝遠在天邊或是反應遲緩而導致的衰敗，未來也不會。習近平現在是中國共產黨的總書記、中央軍事委員會主席，而且如果他要的話，將是終身的國家主席，地位崇高。習近平大權獨攬，黨和其機構則是奇妙地融合力量與弱點。

一個強大的政黨國家在政策上可以維持其一致性與連貫性，有人或許會爭論在數位化與資訊密集的社會中，高層官員不可能不知道人民在做什麼或要做什麼。不過此一議題的重點不是官員知道什麼而是如果知道，會如何反應，在資訊本身賦予人民權力的時代，更是如此。政策的一致性與連貫性並不代表一定就是好的或設想周到的政策。的確如此，集權化本身就取代了制度化、法規的透明化，與通常用來治理社會的規範。

治理與制度也因此成為中國二十一世紀所要面對的挑戰，而且如今更顯重要。不受限制的權力、言論受阻、加強國家審查與限制學習、對異議份子的打壓，以及將國家監察委員會納入憲法，可不是推動改革與促進經濟的理想幫手。政治、法規與其他形式的干涉手段現在也進入企業董事會中，包括私營企業在內，然而這也是中國發展的主要動力。

在習近平執政的中國，政治長期以來都是在後面推動經濟發展的順風，然而如今卻變成令人望而生畏的逆風。不過中國論點卻是持相反的論調，只是也受到一些國外批評人士的挑戰。中國的論點是政黨國家的強勢正是當前環境所需要的，尤其是在西方經濟思維與表現破產之際。到底誰才是對的，目前言之尚早。不過儘管我們在為西方療傷止痛，我們也不能只因為中國模式有所不同而認為就會成功。

錯綜複雜的經濟矛盾

其次，中國面對許多經濟挑戰，而且這些都已存在多時。習近平和他的親信顧問都知道經濟模式需要改變，他們面對的主要矛盾是在於一邊是現代化、市場與實施法治的需求，一邊則是政黨國家，兩者之間的緊張關係。老式的辯證法會將其歸於意識型態，承認黨在經濟與社會的所有事務之上。但是這樣並不能保證此一方式足以化解我們在本書中所講的四個陷阱。債務與匯率陷阱在未來幾年就會出現，還有在中期需要面對的人口老化與中等所得陷阱，而且所處的還是一個貿易相對不友善，黨干涉大增的環境。

二〇一七年第十九屆全國黨代表大會，黨改變需要解決的官方「中央矛盾」。自一九八一年以來，中央矛盾指的是「人民日益增長的物質文明需求和落後的社會生產力」的衝突。不過現在說的是「發展不平衡、不充足，和人民需求不斷增長」的矛盾。兩者之間主要的不同點，至少在表面上看來，政府的優先目標是以任何代價（包括環境在內）來推動經濟高度成長，轉向金融穩定，這已成為協調性的監管活動目標、改善環境與汙染、降低所得與地域不均，以及強化社會安全網。

中國只有戒掉設立不切實際的成長目標的癮頭，這些優先目標才具有意義。現在至少還無法確定是否會發生，不過這是一個關鍵性的問題，而其答案要看中國對改革有何期待與中國如何因應本書所強調的四個陷阱。

我在前言中提到GDP目標，強調中國是如何把GDP設為目標，而不是如西方的評量體系把GDP做為隨機支出決策的結果。把GDP設為目標的問題是無異於賦予其交出GDP爛成績的執照，也就是不具商業性、債台高築與虧損連連的投資，以及終究需要償還而會傷害GDP的貸款。

目標看來仍會留在原地不動，而現行的目標是將二〇一〇到二〇年的人均所得提高一倍。然而最嚴峻的考驗，同時也是中國最主要的矛盾，在於中國共產黨是否會在二〇二〇年與之後改弦易轍，與是否真的已準備好接受一個減少依賴信貸，轉而強調以人為本、環境與社會目標，而成長明顯減緩的經濟。

為經濟與金融體系去槓桿化，同時要避免經濟成長至少數年間不致有實質損傷，是一件難事。然而政府當局同時還要削減重工業產能、減少所得不均、改善環境，推動黨介入所有領域的商業決策，並且還要管理一個更為嚴峻的貿易環境，實在很難想像經濟成長如何不會顯著下降。政府會允許經濟成長率降至百分之三，也就是現今大致的趨勢成長水準嗎？如果允許，將會意義重大。如果沒有，而只是繼續維持一個非正式或遮遮掩掩，在百分之五・五到六・五的目標，就毫無意義可言。這一切的關鍵在於實行，而不是口號。政府當局大概會對經濟的周期表現維持高度敏感，尤其是在就業與社會穩定方面。我不認為中國會在可見的未來放棄其成長目標，不論是官方還是非官方，然而這也會使其能否有效與順利處理債務陷阱的工作更趨複雜。

如我所說，改革是萬方矚目的目標，然而卻不會依循西方經濟體所開出的藥方。他們可能包括維持金融穩定的措施與減少如煤炭、鋼鐵等工業的過剩產能，對於若干價格與特定產品與部門的補貼與關稅實施自由化，對一些私營企業，包括外商在內，開放一些機會，以及針對一些新科技設立頗具野心的目標。中國的改革是漸進與安定導向，同時著重政府各層級的行政與監管。這些改革將會在國家主義與保護主義的圍欄後產生。

在金融部門，政府已針對金融產品的行銷管道與會計，還有一些大型企業集團風險承擔相關行為，採取更為嚴格的監管政策。信貸成長已在減緩，儘管持續升高。不過在政策面，需要進一步著重信貸來源與主要使用人、信貸的資金結構、無處不在的保證，以及針對金融機構、國有企業與地方政府借貸平台的去槓桿化。去槓桿化會牽涉到資產出售、合併、關閉與破產、保證的逐漸減少與紓困，以及壞債勾銷或減記所形成的成本分配。政府能否做到這些，而且還是自願的，不無疑問。當經濟成長減緩至被視為太低的水準時，考驗就將到來。如果政府又重踩經濟成長加速油門，債務益趨混亂的風險也會更加明顯。

政府處置的方式與時間點將決定人民幣陷阱何時打開。有關此一議題最主要的爭議是一個鬆軟的盯住匯率制與一套大量印鈔，與支撐其價值的外匯儲備不成比例的金融系統，兩者之間的不相容。如果這樣的情況持續下去，外匯儲備最後終將難以支應。但是不論這樣的情況是否會發生，中國終究必須藉著升值或貶值來擺脫債務，不論是哪種方式都會造成資金自中國出走的結局。儘管有資本管制的措施，但是中國對資本出走高度敏感，我們可以預期人民幣未來將會走軟。現行的資本管制政策能讓中國多有一些時間，但是並非永遠。總而言之，由於中國政府不可能實施資本外流自由化，對外收支順差的情況一時之間也不會改變，儘管我們經常聽到有關人民幣將成為國際貨幣，甚至是全球主要外匯儲備貨幣的宣揚，這也只不過是花言巧語勝過現實的另一個例子。

在未來二十年與之後的時間裡，習近平執政的中國必須找到一套屬於自己因應人口快速老化與勞動力減退的機制。中國出現這些情況的時間之快，僅及先進經濟體的四分之一，而且人均所得與財富都相對較低。就退休金與健保的條件來看，起始點都不錯，但是福利不夠慷慨，資金也不夠充裕，許多城市的民工都沒有當地戶口，而遭到差別待遇。有人主張中國的社會制度並不差，因為已學到西方國家年紀相關支出太多而成本壓力大增的教訓。不過這聽來像是為政府的惰性與無能找來一個差勁的藉口。

中國能否通過重大的經濟考驗，就看是否能夠躲開中等所得陷阱。要做到這一點，中國必須克服財務槓桿、債務、經濟再平衡與社會政策等議題，以及重新促進生產力的成長。二〇二〇年代之前，我們應更加了解風向為何。許多觀察人士與投資人都認為，習近平治理的中國與其他中等所得國家有所不同，主要是在其經濟規模、廣大的市場、勇往直前，主導性強烈的政府，以及一心一意堅持要在新工業取得成功的決心。我們應該留意這些特質，並且不要驟下專制國家必然失敗的結論。

不過，如我所說，儘管經濟、科學與工程上的成就非凡，值得誇耀，但是並不足以代表更為廣泛的經濟成功，或是取得擺脫中等所得陷阱的通行證。我們應該強調制度的品質、持續性與包容性，以及透過治理來推動新科技進而激發生產力的全面成長。在此一方面，習近平執政的中國最多也就是處於現在進行式。中國毫無疑問會取得科技上的巨大成功，但是同時也要面對在經濟與社會上身兼所有人、推廣人與監管人等角色，所造成的衝突，而且可能永遠無法解決其推動改革與經濟轉型，最大障礙就是黨本身的系統性矛盾。

新分歧

第三，習近平執政的中國將在本身與西方之間開闢一道新鴻溝，不僅牽涉到政治取向與價值觀，同時還有科技領域的領導地位與國際關係，在這一方面，中國已準備對西方下戰書。

有一天，某人或許會改寫彭慕蘭（Kenneth Pomeranz）二〇〇〇年的名著《大分歧：中國、歐洲與現代世界經濟的形成》（*The Great Divergence: China, Europe, and the Making of the Modern World Economy*）。新作者的副標可能是這樣：「中國、西方與現代科技經濟的形成」。彭慕蘭長期觀察長江與西北歐的生活水平、農業與自然生態，而做出結論。約在兩世紀之前，歐洲將中國置於陰影之下是因為有了煤炭與接近新世界，而能夠利用資源密集與節省人力的科技。

如果改寫，可能有一天就要檢驗中國與西方世界之間的新分歧，而且這一回是中國佔有優勢。或者是為什麼沒有出現像許多人預期必然會發生的情況。不過焦點都會是在科技的發展與利用，包括人工智能、大數據與機器人，以及大量的產品與製程創新。

這將是一場對決，一方是中國由國家指導的數位專制主義實驗，一方則是西方由公共機構培育私部門科技的傳統經驗。

在中等所得陷阱一章中，我強調中共積極對中國自己的科技巨擘與新興企業提供支持、資金與強化夥伴關係，以開發和整合人工智能、五G網路、大數據、物聯網（讓一般物件發送與接收訊息的裝置）、雲端計算，以及科學園區與實驗室的建立。中共當局要展示聯合政府的領導、研發支出、建立明確的優先政策，以及利用龐大的市場規模與資訊收集的相對優勢，將可達成坐上全球科技領導地位的目標。就一定程度而言，在發展一些科技應用上，儘管並非他們全球商業化所必須的條件，中國沒有類似西方的隱私法也是其一項優勢。

中國科技業者已在發展電子商務、行動裝置支付系統、獨角獸與新興業者等方面頗有成就，最近更是設立社會信用系統，這是透過利用先進的臉部識別科技的大數據系統，來建立有關居住、旅遊與活動、社交媒體、健康與財務等方面的個人訊息。此一系統的核心元素，已擴展到監看與追蹤企業的活動。中國的科技巨擘，包括百度、阿里巴巴、騰訊與小米，當年都是在接受保護，遠離美國與西方其他競爭對手的情況下繁榮興旺，如今都已成為高價值與雄心萬丈的企業，對擁有十四億人口的市場提供人工智能、社交媒體、電子支付、通訊與電子商務等產品與服務。

雖然不時出現一些主張中國科技公司已贏得全球科技領先地位競賽的說法，往往顯得志得意滿與幼稚，不過所有人也應該能夠同意中國科技公司正急起直追，甚至已迎頭趕上他們的美國對手。谷歌（Google）母公司字母表（Alphabet）的董事長史密特（Eric Schmidt）認為，未來是屬於能夠掌握人工智能潮流的國家，而中國顯然已迎向挑戰，美國看來卻是走錯了方向。

的確如此，根據美國國會二〇一八年委託美國國家科學基金製作的年報指出，儘管美國在研發、創業投資、最高級學位與高科技製造生產等方面仍維持領先地位，但是在一些重要領域的領先地位已有所下滑。整體上美國在人工智能仍居領先地位，但是例如百度在語音識別上已是全球的頂尖公司之一。在研發支出上，中國雖然落後美國而名列第二，但是差距極小，同時在創業投資與對企業提供知識與科技服務上，中國所佔份額已達美國的一半。在後兩項，中國自二〇一二年以來進步神速，儘管起點偏低。中國的科學與工程方面的學士學位人數近年來有所增加，但是在博士學位仍落後美國。中國儘管聲勢浩大，但是在人工智能上仍有諸多限制。根據領英（LinkedIn）在二〇一七年初的一項調查顯示，在中國工作的人工智能專家有五萬人，不及美國的八萬五千人，若是按照人口比率來看，這是一個很大的鴻溝。當然，隨著時間的過去，此一鴻溝也將靠攏，但是由於中國的大學入學與畢業人數相對較低的情況來看，恐怕還要等上好幾年。

希望該基金會能夠在國會與華府爭取到支持，起而反對川普最近所提要對人工智能預算刪減百分之一〇基邦基金的預算案。

雖然他們相互競爭，但是中國與美國的科技業者也在許多方面進行合作，這是因為中國的法規環境包括禁止美國企業提供產品與服務、有敵意的反壟斷機構、採購政策與創投相關規定。臉書就與中國手機製造商小米合作製造虛擬實境耳機。蘋果則與雲上貴州大數據建立相片與資訊儲存的合作關係。電信巨擘華為與阿里巴巴旗下的螞蟻金服則與西方進業達成協議，幫助他們結合雙方截然不同的領域。與此同時，他們不僅在新興與開發中國家直接競爭，也藉由改變對方的策略與產品來間接競爭，儘管他們在對方國家中的市場有限。

但是，合作總是被對立的陰影所遮掩，我們已可以在中國與西方經濟體發展新科技與融入社會的方式上看到不斷擴大的分歧。如我在第八章所指出的，美國當局透過國家安全的有色眼鏡對於中國在美國科技與其他部門的投資越來越提防，中興通訊與華為在二〇一八年都成為其重點目標。在中國，二〇一七年開始實施新的網路安全法，主要是管理資訊的使用與儲存，限制在中國的外國科技公司的營業。然而與此同時，美國與歐盟則是加強關注應用在隱私權方面的法規，有些產業專家認為這可能會成為未來相關科技發展的最新金牌基準。

例如在二〇一八年始生效的歐盟通用數據保護條例（The EU General Data Protection Regulation），其目的是保護與授權歐盟所有人民的資訊隱私權，並且修正歐盟所有組織收集、使用與儲存資訊的方式。此一法律的重大影影響之一是非歐盟國家必須配合歐盟的資訊條例，否則就將面臨被擁有五億人民的龐大市場拒絕於門外的風險。歐盟尋求建立相關的法規與標準，希望其他國家能夠予以遵守。這是以完全不同的方式來發展數位科技的例子，中國可能會發現難以在歐盟競爭，甚至在第三國也是如此。

中國與西方之間在現代科技興起的環境截然不同。中國的數位專制主義是圍繞著由黨中央集權式地由上而下指導與支持科技發展，國有企業與私有企業必須串聯。一個在審查之牆後快速發展的監視國家或許在收集資訊上具有高效，但是在創造與破壞上卻是顯得遲滯枯燥；然而，這也正是西方傳統上擁有強大優勢的地方。

相較於他們的外國對手，中國企業得利於許多公共政策工具與裝備，包括財務、利率與稅賦的優惠、特有而有利的技術標準、佔有優勢的競爭與採購條件、有利國內生產商的市場管道，以及在投資、貿易與智慧財產權等方面的特殊待遇。但是西方企業能夠自由從事他們的領域、實驗與失敗。他們大都是由大學的研究活動、研究小組與從下而上的壓力團體所驅動。中國表示正在發展一套可以更加容忍風險的制度，但是此一制度在評估與帶動科學家、學習計畫與方式，都不能與西方鼓勵與接受風險的方式相匹敵。

中國期望其科技業者能夠在政府的產業政策上扮演中心的角色與達成量化目標。這些目標包括在二〇三〇年前達到國內市佔率的特定水準，一般來說是在百分之七〇到八〇的區間。量化目標是應用於智慧製造，包括機器人與零件、雲端計算與大數據，以及資訊科技。但是並沒有實驗證據顯示這樣的方式能夠成功驅動通用科技，即是在往往沒有事先規劃與無從預測的部門與應用上的科學成就與創新。在原來的大分歧之前中國的確擁有豐富的科學成就，但是並不足夠。前蘇聯也是如此。如果下一個大分歧不是由科技成就本身來決定，而是由廣泛與驚奇的各種創新副產品、中國對西方價值與方式的壓制與敵意，以及對社交媒體與資訊的管制來決定，以中國過去令人驚艷的科技成就來看，實是一個怪異的扭曲。

國際關係的分歧

中國與西方的分歧也顯現在雙方政治與價值的不同。不過要注意的是為何有這樣的分歧，與是如何反映在西方金融危機的影響，與中國國內政局的改變。

在毛澤東的時代，中國是革命的、粗暴的與隔絕的，一心一意要把共產黨置於所有事物的核心之上。在國際關係，中國的形象也沒什麼不同，儘管有一段時間獲得蘇聯的支持，並且支援貧窮國家的革命行動，不過在全球秩序上多少是一個流氓國家的形象。在鄧小平時代，與直到二〇一二年期間，中國走的是改革開放的路線、參與、集體領導、建立擁有威信的國家機構、完成脫離貧窮實現經濟穩定成長的使命，以及在最後曾有一段時間邁向公民社會。這些努力反映在國際上則是積極參與國際秩序、成為一個負責任的國際玩家，並在若干領域，例如世界貿易組織，在貿易法規上與美國和歐盟對決，並且獲得成功。

然而在二〇〇八年後西方經濟墜入凡塵，中國經濟卻是閃耀空中，這樣的情況無可避免地促使中國的自信擴展到外交政策與國際關係。在習近平的領導下，中國的自信心更加壯大與鞏固，鼓舞人民相信中國夢，同時也積極參與國際事務，相信這個世界已改變得更加向中國靠攏。獨立監督機構自由之家（Freedom House），記錄逾十年全球專制與強人政權的興起，指出在其所觀察的國家之中，有一半以上都變得較不自由，這些國家擁有的人口超過全球五分之三。危機後的環境為習近平的主張帶來強而有力的支撐，隨著西方陷入混亂，中國可以驕傲地挺立在全球的眾多國家之中。在十九大，習近平宣布中國是世界強國，其他國家的模範，要建立世界級的軍隊，不但能打仗而且能打勝仗。

中國並沒有否定聯合國、世界貿易組織、國際貨幣基金與世界銀行等國際機構，事實上他希望能夠讓更多人聽到他的聲音與扮演更為重要的角色，而不是受人指控沒有遵照機構的規則，尤其是中國能夠藉由更多的參與來適應這些規則。如我在之前所提，習近平二〇一七年在達沃斯對全球精英的一席話，儘管詞藻華麗，但是同時也顯示他希望中國被國際視為夥伴。

然而中國漠視人權、普世價值，對於支持非自由政權也不會感到良心不安，而且無疑是把國家與黨的安全凌駕其他所有形式的安全之上。我分別在第八章與第九章的貿易與一帶一路指出，在全球架構方面，中國相當願意獨自前行，例如成立亞洲基礎設施投資銀行，並在其中保有否決權，還有新發展銀行，又名金磚銀行。中國也試圖推動區域全面經濟夥伴關係官方化，以反制如今在美國缺席下重新出發的跨太平洋夥伴關係協定。中國也是上海合作組織的核心成員，該組織是歐亞大陸的一個政治、經濟與安全集團。

中國與美國的貿易緊張關係值得特別注意，因為代表雙方經濟依存關係中的阻礙。美國顯然已對中國失去耐心，川普政府要中國為其所認為的不公平貿易投資行為負責，尤其是預見科技競賽將在未來幾年加劇。此舉並沒有錯，但是顯然誤以為貿易關稅與其他的單邊措施，以及疏遠離間盟友是適合的回應。這些行為的危險在於可能使得緊張關係更加惡化，而直接引爆貿易戰。如果夠理智的話，美國應與盟友坐下來共商一個集體的方式，利用更為有效的蘿蔔與棍子，來化解有關外商在中國營業所遭受的待遇、市場通路、科技與智財權移轉，以及當地創新政策等方面的爭議。

貿易上的爭議至少還有制度架構可循，但在其他領域就沒有了。最近的美國國家安全戰略報告聲稱，中國尋求在印度洋─太平洋區域取代美國的地位，擴張以國家驅動經濟模式的觸角，以及以對自己有利的方式重排該區域的序列。說中國的行為有如惡霸並沒有錯，而且可能中國私底下也不會反對。中國並沒有刻意隱藏其擴張軍事力量與海軍，以及在南中國海將海礁與珊瑚島軍事化的行為。沒有什麼事會比美國第七艦隊遠離中國外海島鍊與返回太平洋，讓中共當局感到高興。當習近平在二〇一八年全國人民代表大會表示，中國絕不同意分裂主義時，指的是新疆與西藏，還有香港，而且毫無疑問也是針對台灣。他誓言要在其任內使台灣回歸祖國，我們不禁納悶中國會以何種方式與在何種環境下讓此事成真，以及會對中國、美國與在南中國海的其他國家造成何種衝擊。

中國也從不羞於誇耀其經濟成就與策略，可以做為其他國家效法的榜樣。調整印度洋─太平洋區域的優先順序即是其一帶一路的關鍵部分。我曾指出一帶一路是其經濟實力下的自然產物，是宣示其在歐亞大陸與以外地區所扮演的角色與影響力。一帶一路是一複雜但同時也不透明的策略，雖然有時不如其宣揚的那麼天花亂墜，但是至少在兩個特別的方面是確切實在。

一帶一路為中國鄰國，主要是較貧窮的國家帶來基礎設施，儘管同時也有融資、所有權與安全的問題，然而引發印度、日本、澳洲等亞洲國家與亞洲之外的美國與歐盟在安全方面的嚴重關切。安全是一概括性的名詞，包含的不僅是軍事與政治議題，同時也涵蓋貿易、商業與科技，因此不難想像未來數年還會出現新的緊張關係，或是造成緊張關係加劇，甚至引爆衝突。

要緩和這樣的情勢，西方的思維必須更加敏銳與高明。我們首先必須設法更加了解習近平執政的中國意義何在，具有中國特色的社會主義是如何左右中共在國內與海外的行為。第一，我們必須擺脫中國有關全球化、一帶一路，與對各方都有益的誘惑性主張，而去了解他們的真面目。第二，我們必須了解，接納中國加入全球治理機制是一適當與尊重的做法。我們應該努力探求合作的機會，與從事我們或可稱為建設性的競爭。第三，我們必須了解，儘管要自中共身上得到所有都是有利的回應無比艱難，但是團結就是力量。西方（美國、歐盟、日本、印度與澳洲）需要共商大計，然而川普執政的美國在這一方面顯然沒有幫上忙。第四，我們儘管尋求與中國繼續交往，也不應對我們向來堅持，但遭習近平拒絕的西方價值有所退讓，我們也不應迴避，而明確指出雖然擴大影響力是任何一個強國都會做的，但是圖謀干涉是不能接受的，例如中國在澳洲的情況。第五，這絕非意味是最後一項，不應光是針對我們不喜歡的事物批評中國，我們應花錢花力去加強我們認為擅長的地方，包括高等教育、研發、破壞性科技、金融與現代服務，以及追求生產力的成長。

東風會大作嗎？

答案簡短而坦率：我們不知道。我試圖就此一爭議找尋平衡，然而我自己就有所存疑。不論過去有多麼成功、多偉大的成就與多麼無畏的啟發，中國的四大陷阱與益趨躁動的全球環境都是重大挑戰。習近平執政的中國所採取的意識形態新路線，為前任領袖的中國實用主義路線譜上休止符，但同時也增加了出現意外的可能性，或許還有中、長期的不穩定。有鑒於此，我的看法是習近平執政的中國陷入危險狀態。

此外，儘管沒有人會質疑中國在亞洲的主導角色，但是全球領袖卻是另當別論。要成為一位領袖，你必須要有心悅誠服的追隨者，然而在現實中很少有國家會這麼認為。中國是一經濟與軍事強國，但是缺少一樣東西，就是軟實力。

要區隔中共與國家不是一件簡單的事情，兩者之間的界線自鄧小平以來逐漸浮現，然而現今由於一個相較壓制的意識形態落地生根而告消失。澳洲前總理與中國長期的學生陸克文（Kevin Rudd），二〇一八年在西點軍校演說時曾經說道：「中國橫跨其歷史的成就，是植基於一個強大、專制，具有歷史傳承的儒家思想的國家。由此推論，中國的歷史成就絕非西方自由民主的產物。再進一步推論，中國未來的歷史成就，也不會來自於引用西方的政治形態，而是來自於運用其本身儒家思想與共產國家的固有歷史傳承。」

如果中國能夠化解四大陷阱，同時也成為一個高所得國家，將是一項了不起的成就，然而從西方的角度來看，也是一個深引為憂的前景。中國的悠久歷史不但見證其創造偉大成就的能力，但同時也見到其面對失敗與缺失的脆弱。我檢視中國的經濟挑戰，儘管有一些分析師抱持樂觀的態度，也無法反駁經濟成長減緩可能會引發混亂的說法。

在此引用美國前國防部長羅姆斯費德（Donald Rumsfeld）的說法，有兩個知名的問題可能會使得情況更加複雜。一個是中國數量龐大的私有部門，對中共當局日益增加的干預與壓制會如何反應。對經濟的不確定感，或是更糟的情況，幻想破滅，可能會造成資金外逃與金融混亂的局勢重演。另一個是有關中國社會結構是否強大的問題，當未來經濟成長顯著減緩或是陷入困境，中國該如何應付不斷增加而且精通科技的中產階級的痛苦、艱難與要求。干預科技所形成的改變意義重大，因為會對各個年齡層的所有人與相關制度帶來影響。中共把人工智能與數位科技視為控制社會與監視的工具與武器。然而中產階級、千禧年世代，尤其是他們較年輕的同輩，可能會以今天沒有人能預期到的方式來運用這些科技來實現自我，或是響應毛澤東在一九五六年讓藝術與科學繁榮興盛的計畫，創造一個二十一世紀的「百花齊放」機會。

東風正在興起之中，但是中國的警訊也隨風飄動。他們無疑會對中國與整個世界造成衝擊。他們直指習近平執政的中國的弱點，然而若是只考慮中共與領導人應該是無所不能的話，這些弱點並不明顯。這些警訊使習近平執政的中國陷於險境。

謝辭

RED FLAGS

我撰寫本書是想從不同的觀點，強調國家主席習近平執政的中國與我們在過去二、三十年所認識的中國有何不同。我們沒有人能夠知道他是否會是一位明君，但是有一件事我們大致可以確定，習近平治理的中國不能與過去劃上等號：中國已將改革向前推進到盡頭。然而以一種奇妙的方式，我覺得我欠習近平一筆人情。這是他的中國，未來無論是什麼情況，不管是功勞還是責難，他都要一肩扛起。

我想寫一本平易近人，有關習近平執政的中國前景與挑戰的書，因為隨著二十一世紀進入成熟期，我認為我們都需要更加了解這個中央王國。不論未來會發生什麼，中國顯然都將會在世界舞台、我們與我們後代的生活扮演重要角色。這一切都是拜中國最近的重大發展與兩項會議所賜。

二〇一五到一六年，中國遭到嚴重的金融與經濟亂局打擊。當時習近平對經濟事務並未留意，但是在二〇一六年春天我訪問中國時，《人民日報》在頭版刊出一篇現今已非常著名的「權威人士」專訪，警告中國必須改變路線。大家猜測此一權威人士是劉鶴，時任國家發展與改革委員會的領導，現任副總理，主持所有的經濟事務。所有人都知道此一介入意義重大。與此同時，有關翌年十九大黨代表大會的臆測四起。當時大家都感覺中國風雨欲來，結果證明正是如此。

我決定著書的念頭，是來自與滙豐集團資深經濟顧問金（Stephen King）的一頓典型的午餐交際場合，他透露，他即將出版的著作標題：《新世界》（*Grave New World*，二〇一七年耶魯大學出版社發行）。我覺得這是在我所見過所有非小說類書籍中最具啟發性的標題。我一向有標題崇拜症，而我儘管絞盡腦汁想為一本有關中國的書籍找一個足以匹敵的標題，卻是毫無靈感。不過，它仍是刺激我整理自己的思緒，開始寫作。

不久之後，我與耶魯大學出社的主編巴圖爾（Taiba Batool）會面，她建議我為該出版社的經濟系列書籍寫些東西。最後一塊拼圖於是歸位，一切塵埃落定。

在撰寫的不同階段，我分別將本書或長或短的篇幅寄給若干人士徵詢意見，他們都很好心地提供相當有用的建議、提醒與糾正。前《金融時報》亞洲與貿易版編輯，現任歐洲政治經濟研究中心高級研究員容凱爾（Guy de Jonquières）梳理整個初稿。史宗翰（Victor Shih），加州大學聖地牙哥分校全球政策與戰略研究所政治經學家，包爾丁（Chris Balding），前深圳匯豐商學院副教授，也對本書提供許多寶貴意見。巴圖爾則為本書盡心盡力，提供她的專業來改善本書內容、文筆與段落的排序。本書文稿也交給我不認識的三位專家讀者閱讀，他們的回饋使我得以使本書的內容更為周全。我也要感謝隆斯戴爾（Rachael Lonsdale）的編輯與基利克（Ruth Killick）的推廣。

我也要向幾位人士特別致謝，他們的想法幫助我對中國政治與經濟的理解自成一格。我深深感激牛津大學中國研究中心主任米特（Rana Mitter）與倫敦大學亞非學院（SOAS）中國研究所所長曾銳生，這兩位先生都是具有啟發性的學者，並接納我為研究員。還有SOAS的艾許（Bob Ash），迄今仍在傳授智慧，他是我多年前攻讀理學碩士時的導師。

還有一些人的工作、思想與意見，我向來懷抱最高敬意。安德森（Jon Anderson）是我在瑞銀集團時的前同事，當時是中國經濟學家，後來是新興市場經濟學家，在上海主持新興顧問集團。歐格斯（Simon Ogus），一九九七年瑞士銀行與瑞銀集團合併，他當時是瑞士銀行亞洲經濟部門的領導，與我有一段短暫的同事情誼，後來離開集團攻讀博士學位，在香港主持DSG Asia。佩蒂斯（Michael Pettis），前交易員，後來成為北京大學光華管理學院金融學教授。我曾在富麗堂皇的旅館與他的北京胡同多次會面，我特別喜歡聽他說話，樂此不疲。伍德克（Joerg Wuttke），德國巴斯夫集團（BASF）中國區總裁，前中國歐盟商會主席，是一個豐富的商業與政治分析來源。

我有幸參與蘇活區一家中國餐廳私人會所定期的午餐會，該場合十分隱密，是由容凱爾主辦。齊聚一堂的人士包括考克斯（Mick Cox）、芬比（Jonathan Fenby）、加塞德（Roger Garside）、希爾頓（Isabel Hilton）、韓魁發（Christopher Hum）、英克斯特（Nigel Inkster）、派頓（Charles Parton）、理查斯（James Richards）、林根（Stein Ringen）、余（Geoffrey Yu），與謙虛又消息靈通的余傑。

我要感謝他們所有人，與我分享他們的中國看法。我們的交談與互動讓我受益無窮，本書的任何錯誤或是造成誤解，責任當然完全在我。

最後，我要感謝我的妻子萊絲莉對我的愛與堅定不移的支持，尤其是在我進行研究與寫作的時候。還有我的孩子們，丹尼爾、喬納生、芮秋與班，感謝他們對我的愛與往往拿我來開玩笑的幽默。我相信我不是唯一一個作者，在寫作陷入瓶頸或社交技巧變得遲鈍時，顯得單調沉悶。我衷心感謝萊絲莉的容忍與她在我可能丟了腦子時仍能保持理智。

——倫敦，二〇一八年六月

前言

1 There are few better insights into Deng Xiaoping than *Deng Xiaoping: Portrait of a Chinese Statesman*, ed. David Shambaugh, Oxford University Press, 1995.

2 Henry Kissinger, *On China*, Penguin Books, 2012, p. 443.

3 一九八一年在深圳成立的第一家外商企業是泰國農業公司正大集團（Charoen Pokphand Group）與美國大陸穀物公司（Continental Grain）的合資企業。

4 Peter Nolan, *Re-Balancing China*, Anthem Press, 2015, p. 32.

5 Goldman Sachs,'Building Better Global Economic BRICs', <http://www.goldmansachs.com/our-thinking/archive/archive-pdfs/build-better-brics.pdf>.

6 Xinhua News, <http://news.xinhuanet.com/english/2007-03/16/content_5856569.htm>, 16 March 2007.

7 'China's "Authoritative" Warning on Debt: People's Daily Excerpts', Bloomberg, 9 May 2016, <https://www.bloomberg.com/news/articles/2016-05-09/china-s-authoritative-warning-on-debt-people-s-daily-excerpts>.

第一章

1 ‘What Does Xi Jinping’s China Dream Mean?’ BBC, 6 June 2013, <http://www.bbc.co.uk/news/world-asia-china-22726375>.

2 ‘China’s New Party Chief Xi Jinping’s Speech’, BBC, 15 November 2012, <http://www.bbc.co.uk/news/world-asia-china-20338586>.

3 麥迪森（Angus Maddison）是英國經濟學家，專精數據經濟史與分析可回溯到公元一年的全球經濟發展。

4 ‘A Not-So Golden Age’, *The Economist*, 17 June 2017.

5 Ian Morris, *Why the West Rules – For Now*, Profile Books, 2010, p. 384.

6 Tim Marshall, *Prisoners of Geography: Ten Maps That Tell You Everything You Need to Know about Global Politics*, Elliott & Thompson, 2015, pp. 35–6.

7 Angus Maddison, *China’s Economic Performance in the Long Run*, 2nd edition, OECD, 2007, p. 27.

8 Ryan Patrick Hanley, ‘The Wisdom of the State: Adam Smith on China and the Tartary’, *American Political Science Review*, vol. 108, no. 2, May 2014.

9 Adam Smith, *An Inquiry into the Nature and Causes of the Wealth of Nations*, cited in Andre Gunder Frank, *ReORIENT: Global Economy in the Asian Age*, University of California Press, 1998, p. 279.

10 Eric Midthun Brooks, ‘The Enlightenment European Perception of China’, BA thesis, Haverford College, 2009, pp. 25–6, <https://scholarship.tricolib.brynmawr.edu/bitstream/ handle/10066/3597/2009BrooksE.pdf?sequence=2&isAllowed=y>.

11 11. Ibid., p. 55.

12 Angus Maddison, ‘China in the World Economy: 1300–2030’, *International Journal of Business*, vol. 11, no. 3, 2006, p. 243.

13 Henry Kissinger, *On China*, Penguin Books, 2012, p. 36.

14 Robert Bickers, *The Scramble for China*, Penguin Books, 2012, p. 37.
15 Maddison, *China's Economic Performance in the Long Run*, p. 54.
16 Margaret MacMillan, *Peacemakers: Six Months That Changed the World*, John Murray, 2001, p. 343.
17 Bickers, *The Scramble for China*, p. 6.
18 Albert Feuerwerker, *The Chinese Economy 1870–1949*, Center for Chinese Studies, University of Michigan, 1995, pp. 76–83.
19 Stephen C. Thomas, 'Chinese Economic Development from 1860 to the Present: The Roles of Sovereignty and the Global Economy', p. 7, <http://forumonpublicpolicy.com/archive07/thomas.pdf>.
20 Maddison, *China's Economic Performance in the Long Run*, p. 54.
21 An expert account is Rana Mitter, *China's War with Japan, 1937–1945: The Struggle for Survival*, Allen Lane, 2013.
22 'Xi Jinping Invokes Opium Wars at the Inauguration of Hong Kong's New Leader', Quartz, 1 July 2017, <https://qz.com/1019826/hong-kong-handover-xi-jinping-invokes-opium-wars-at-the-inauguration-of-hong-kongs-new-leader/>.
23 Jonathan Fenby, *Will China Dominate the 21st Century?*, Polity Press, 2014, p. 16.
24 Mitter, *China's* War *with Japan*, p. 386.
25 Barry Naughton, *The Chinese Economy: Transitions and Growth*, MIT Press, 2007, p. 48.

第1章

1 Alain Peyrefitte, *The Collision of Two Civilizations: The British Expedition to China 1792–4*, HarperCollins, 1993, pp. xx–xxi.
2 Frank Dikötter, *The Tragedy of Liberation: A History of the Chinese Revolution 1945– 1957*, Bloomsbury, 2013, p.

158.

3 Isabel Hilton, 'The Environment in China and the Return of Civil Society', The China Story, <https://www.thechinastory.org/2013/04/the-environment-in-china-and-the-return-of-civil-society/>.

4 Frank Dikötter's *The Tragedy of Liberation* is a highly respected source.

5 Angus Maddison, 'Historical Statistics of the World Economy: 1–2008 ad' <www. ggdc.net/maddison/historical_statistics/horizontal-file_02-2010.xls>.

6 Barry Naughton, *The Chinese Economy: Transitions and Growth*, MIT Press, 2007, p. 60.

7 Angus Maddison, *China's Economic Performance in the Long Run*, 2nd edition, OECD, 2007, p. 72.

8 Naughton, *The Chinese Economy*, p. 70.

9 Kimberley Singer Babiarz, Karen Eggleston, Grant Miller and Qiong Zhang, 'An Exploration of China's Mortality Decline under Mao: A Provincial Analysis, 1950–80', *Population Studies*, vol. 69, no. 1, March 2015, pp. 39–56.

10 This is explored in more detail in Chapter 8, Middle-Income Trap.

11 Naughton, *The Chinese Economy*, p. 81.

12 Julian Gewirtz, *Unlikely Partners*, Harvard University Press, 2017, p. 20. Gewirtz notes that over time this metaphorical cat would change colour from yellow to white.

13 Henry Kissinger, *On China*, Penguin Books, 2012, p. 333.

14 Maddison, *China's Economic Performance in the Long Run*, p. 70.

15 Gewirtz, *Unlikely Partners*, pp. 26–7.

16 此外，根據蓋維茨，科爾奈最重要的貢獻是主張政府可以透過間接的方式來規範與監管市場經濟，如西方經濟所使用的財政與貨幣政策，而非社會主義的直接規劃。

17 Z. Yang and J. Chen, *Housing, Housing Affordability and Housing Policy in Urban China*, Springer, 2014, pp. 15–43.

18 Jonathan Fenby, *The Penguin History of Modern China*, Penguin Books, 2008, p. 646.

19 Kissinger, *On China*, p. 441.

20 China Labour Bulletin, 'Reform of State-Owned Enterprises in China', 19 December 2007, <http://www.clb.org.hk/en/content/reform-state-owned-enterprises-china>.

21 Gewirtz, *Unlikely Partners*, p. 263.

22 Ross Garnaut, Ligang Song and Yang Yao, 'Impact and Significance of State-owned Enterprise Restructuring', *China Journal*, vol. 55, January 2006, pp. 35–65.

23 Daniel Berkowitz, Hong Ma and Shuichiro Nishioka, 'Recasting the Iron Rice Bowl: The Reform of China's State-Owned Enterprises', 17 May 2016, <http://www.econ. pitt.edu/sites/default/files/working_papers/WP16-004.pdf>.

24 Victor Shih, Luke Qi Zhang and Mingxing Liu,'What the Autocrat Gives: Determinants of Intergovernmental Transfers in China', Northwestern University, <http://faculty.wcas. northwestern.edu/~vsh853/papers/shih_zhang_liu_autocratgives08.pdf>.

25 'China Onshore Insights', HSBC Global Research, 19 October 2017.

26 'China's New Premier Pledges Reform, Sees Risks', Reuters, 17 March 2013, <http:// uk.reuters.com/article/us-china-parliament-idUKBRE92G02M20130317>.

27 'Rethinking Financial Deepening: Stability and Growth in Emerging Markets', IMF Discussion Note, 2015, <https://www.imf.org/external/pubs/ft/sdn/2015/sdn1508.pdf>.

28 Naughton, *The Chinese Economy*, p. 461.

29 David Sanger and Michael Wines, 'China Leaders' Limits Come into Focus as US Visit Nears', *New York Times*, 16 January 2011.

30 Andrew Jacobs and Jonathan Ansfield, 'China's Premier Admits Failings but Defends Image', *New York Times*, 4 March 2013, <http://www.nytimes.com/2013/03/05/world/ asia/china-leader-wen-is-regretful-but-defensive.html>.

31 Elizabeth Economy, 'What Hu Jintao Leaves Behind', *Diplomat*, 10 November 2012, <http://thediplomat.com/2012/11/what-hu-jintao-leaves-behind/>.

第三章

1 Oru Mohiuddin, 'China Still Lucrative for Business, Despite Rising Wage Rates', 13 March 2017, <http://blog.euromonitor.com/2017/03/china-still-lucrative-businesses-despite-rising-wage-rates.html>.

2 See, for example, Nicholas Lardy, *Sustaining China's Economic Growth After the Global Crisis*, Peterson Institute for International Economics, 2012.

3 'The 13th Five-Year Plan', US–China Economic and Security Review Commission, Washington DC, February 2017, p. 4.

4 技術上，此一方法叫做增量資本產出率（incremental capital-output ratio, ICOR），這是國家統計局所做計的數值。根據國際貨幣基金與一些民間部門的分析，雖然ＩＣＯＲ大幅提升，但是依然相對偏低，在七到八的水準。

5 Sally Chen and Joong Shik Kang, 'Credit Booms – Is China Different?', IMF Working Paper, January 2018.

6 'Xi Jinping's Dream City Xiongan May Turn Out to be China's Biggest Public Works Project Ever', *South China Morning Post*, 13 April 2017.

7 'China's Zombie Factories and Unborn Cities', BBC, 23 February 2017, <http://www. bbc.com/future/story/20170223-chinas-zombie-factories-and-unborn-cities>.

8 Atif Ansar et al., 'Does Infrastructure Investment Lead to Economic Growth or Economic Fragility? Evidence from China', *Oxford Review of Economic Policy*, vol. 32, no. 3, 2016, pp. 360–90.

9 'China Anti-Corruption Campaign Backfires', *Financial Times*, 9 October 2016, <https://www.ft.com/content/02f712b4-8ab8-11e6-8aa5-f79f5696c731>.

10 Barry Naughton, 'Shifting Structures and Processes in Economic Policy-Making at the Centre', in China's Core Executive, Merics Papers on China, no. 1, June 2016.

11 'Made in China 2025', State Council, Beijing, 2016, <http://english.gov.cn/2016special/ madeinchina2025/>.

12 'Second Child Policy Increases Births by 7.9 Per Cent', China.org.cn, <http://www.china.org.cn/china/2017-01/23/content_40158434.htm>.

13 Yasheng Huang, *Capitalism with Chinese Characteristics*, Cambridge University Press, 2008.

14 IMF, 'Global Financial Stability Report', October 2016, p. 104.

15 'China's State-Owned Zombie Economy', *Financial Times*, 29 February 2016, <https:// www.ft.com/content/253d7eb0-ca6c-11e5-84df-70594b99fc47?mhq5j=e2>.

16 For a good review of the contradictions and confusion surrounding the stall or back-ward steps in SOE reform, see Barry Naughton, 'Two Trains Running: Supply-Side Reform, SOE Reform and the Authoritative Personage', Hoover Institution, July 2016, <https://www.hoover.org/research/two-trains-running-supply-side-reform-soe-reform-and-authoritative-personage>.

17 T.S. Lombard, 'China Reform Watch: Xi Pushes for Bigger SOEs', 29 June 2016.

18 'China Watch: State Sector Reform Continues to Underwhelm', Capital Economics, 31 July 2017.

19 'Reinstatement', *The Economist*, 22 July 2017, <https://www.economist.com/news/ finance-and-economics/21725293-outperformed-private-firms-they-are-no-longer-shrinking-share-overall>.

20 Fu Chengyu, interview with Xinhua, cited by Andrew Batson, 'Fu Chengyu's Frank Talk on SOE Reform', Andrew Batson's blog, 20 March 2017, <https://andrewbatson. com/2017/03/20/fu-chengyus-frank-talk-on-soe-reform/>.

21 'Concerning Signs in SOE Reform', Credit Suisse, China Market Strategy, *Asian Daily*, 8 June 2016.

22 'Walled In: China's Great Dilemma', Goldman Sachs Investment Strategy Group, January 2016.

23 'Urban China', World Bank and Development Research Center of the State Council, 2014, p. 17.

24 'Migrant Workers and Their Children', China Labour Bulletin, <http://www.clb.org.hk/content/migrant-workers-and-their-children>.

25 Charles Parton, 'China's Acute Water Shortage Imperils Economic Future', *Financial Times*, 27 February 2018, <https://www.ft.com/content/3ee05452-1801-11e8-9376-4a6390addb44>.

26 'Will China's Children Solve Its Crippling Water Shortage Problem?', *Guardian*, 22 March 2017, <https://www.theguardian.com/global-development-professionals-network/2017/mar/22/children-china-crippling-water-scarcity>.

27 'China debt-fueled stimulus may lead to recession – People's Daily', Reuters, 9 May 2016,<http://www.reuters.com/article/us-china-economy-trend-idUSKCN0Y003W>.

28 Yanrui Wu, 'China's services sector: the new engine of economic growth', *Eurasian Geography and Economics*, vol. 56, no. 6, 2015.

29 China Family Panel Studies, University of Beijing, 2010, cited in Zheping Huang, 'China's 1 percent owns one-third of the country's wealth – but it is still more equal than the US', Quartz, <https://qz.com/595389/chinas-1-owns-one-third-of-the-countrys-wealth-but-it-is-still-more-equal-than-the-us/>.

第四章

1 'Strengthening the Banking System in China: Issues and Experience', Bank for International Settlements Policy Papers, no. 7, October 1999, <http://www.bis.org/ publ/plcy07.pdf>.

2 Shinjie Yao and Minjia Chen, 'Chinese Economy 2008: A Turbulent Year Amid World Financial Crisis', China Policy Institute, University of Nottingham, February 2009.

3 Victor Shih, 'Financial Instability in China: Possible Pathways and Their Likelihood', Mercator Institute for China Studies, 20 October 2017.

4 'China's Continuing Credit Boom', Liberty Street Economics, Federal Reserve Bank of New York, 27 February 2017, <http://libertystreeteconomics.newyorkfed.org/2017/02/ chinas-continuing-credit-boom.html>.

5 'People's Republic of China, Article IV Consultation', IMF Country Report no. 16/270, 2016.

6 BIS Quarterly Review, March 2018, <https://www.bis.org/publ/qtrpdf/r_qt1803.pdf>.

7 Gan Li, 'The Growing Mortgage Crisis Facing China's Poor', Sixth Tone, 3 February 2017, <http://www.sixthtone.com/news/1884/the-growing-mortgage-crisis-facing-china's-poor>.

8 Shih, 'Financial Instability in China'.

9 World Bank, 'Budget Reform at the Local Level in China: Issues and Prospects', Beijing seminar, 13 March 2017.

10 Olivier Blanchard and Adam Posen, 'Reality Check for the Global Economy', Peterson Institute for International Finance, March 2016, and European Parliament, Directorate General for Internal Policies, 'Non-performing loans in the Banking union', March 2016.

11 'China Banks Guru Warns of Bad Debt Reckoning', Barrons, 15 August 2016.

12 IMF, 'Global Financial Stability Report', April 2016, pp. 16–18.

13 Charles W. Calomiris and Stephen H. Haber, *Fragile by Design: The Political Origins of Banking Crises and Scarce Credit*, Princeton University Press, 2014, p. 4.

14 我是在一九九八年，自瑞銀集團一位同事麥庫里那兒談論亞洲危機時，首次聽到「明斯基時刻」此一名詞。

15 Moritz Schularick and Alan M. Taylor, 'Credit Booms Gone Bust: Monetary Policy, Leverage Cycles and Financial Crises 1870–2008', *American Economic Review*, vol. 10, no. 22, April 2012, pp. 1029–61.

16 S&P Global Market Intelligence, 'The World's 100 Largest Banks', 11 April 2017.

17 Jon Anderson, 'There is No Reform Agenda（Part 2）', Emerging Market Advisors, 3 August 2017, and 'The China Crisis Handbook', Emerging Advisors Group, 28 October 2016.

18 The term 'shadow banking' was also coined by Paul McCulley, this time when he was at PIMCO. See, for example, Paul McCulley, 'The Shadow Banking System and Hyman Minsky's Economic Journey', PIMCO, May 2009, <https://www.pimco.com/en-us/ insights/economic-and-market-commentary/global-central-bank-focus/the-shadow-banking-system-and-hyman-minskys-economic-journey>.

19 Torsten Ehlers, Steven Kong and Feng Zhu, 'Mapping Shadow Banking in China', Bank for International Settlements, February 2018, <https://www.bis.org/publ/work701. pdf>.

20 Brookings Economic Studies, 'Shadow Banking in China: A Primer', March 2015. Conversions made at $1=RMB 6.5.

21 Moody's, 'Quarterly China Shadow Banking Monitor', 8 May 2017.

22 Engen Tham,' "Ghost Collateral" Haunts Loans Across China's Debt-Laden Banking System', Reuters, 24 May 2017, <http://www.reuters.com/investigates/special-report/china-collateral-fake/>.

23 'Shadow Lending Threatens China's Economy, Officials Warn', *New York Times*, 18 March 2017.

24 Federal Reserve Bank of San Francisco, 'The Growing Importance of China's Money Market', 15 September 2016, <https://www.frbsf.org/banking/asia-program/pacific-exchange-blog/china-money-market-growth/>.

25 China Banks, 'China WMP Reforms: A Blessing in Disguise?', UBS Global Research, 14 March 2017.

26 'Four Fresh Worries About China's Shadow Banking System', Bloomberg, 6 September 2016.

27 IMF, 'Global Financial Stability Report', April 2017, pp. 35–8.

28 China Banks, 'Facing a Funding Crisis?', UBS Global Research, 15 June 2017.

29 'China Crackdown to be Intensified After Xi Meeting, Nomura Says', Bloomberg, 28 April 2017, <https://www.bloomberg.com/news/articles/2017-04-28/xi-meeting- shows-china-crackdown-to-be-intensified-nomura-says>.

30 'China Focus: Financial Reform Plans Unveiled to Serve Real Economy in Sustainable Manner', Xinhuanet, 17 July 2017, <http://news.xinhuanet.com/english/2017-07/16/, c_136446619.htm>.

31 China Banks, 'China's Interbank Market‥ A Conduit for Contagion?', UBS Global Research, 30 June 2017.

第五章

1 Cited in Rudolf Richter, 'European Monetary Union: Initial Situation, Alternatives, Prospects–In the Light of Modern Institutional Economics', University of Saarland Economic Series 9908, May 1999.

2 A more moderate version in English by the governor, Zhou Xiaochuan, 'Reform the International Monetary System', 23 March 2009, can be found at <http://www.bis.org/ review/r090402c.pdf>.

3 'Think Twice Before Declaring War on Chinese Currency', *People's Daily*, 27 January 2016, <http://en.people.cn/n3/2016/0127/c98649-9010063.html>.

4 Eswar S. Prasad, 'China's Economy and Financial Markets: Reforms and Risks', Testimony to US–China Economic and Security Review Commission, Hearing on China's 13th Five-Year Plan, 27 April 2016.

5 Michael Pettis, 'The Titillating and Terrifying Collapse of the Dollar. Again.', Seeking Alpha, 16 May 2016, <https://seekingalpha.com/article/3973009- titillating- terrifyingcollapse-dollar>.

6 'China's Stock Market Woes Could Determine Communist Party's Fate', *The Epoch Times*, 5 July 2015,

7 'Beijing's Pyrrhic Victory Over the Equity Rout', China Centre for Economics and Business, The Conference Board, July 2015.

8 Arthur Kroeber, 'Making Sense of China's Stock Market Mess', Brookings, 13 July 2015, and Sara Hsu, 'China's Volatile Stock Market and Its Implications', China Policy Institute, Paper no. 7, University of Nottingham, 2015.

9 'Goldman Estimates China's " 'National Team' " Stock Rescue at $144bn', *Financial Times*, 6 August 2015, <https://www.ft.com/content/ec29a8b2- 3bf8- 11e5- 8613- 07d16aad2152>.

10 'China Spent $470bn to Maintain Confidence in Renminbi', *Financial Times*, 13 June 2016, <https://www.ft.com/content/26484358- 308d- 11e6- bda0- 04585c31b153>.

11 ‘In China’s Alleyways, Underground Banks Move Money’, *Wall Street Journal*, 27 October 2015, <https://www.wsj.com/articles/in-chinas-alleyways-underground- banks-move-money-1445911877>.

12 ‘Xi’s Sign-Off Deals Blow to China Inc’s Global Spending Spree’, *Wall Street Journal*, 23 July 2017, <https://www.wsj.com/articles/chinas-latest-clampdown-on-overseas- investing-has-president-xis-approval-1500802203>.

13 A useful discussion on this topic is ‘Making China’s FX Reserves Feel Inadequate’, *Financial Times*, 26 August 2015, <https://ftalphaville.ft.com/2015/08/26/2138542/ making-chinas-fx-reserves-feel-inadequate/>.

第六章

1 ‘A Model of Family Planning, Rudong County Takes Brunt of Aging Society’, *Global Times*, 20 January 2016, <http://www.globaltimes.cn/content/964697.shtml>.

2 George Magnus, *The Age of Aging: How Demographics Are Changing the Global Economy and Our World*, John Wiley & Sons, 2008.

3 See, for example, Martin King Whyte, Wang Feng and Yong Cai, ‘Challenging Myths About China’s One-Child Policy’, *China Journal*, vol. 74, 2015, pp. 144–59, <https:// scholar.harvard.edu/files/martinwhyte/files/challenging_myths_published_version.pdf>.

4 ‘China Has World’s Most Skewed Sex Ratio at Birth – Again’, *South China Morning Post*, 27 October 2016, <http://www.scmp.com/news/china/policies-politics/article/2040544/ chinas-demographic-time-bomb-still-ticking-worlds-most>.

5 ‘China May Have 90 Million Fewer People Than Claimed’, *South China Morning Post*, 23 May 2017, <http://www.scmp.com/news/china/policies-politics/article/2095311/ china-population-much-smaller-you-think-researchers-say>.

6 Harry X. Wu, Yang Du and Cai Fang, ‘China’s Premature Demographic Transition in Government-Engineered

Growth', in *Asymmetric Demography and the Global Economy*, ed. José Maria Fanelli, Palgrave Macmillan, 2015, pp. 187–212.

7 Hukou, discussed in Chapter 4, is the registration system according to which citizens are classified as rural or urban.

8 Shuaizhang Feng, Yingyao Hu and Robert Moffitt, 'Long Run Trends in Unemployment and Labour Force Participation in China', National Bureau of Economic Research, August 2015.

9 Xin En Lee, 'Unemployment in China: Degree to Nowhere?', China Household Survey, 21 July 2014, <http://knowledge.ckgsb.edu.cn/2014/07/21/employment/unemployment-in-china-degree-to-nowhere/>.

10 'Wages and Employment', China Labour Bulletin, 2017, <http://www.clb.org.hk/ content/wages-and-employment#%E2%80%8BUnemployment>.

11 BBC, 'Foxconn Replaces 60,000 Factory Workers with Robots', 25 May 2016, <http:// www.bbc.co.uk/news/technology-36376966>.

12 'China's Robot Revolution', *Financial Times*, 6 June 2016.

13 Mitali Das and Papa N'Diaye, 'Chronicle of a Decline Foretold: Has China Reached the Lewis Turning Point?', IMF Working Paper 13/26, 29 January 2013.

14 'China's Rural Poor Bear the Brunt of the Nation's Aging Crisis', Bloomberg, 5 January 2017, <https://www.bloomberg.com/news/articles/2017-01-05/china-s-rural-poor-bear-the-brunt-of-the-nation-s-aging-crisis>.

15 'China Plans Immigration Agency to Lure Overseas Talent', Bloomberg, 18 July 2016, <https://www.bloomberg.com/news/articles/2016-07-18/china-said-to-create-new-office-to-lure-overseas-work-talent>.

16 'China 2030', World Bank and Development Research Center of the State Council, 2013.

17 Carmen M. Reinhart and Kenneth S. Rogoff, *This Time Is Different: Eight Centuries of Financial Folly*, Princeton University Press, 2009.

18 IMF, 'Older and Smaller', Finance and Development, vol. 53, no. 1, March 2016.

19 IMF, Fiscal Monitor, October 2016.

20 Hu Jiye, China University of Political Science and Law, cited in Wynne Wang, 'The Silver Age: China's Aging Population', Cheung Kong Graduate School of Business（CKGSB）Knowledge, 17 October 2016.

21 Steven Barnett and Ray Brooks, 'China: Does Government Health and Education Spending Boost Consumption?', IMF Working Paper 10/16, January 2010.

22 China Labour Bulletin, 'China's Social Security System', June 2016, <http://www.clb.org.hk/content/china's-social-security-system>.

23 OECD, 'Economic Survey of China 2017'.

24 'China 2030', World Bank and Development Research Center of the State Council, p. 332.

25 World Health Organization, 'Deepening Health Reform in China', 2016.

第七章

1 Daron Acemoglu and James Robinson, *Why Nations Fail: The Origins of Power, Prosperity and Poverty*, Crown Publishers, 2012.

2 'With Greater Efforts, There's Still Time to Avoid Middle-Income Trap', *China Daily*, 17 March 2016, <http://www.chinadaily.com.cn/opinion/2016-03/17/content_23903667.htm>.

3 Greg Larson, Norman Loayza and Michael Woolcock, 'The Middle-Income Trap: Myth or Reality?', Research & Policy Briefs, March 2016, <http://documents. worldbank.org/curated/en/965511468194956837/pdf/104230-BRI-Policy-1.pdf>.

4 Barry Eichengreen, Donghyun Park and Kwanho Shin, 'Growth Slowdowns Redux: New Evidence on the Middle-Income Trap', NBER Working Paper 18673, January 2013.

5 Ruchir Sharma, 'Broken BRICs: Why the Rest Stopped Rising', *Foreign Affairs*, November/December 2012.

6 Pierre-Richard Agenor, 'Caught in the Middle? The Economics of Middle-Income Traps', Fondation pour les études et recherches sur le développement international, May 2016, p.6, <http://www.ferdi.fr/sites/www.ferdi.fr/files/publication/fichiers/wp142_agenor- upadte_version-2016-05.pdf>.

7 World Bank, 'World Development Report 2017'.

8 Jesus Felipe, 'Tracking the Middle-income Trap: What Is It, Who Is in It, and Why?', Levy Institute, Working Paper no. 715, April 2012.

9 Paul Krugman, 'The Myth of Asia's Miracle', *Foreign Affairs*, November/December 1994.

10 Indermit S. Gill and Homi Kharas,'The Middle-Income Trap Turns Ten', Policy Research Working Paper no. 7403, World Bank, August 2015.

11 Asia Productivity Databook 2016, Asia Productivity Organisation, 2016.

12 'Unproductive Production', *The Economist*, 11 October 2014.

13 Dani Rodrik, 'Getting Institutions Right', Harvard University, April 2004, <https:// drodrik.scholar.harvard.edu/files/dani-rodrik/files/getting-institutions-right.pdf>.

14 'Xi's Signature Governance Innovation: The Rise of Leading Small Groups', CSIS, <https://www.csis.org/analysis/xis-signature-governance-innovation-rise-leading-small-groups>.

15 Mancur Olson, *The Rise and Decline of Nations*, Yale University Press, 1982.

16 'China Economic Update', World Bank and the State Council Development Research Center, June 2015, <http://documents.worldbank.org/curated/en/52697146800175 6352/pdf/97901-WP-PUBLIC-Box391490B.pdf>.

17 'World Bank Removes Critical Section from China Report', *South China Morning Post*,,6 July 2015, <http://www.scmp.com/news/china/economy/article/1833253/world-bank-removes-critical-section-china-report>.

18 'China Economic Update', formerly p. 28.

19 James McGregor, 'China's Drive for Indigenous Innovation', US Chamber of Commerce, 2010, <https://www.uschamber.com/sites/default/files/documents/files/ 100728chinareport_0_0.pdf>.

20 'The 13th Five-Year Plan（2016–2020）', Central Compilation & Translation Press, Central Committee of the Communist Party of China, <http://en.ndrc.gov.cn/news release/201612/P020161207645765233498.pdf>.

21 Samm Sacks, 'Disruptors, Innovators, and Thieves', CSIS, January 2018, is a good tech-nical guide to Chinese technology developments.

22 'Biting the Bullet', *The Economist*, 23 September 2017, <https://www.economist.com/ news/finance-and-economics/21729442-its-record-industrial-policy-successes-patchy-china-sets-its-sights>.

23 'Study Emphasizes Foreign Investment's Role in Chinese Economy', *Wall Street Journal*, 1 December 2016, <https://blogs.wsj.com/chinarealtime/2016/12/01/study-emphasizes-foreign-investments-role-in-chinese-economy/>.

24 Paul Triolo and Jimmy Goodrich, 'From Riding a Wave to Full Steam Ahead', New America DigiChina project, 28 February 2018, <https://na-production.s3.amazonaws. com/documents/20180228-DigiChina-TrioloGoodrich-ChinaAI.pdf>.

25 Jeffrey Ding,'Deciphering China's AI Dream', Future of Humanity Institute, University of Oxford, March 2018.

26 Dennis Normile, 'One in Three Chinese Children Faces an Education Apocalypse: An Ambitious Experiment Hopes to Save Them', *Science*, 21 September 2017, <http:// www.sciencemag.org/news/2017/09/one-three-chinese-children-faces-education-apocalypse-ambitious-experiment-hopes-save>.

27 Zhu Tian, 'Will China's Educational System Strangle Economic Growth?', *Forbes Asia*, 16 May 2016, <https://www.forbes.com/sites/ceibs/2016/05/16/will-chinas-educational- system-strangle-economic-growth/#49a2592b430c>.

28 'Workforce Skill Gaps Loom Large for Made in China 2025', The Conference Board, 28 June 2017.

29 'Education at a Glance 2016', OECD, 15 September 2016, <http://www.keepeek.com/ Digital-Asset-Management/ oecd/education/education-at-a-glance-2016_eag-2016-en#.WVOes2W-zSU>.

30 'New Records Set in Global Filings of Patents, Trademarks, Industrial Designs in 2016', World Intellectual Property Organization, 6 December 2017, <http://www.wipo. int/pressroom/en/articles/2017/article_0013.html>. See also 'International Patenting Strategies of Chinese Residents', Economic Research Working Paper no. 20, World Intellectual Property Organization, 2014.

31 'The People's Republic of China – Avoiding the Middle-Income Trap', OECD, September 2013.

32 'Global Innovation Index 2017', World Intellectual Property Organization, 2017.

第八章

1 Edward Luttwak, 'From Geopolitics to Geo-Economics: Logics of Conflict in the Grammar of Commerce', *National Interest*, Summer 1990.

2 Simon Tisdall, 'China Syndrome Dictates Barack Obama's Asia-Pacific Strategy', *Guardian*, 6 January 2012, <https://www.theguardian.com/commentisfree/2012/ jan/06/china-barack-obama-defence-strategy>.

3 'President Xi's Speech to Davos in Full', World Economic Forum, Davos, 17 January 2017, <https://www. weforum.org/agenda/2017/01/full-text-of-xi-jinping-keynote-at-the-world-economic-forum>.

4 Anna Wong, 'China's Current Account: External Rebalancing or Capital Flight?' International Finance Discussion Papers 1208, Federal Reserve Board, 15 June 2017,

5 <https://www.federalreserve.gov/econres/ifdp/files/ifdp1208.pdf>.

6 Simon Evenett and Johannes Fritz, 'Will Awe Trump Rules?', 21st Global Trade Alert Report, 3 July 2017, <http:// www.globaltradealert.org/reports/42>.

7 Design of Trade Agreements Database, <https://www.designoftradeagreements.org>. Chad P. Brown, 'Trump's

Threat of Steel Tariffs Heralds Big Changes in Trade Policy', *Washington Post*, 21 April 2017, <https://www.washingtonpost.com/news/monkey- cage/wp/2017/04/21/trumps-threat-of-steel-tariffs-heralds-big-changes-in-trade-policy/?utm_term=.9e0cd000312a>.

8 'The People's Republic of China', Office of the United States Trade Representative <https://ustr.gov/countries-regions/china-mongolia-taiwan/peoples-republic-china>.

9 The Rhodium Group, 'Two-Way Street: 25 Years of US-China Direct Investment', November 2016, <http://rhg.com/wp-content/uploads/2016/11/TwoWayStreet_ ExecutiveSummary_En.pdf>, and for latest estimates, <http://rhg.com/interactive/ china-investment-monitor>.

10 The Rhodium Group, 'Chinese FDI in the US in 2017: A Double Policy Punch', 17 January 2018, <https://rhg.com/research/chinese-fdi-us-2017-double-policy-punch/>.

11 'Globally, More Name U.S. Than China as World's Leading Economic Power', Pew Research Center, 13 July 2017, <http://www.pewglobal.org/2017/07/13/more-name-u-s-than-china-as-worlds-leading-economic-power>.

12 A good discussion on how the US has accommodated the global economy, and why China should but probably won't, can be found at Michael Pettis, 'China Financial Markets: A US Retreat on Global Trade Will Not Lead to a Shift in Power', Carnegie Endowment for International Peace, 16 December 2016, <http://carnegieendowmentorg/chinafinancialmarkets/66485>.

第九章

1 'The East Wind Prevails Over the West Wind', Selected Works of Mao Tse-tung, 17 November 1957, <https://www.marxists.org/reference/archive/mao/selected-works/ volume-7/mswv7_480.htm>.

2 'All Aboard the China-to-London Freight Train', BBC News, 18 January 2017, <http:// www.bbc.co.uk/news/business-38654176>.

3 Peter Cai, 'Understanding China's Belt and Road Initiative', Lowy Institute, Center for Strategic and International Studies, March 2017, <https://www.lowyinstitute.org/ publications/understanding-belt-and-road-initiative>.

4 Guy de Jonquières, 'Xi Jinping's Long Road to Somewhere? China's OBOR Initiative and How Europe Should Respond', May 2016, <http://ecipe.org/publica-tions/xi-jinpings-long-road-to-somewhere/?chapter=all>.

5 馬來西亞新政府的領袖馬哈地在二〇一八年宣布，由於預算方面的原因，他要退出吉隆坡與新加坡間的連繫計畫。

6 Asian Development Bank, 'Meeting Asia's Infrastructure Needs', <https://www.adb.org/ sites/default/files/publication/227496/special-report-infrastructure.pdf>, May 2017.

7 Bank Credit Analyst, 'China's Belt and Road Initiative: Can It Offset a Mainland Slowdown?', Emerging Markets Strategy, BCA Research, 13 September 2017.

8 大約百分之二〇的融資是來自所謂的政策銀行，包括國家開發銀行、中國進出口銀行。其餘的則是來自絲路基金，該基金是政府在二〇一四年成立，初始資金是四百億美元，由中國投資公司、中國主權財富基金與中國外匯管理局贊助。亞洲基礎設施投資銀行也是贊助人，不過二〇一七年分配給一帶一路國家的貸款大約二十億美元。

9 David Dollar, 'Yes, China is Investing Globally–But Not So Much in Its Belt And Road Initiative', Brookings, 8 May 2017, <https://www.brookings.edu/blog/order- from-chaos/2017/05/08/yes-china-is-investing-globally-but-not-so-much-in-its-belt-and-road-initiative/>.

10 CNBC, 'China pledges more than $100 billion in Belt and Road projects', 14 May 2017, <https://www.cnbc.com/2017/05/14/china-pledges-more-than-100-billion-in-belt-and-road-projects.html>.

11 Bank Credit Analyst, 'China's Belt and Road Initiative: Can It Offset a Mainland Slowdown?'.

12 Yu Jie, 'China's One Belt, One Road: A Reality Check', LSE IDEAS Strategic Update, 24 July 2017, <http://www.lse.ac.uk/ideas/research/updates/one-belt-one-road>.

13 ‘Li Vows to Protect Rights of Chinese Working Abroad’, *China Daily*, 10 May 2014, <http://www.chinadaily.com.cn/world/2014livisitafrica/2014-05/10/content_ 17497900.htm>

14 Peter Cai, ‘Understanding China’s Belt and Road Initiative’.

15 Brook Larmer, ‘Is China the World’s New Colonial Power?’, *New York Times*, 2 May 2017, <https://www.nytimes.com/2017/05/02/magazine/is-china-the-worlds-new-colonial-power.html>.

16 John Hurley, Scott Morris and Gailyn Portelance, ‘Examining the Debt Implications of the Belt and Road Initiative from a Policy Perspective’, Center for Global Development, Policy Paper 121, March 2018, <https://www.cgdev.org/sites/default/files/examining-debt-implications-belt-and-road-initiative-policy-perspective.pdf>.

17 ‘5 Things About Fishing in the South China Sea’, *Wall Street Journal*, 19 July 2016, https://blogs.wsj.com/briefly/2016/07/19/5-things-about-fishing-in-the-south-china-sea/

18 ‘How China Rules the Waves’, *Financial Times*, 12 January 2017, <https://ig.ft.com/ sites/china-ports/>.

19 ‘Beijing Rejects Tribunal’s Ruling in South China Sea Case’, *Guardian*, 12 July 2016, <https://www.theguardian.com/world/2016/jul/12/philippines-wins-south-china-sea-case-against-china>.

20 ‘Priority Policy for Development Cooperation FY2017’, Ministry for Foreign Affairs, April 2017, <http://www.mofa.go.jp/files/000259285.pdf>.

21 ‘China–Pakistan Economic Corridor Unacceptable to India: Shivshankar Menon’, *Indian Express*, 22 April 2017, <http://indianexpress.com/article/india/china-pakistan- economic-corridor-unacceptable-to-india-shivshankar-menon-4623185/>.

22 ‘American Dad Explains Benefits of “One Belt, One Road” to His Daughter as Bedtime Story’, Shanghaiist, 11 May 2017, <http://shanghaiist.com/2017/05/11/one-belt-one-road-bedtime-stories.php>.

23 Full text of President Xi’s speech at opening of Belt and Road forum, *Global Times*, 14 May 2017, <http://www.globaltimes.cn/content/1046925.shtml>.

24 Henry Kissinger, *On China*, Penguin Books, 2012, p. 12.

25 'Less biding and hiding', *The Economist*, 2 December 2010, <http://www.economist. com/node/17601475>.

26 Zbigniew Brzezinski, 'A Geostrategy for Eurasia', *Foreign Affairs*, vol. 76, no. 5, September/October 1997, <https://www.foreignaffairs.com/articles/asia/1997-09-01/ geostrategy-eurasia>.

27 'Asia Welcomes Clinton, and Renewed Attention', *New York Times*, 5 November 2009, <http://www.nytimes.com/2009/02/15/world/asia/15iht-clinton.4.20197943. html?mcubz=3>.

28 Michael Green, *By More Than Providence: Grand Strategy and American Power in the Asia Pacific Since 1783*, Columbia University Press, 2017, p. 5.

參考書目
RED FLAGS

Acemoglu, Daron and Robinson, James, *Why Nations Fail: The Origins of Power, Prosperity and Poverty*, Crown Publishers, 2012

Bank for International Settlements, Basel, Quarterly Reviews and various reports Bickers, Robert, *The Scramble for China*, Penguin Books, 2012

Brookings Economic Studies, 'Shadow Banking in China: A Primer', March 2015

Cai, Peter, 'Understanding China's Belt and Road Initiative', Lowy Institute, Center for Strategic and International Studies, March 2017

Chatham House, 'The Critical Transition: China's Priorities for 2021', ed. Kerry Brown, February 2017

Collier, Andrew, *Shadow Banking and the Rise of Capitalism in China*, Orient Capital Research, 2017

Dikötter, Frank, *The Tragedy of Liberation: A History of the Chinese Revolution 1945–1957*, Bloomsbury, 2013

Ding, Jeffrey, 'Deciphering China's AI Dream', Future of Humanity Institute, University of Oxford, March 2018

Ehlers, Torsten, Kong, Steven and Zhu, Feng, 'Mapping Shadow Banking in China', Bank for International Settlements, February 2018

Fenby, Jonathan, *The Penguin History of Modern China*, Penguin Books, 2008 Fenby, Jonathan, Will China Dominate the 21st Century?, Polity Press, 2017 Gewirtz, Julian, Unlikely Partners, Harvard University Press, 2017

Gill, Intermit and Kharas, Homi, 'The Middle-Income Trap Turns Ten', Policy Research Working Paper no. 7403, World Bank, August 2015

Hanley, Ryan Patrick, 'The Wisdom of the State: Adam Smith on China and the Tartary', American Political Science Review, vol. 108, no. 2, May 2014

Hoover Institution, China Leadership Monitor, <https://www.hoover.org/publications/ china-leadership-monitor>

IMF, 'People's Republic of China'（annual report）

IMF, 'People's Republic of China, Financial System Stability Assessment', December 2017 Kissinger, Henry, *On China*, Penguin Books, 2012

Kroeber, Arthur, *China's Economy: What Everyone Needs to Know*, Oxford University Press, 2016

Lardy, Nicholas, 'Sustaining China's Economic Growth after the Global Crisis', Peterson Institute for International Economics, 2012

McGregor, James, 'China's Drive for Indigenous Innovation', US Chamber of Commerce, 2010, <https://www.uschamber.com/sites/default/files/documents/files/100728chinareport-0-0.pdf>

McGregor, Richard, *The Party: The Secret World of China's Communist Rulers*, Allen Lane, 2010

Maddison, Angus, *China's Economic Performance in the Long Run*, 2nd edition, OECD, 2007 Magnus, George, *The Age of Aging: How Demographics Are Changing the Global Economy and Our World*, John Wiley & Sons, 2008

Magnus, George, *Uprising: Will Emerging Markets Shape or Shake the World Economy?*, John Wiley & Sons, 2011

Marshall, Tim, *Prisoners of Geography: Ten Maps that Tell You Everything You Need to Know about Global Politics*, Elliott & Thompson, 2015

Mercator Institute for Chinese Studies, 'China's Core Executive', June 2016

Mitter, Rana, *China's War with Japan, 1937–1945: The Struggle for Survival*, Allen Lane, 2013

Morris, Ian, *Why the West Rules–For Now*, Profile Books, 2010

Naughton, Barry, *The Chinese Economy: Transitions and Growth*, MIT Press, 2007 Nolan, Peter, *Re-Balancing China*, Anthem Press, 2015

OECD, 'The People's Republic of China: Avoiding the Middle-Income Trap', September 2013

OECD, 'Economic Survey, China', 2017

Pei, Minxin, *China's Crony Capitalism*, Harvard University Press, 2016

Pettis, Michael, 'China Financial Markets: Will China's New "Supply-Side" Reforms Help China?', <http://blog.mpettis.com>, 2016

Pieke, Frank N., *Knowing China: A Twenty-First Century Guide*, Cambridge University Press, 2016

Ringen, Stein, *The Perfect Dictatorship: China in the 21st Century*, Hong Kong University Press, 2016

Shambaugh, David, ed., *Deng Xiaoping: Portrait of a Chinese Statesman*, Oxford University Press, 1995

Shih, Victor, 'Financial Instability in China: Possible Pathways and their Likelihood', Mercator Institute for China Studies, 20 October 2017

'Silk Road Bottom Up: Regional Perspectives on the Belt and Road Initiative', ed. China-Programme/Stiftung Asienhaus, 2017

Wuttke, Joerg, 'A Practitioner's Perspective on Organizational Behaviour in China', in *Handbook of Chinese Organizational Behaviour: Integrating Theory, Research and Practice*, ed. Xu Huang and Michael Harris Bond, Edward Elgar Publishing, 2012

Yasheng Huang, *Capitalism with Chinese Characteristics: Entrepreneurship and the State*, MIT Press, 2008

歷史與現場 274

紅旗警訊：習近平執政的中國為何陷入危機

Red Flags: Why Xi's China is in Jeopardy

作　者—馬格納斯（George Magnus）
譯　者—袁立山
編　者—張啟淵
封面設計—兒　日
編輯總監—蘇清霖
董 事 長—趙政岷
出 版 者—時報文化出版企業股份有限公司
10803台北市和平西路三段二四〇號四樓
發行專線—（〇二）二三〇六—六八四二
讀者服務專線—〇八〇〇—二三一—七〇五
（〇二）二三〇四—七一〇三
讀者服務傳真—（〇二）二三〇四—六八五八
郵撥—一九三四四七二四時報文化出版公司
信箱—台北郵政七九～九九信箱
時報悅讀網—http://www.readingtimes.com.tw
法律顧問—理律法律事務所　陳長文律師、李念祖律師
印　刷—勁達印刷有限公司
初版一刷—二〇一九年八月十六日
定　價—新台幣四二〇元
（缺頁或破損的書，請寄回更換）

時報文化出版公司成立於一九七五年，
並於一九九九年股票上櫃公開發行，於二〇〇八年脫離中時集團非屬旺中，
以「尊重智慧與創意的文化事業」為信念。

紅旗警訊：習近平執政的中國為何陷入危機 / 馬格納斯（George Magnus）著；袁立山譯. -- 初版. -- 臺北市：時報文化, 2019.08
面；　公分. --（歷史與現場；274）
譯自：Red flags : why Xi's China is in jeopardy
ISBN 978-957-13-7880-0（平裝）

1. 經濟發展 2. 經濟政策 3. 中國大陸研究

552.2　　108010977

ISBN 978-957-13-7880-0
Printed in Taiwan